Michael Schneider

Das neue Leben aus dem Glauben I

AF138200

Michael Schneider

Das neue Leben aus dem Glauben I

Einführung in das geistliche Leben

Fromm Verlag

Publisher:
Fromm Verlag
is a trademark of
Dodo Books Indian Ocean Ltd. and OmniScriptum S.R.L publishing group

120 High Road, East Finchley, London, N2 9ED, United Kingdom
Str. Armeneasca 28/1, office 1, Chisinau MD-2012, Republic of Moldova, Europe
Managing Directors: Ieva Konstantinova, Victoria Ursu
info@omniscriptum.com

Printed at: see last page
ISBN: 978-613-8-37932-4

Michael Schneider

Das neue Leben aus dem Glauben

Band I :

Einführung in das geistliche Leben

Inhaltsverzeichnis

Hinführung

Die vorliegenden Ausführungen verstehen sich als eine geistliche Wegweisung. Als ein Zeichen, das den weiteren Weg erkennen läßt, ist der Wegweiser eine wichtige Hilfe beim Wandern. Er wird hingestellt von einem anderen - nach dessen Absicht und Wunsch. Zur Errichtung des Wegweisers wird etwas Vorhandenes genommen, das jedoch eine neue Gestalt erhält, eine Bestimmung, die ihm von Natur aus nicht zukommt. Man muß die Aufschrift des Wegweisers lesen können, sonst hilft er nicht. Er zieht den Wanderer an, ohne ihn an sich zu binden. Man ist froh, wenn man das Wegzeichen sieht, doch keiner wird bei ihm bleiben, denn es weist von sich fort. Keiner bedauert den Wegweiser wegen seines Dienstes und sagt: »Laß diesen deinen Dienst fallen!« Ein Wegweiser ist standhaft, er dreht sich nicht nach dem Wind. Er ist er selbst und überdauert die Zeit, ohne zu schwanken; er verharrt an seinem Ort so lange Zeit, wie er bestellt ist. Er sagt immer dasselbe, nämlich den Weg zum Ziel. Der Wegweiser bleibt schließlich allein, weil er für die anderen da ist, die noch kommen und denen er Weisung geben soll.

Wegweisung im geistlichen Leben - sie versteht sich als Dienst eines solchen Wegweisers: für die, die auf dem Weg sind. Sie gibt Unterscheidungs- und Entscheidungshilfen für ein Leben im Geist Jesu und zeigt, wie Gottes Wille »in allen Dingen« erfüllt wird. Ihre Kraft empfängt sie von dem, auf den sie hinweist und der von sich sagt: »Ich bin der Weg und die Wahrheit und das Leben« (Joh 14,6). Aber wenn skeptisch gefragt wird: »Haben Sie schon einmal einen Wegweiser gesehen, der den Weg, den er gewiesen hat, auch selbst gegangen ist?«, muß sich eine geistliche Wegweisung gerade hier vom oben beschriebenen Bild des Wegweisers unterscheiden: Wie Jesus den Weg, den er gewiesen hat, selber gegangen ist, so wird auch eine Wegweisung im geistlichen Leben den Weg nur weisen können, indem sie ihn mitgeht und nicht allein bleiben will. Sie kommt aus dem Leben der Nachfolge und führt tiefer in das Leben ein - nicht als theoretisches Handbuch, sondern als Begleiter auf dem Weg, der gemeinsam zu gehen ist.

Dieses Buch ist im Leben entstanden - vor allem im Zusammenleben mit Jugendlichen, Studierenden und Seminaristen: bei Exerzitien, Kursen und Einkehrtagen. In fünfzig Jahren der Seelsorge erwachsen, wollen die Ausführungen tiefer in die Praxis des Geistlichen Lebens einführen. Bei der Lektüre dieses Buches wird es bei keinem Lesen und Informieren bleiben, die Leserinnen und Leser werden dazu aufgefordert, auf ihrem eigenen geistlichen Weg voranzuschreiten. Kein anderes Anliegen hat die vorliegende Veröffentlichung. Sie gilt vor allem jenen, die sich nach einer »Zweiten Bekehrung« intensiver auf ein Leben in Christus einlassen wollen.

I. Leben in Fülle

Papst Johannes XXIII. sagte zur Eröffnung des Konzils, die Kirche müsse sich als die Kirche der Armen verstehen. Was war damit gemeint? Der Dominikanertheologe M.-D. Chenu wies gleich darauf hin, daß es beispielsweise eine »Theologie der Arbeit« gibt, nicht aber eine Theologie der Armut. Dom H. Camara hob hervor, die Kirche dürfe nicht so über die Armut sprechen, daß sie »eine Mütze auf den Smoking« setze. Nun kam es auf dem Konzil zu heftigen Debatten um die Kirche der Armen. Sie trugen bald ihre ersten Früchte. Nach der ersten Sessio verkauften Bischöfe, was sie als Prunk mit der Ausübung ihres Amtes verband, und ein junger deutscher Bischof trennte sich als erster von seinem goldenen Ring. Kirche der Armen: heißt das, die Kirche müsse alles verkaufen?

Bei der Eröffnung der zweiten Sessio betonte Papst Paul VI.: »Die Kirche ist willens, sich zu reformieren, um Jesus gleichförmig zu werden.« Der Papst wollte, daß sich dies in den Worten konkretisiere: »Das Konzil erhebt seine Stimme, um Verzeihung für alle aus Vernachlässigung oder Verachtung der Armen begangenen Fehler zu erflehen.« Doch der Vorschlag kam nicht durch, weil - wie man sagte - es nicht zu den Gepflogenheiten eines Konzils gehöre, um Verzeihung zu bitten. Der Papst ließ nicht locker: »Die Kirche muß den Königsmantel ablegen. Die Armut ist das schwerwiegende Problem der Kirche von heute.« Ein Bischof der Konzilsaula wies darauf hin, daß gerade die Bichöfe aufgrund ihrer Weihe für die Armen verantwortlich sind. Als immer mehr Bischöfe über die Armut in ihrem Leben nachdachten, sagte George Mercier in der Konzilsaula: »Die Gnade bearbeitet das Herz der Bischöfe«, und ein anderer afrikanischer Bischof fügte hinzu: »Wir haben uns bekehrt. Das Konzil hat sein Ziel erreicht.«

Lercaro wiederholte nun seinen Vorschlag vom Ende der ersten Sessio, daß es im Schema über die Kirche vor allem um die Kirche der Armen als dem Herzstück der Lehre von der Kirche gehen müsse. Aber man fand den Text nicht und konnte sich nicht darüber einigen, wie in die Konstitution über die Kirche auch ein Kapitel über die Armut der Kirche einzufügen sei. Darauf sagte Mercier, der Bischof der ärmsten Diözese der Welt, etwa Folgendes:

Der Heilige Geist, der uns bei unseren bisherigen Beratungen nicht im Stich ließ, erteilt uns eine wichtige Lektion: Eine Wahrheit, die man nicht gelebt hat, kann man nicht genügend klar erkennen, um sie vollmächtig und verbindlich auszusagen. Die Kirche hat jahrhundertelang die Armut nicht gelebt, darum finden wir jetzt den Text nicht, der sie enthielte. Was ist zu tun? Wir Bischöfe werden von diesem Konzil ab die Armut in der Nachfolge Jesu erst einmal leben müssen. Dann werden wir auf dem nächsten Konzil das entsprechende Kapitel in die Konstitution über die Kirche nachtragen können.

Erneuerung eines Konzils, Erneuerung der Kirche durch Besinnung auf die Armut? Im Evangelium (Lk 14,25-35) konfrontiert uns der Herr mit seinem Wort: »*Keiner kann mein Jünger sein, wenn er nicht auf seinen ganzen Besitz verzichtet.*« Armut der Kirche - sie kann vielfach ihren Ausdruck finden. Christus ist der Mann, der am häufigsten nackt dargestellt wurde: in der Taufe und am Kreuz; keine andere Religion zeigt ihren Gott arm, nackt, entblößt. Sodann das konkrete Zeugnis im alltäglichen Leben Jesu: Er lebt allein, nicht wie Abraham inmitten von Familie, Onkel und Tanten. Jesus lebt arm, er trägt nicht wie so mancher Würdenträger einen Patriarchenmantel oder einen Monsignoretalar mit roten Knöpfen.

1. Der Traum vom neuen Leben

Ursprung und Zukunft eines christlichen Lebens beschreibt Papst Johannes Paul II. in seinem apostolischen Rundschreiben zur Eröffnung des Heiligen Jahres 1983 sowie in der vorausgegangenen Weihnachtsansprache an das Kardinalskollegium, indem er auf die alltäglichste und selbstverständlichste Wahrheit christlichen Lebens mit den Worten hinweist: »Wenn die Kirche sogar ständig der Erlösung gedenkt, nicht nur in jedem Jahr, sondern an jedem Sonntag, an jedem Tag, in jedem Augenblick ihres Lebens [...], dann ist das kommende Jubiläum ein gewöhnliches Jahr, das in außergewöhnlicher Weise gefeiert wird.«

»Gewöhnlich« am Leben des Christen ist das Geschenk der Erlösung. Christliches Leben ist »neues Leben«. Wiedergeburt, Erneuerung, Leben in Fülle - all das beschreibt das neue Leben, das in Christus geschenkt ist. Der Wiedergeborene ist sich selbst voraus; er lebt aus dem, was auf ihn zukommt, nicht aus dem, was sich in ihm vorfindet (O. Weber). Der Wiedergeborene kann sich nicht skrupelhaft und ängstlich mit sich beschäftigen, denn durch das Geschenk der Taufe ist sein Leben neu geworden.

Das Leben des Glaubenden ist zukunftsorientiert, und die Erinnerungsarbeit an der Vergangenheit verbindet sich mit der Hoffnungsarbeit an der Zukunft. Durch die lebendig gelebte Hoffnung werden die unvollendbaren Fragmente menschlichen Lebens zu Fragmenten der Wiedergeburt der neuen Schöpfung: Nicht der Tod vollendet das Leben, sondern das Reich Gottes! Wer das Leben des Glaubenden verstehen und entziffern will, muß die Chiffren und Zeichen der Wiedergeburt und eines Neuen Lebens verstehen und deuten können.

Doch die Realität, mit der wir tagtäglich konfrontiert sind, vermittelt uns alles andere als das Bild von Erlösung und Freiheit. Die Welt erscheint uns nicht als eine erlöste, und die Christen müßten erlöster aussehen, wie ein Wort Friedrich Nietzsches betont. Noch immer sind die Glaubenden nicht die, welche sie in den Augen vieler zumindest sein sollten: die gütigeren, von Hoffnung erfüllten, zur größeren Liebe berufenen Menschen. Zu viele haben aus dem Evangelium ein »Glaubensbekenntnis« gemacht, nicht aber ein »Programm« für ihr Leben, weswegen Hermann Broch bemerkt: »Europa ist für die Kirche doch schon ein recht dubioser Posten geworden [...]. Ein getaufter Neger ist ein besserer Christ als zwanzig Europäer [...]. Dort liegt die Zukunft unseres Glaubens.«

Auch die Betrachtung der Glaubensgeschichte der Kirche bietet für den Christen keinen Grund, stolz zu sein. Nur unter Mühen ist die Geschichte der Kirche zu erkennen als eine Geschichte erlösten Lebens. Friedrich Dürrenmatt bemerkt lakonisch: »Die Christenheit hat gute Krankenschwestern hervorgebracht und ebenso tüchtige Mörder.« Da Kirche und Welt alles andere als »erlöst« erscheinen, stellt sich die Frage nach dem Wahrheitsgehalt der christlichen Botschaft.

Gottes vollendetes Meisterwerk erscheint im menschlichen Fragment. Gottes Kraft liegt »in unserer menschlichen Gebrechlichkeit« (vgl. 2 Kor 12,9), und seine sieghafte Kraft (»Dynamis«) bleibt inmitten unserer menschlichen Schwachheit (»Asthenie«), in unserem oft auch geistlichen »Asthma« - wie es im Griechischen heißt.

Diese Wahrheit hat Dietrich Bonhoeffer bitter erfahren müssen, als er 39jährig im KZ vor dem Abbruch seines eigenen Lebens stand. Aber für ihn erhält das Fragment seines Lebens einen positiven Sinn, wie er in seinen Tagebuchaufzeichnungen bekennt: »Es kommt wohl nur darauf an, ob man dem Fragment unseres Lebens noch ansieht, wie das Ganze eigentlich angelegt und gedacht war, und aus welchem Material es besteht.« Denn, so fährt er fort, »es gibt schließlich Fragmente, die nur noch auf den Kehrichthaufen gehören, und solche, die bedeutsam sind auf Jahrhunderte hinaus, weil ihre Vollendung nur eine göttliche Sache sein kann.«

Hoffnung und Zuversicht des Glaubenden entspringen nicht der Lebenserfahrung, denn »aus Erfahrung wird man klug«, nennt das Sprichwort diese Lebensweisheit, und es meint eine skeptische Klugheit; aber »aus Erfahrung wird man nicht jung wie ein Adler. Sie läßt eher älter werden« (B. Schellenberger). Erst wenn Hoffnung in die Erfahrung dringt, befreit sie den Menschen von der normativen Kraft des Faktischen. Hoffnung höhlt den Götzen der Faktizität aus und öffnet den Blick für die Wirklichkeit, die in Christus und seiner Auferstehung angebrochen ist.

Auch der Glaubende ist nicht erlöst von der Not des Glaubens, die heute viele erfahren; für sie wird die Frage des eigenen Lebens sogar größer als die Verheißung der Erlösungsbotschaft. Sie suchen rastlos nach Antworten, gehen von Tür zu Tür, von Buch zu Buch und von einem »Meister« zum anderen. Viele traditionelle Formen christlicher Verkündigung sind in der Botschaft von der Erlösung eher kopflastig: Der Gläubige hört von der Erlösungstat Jesu und von der absoluten Notwendigkeit dieser Erlösungstat für die Menschen, aber er »spürt« nichts davon. Dies wird nicht anders, wenn die Größe des Leidens und Sterbens Jesu am Kreuz betont und betrachtet wird: Gerade die Engführung auf den Kreuzestod als entscheidende Erlösungstat ist problematisch, weil die Heilsbedeutung des ganzen Lebens Jesu nicht mehr in den Blick genommen wird oder eine bloße Vorläuferfunktion bekommt.

Wo erfährt der Glaubende die neue Wirklichkeit der Auferstehung und wo spürt er, daß er »neues Leben« empfangen hat? Angesichts dieser Frage und der Lebensnot des heutigen Menschen hält es J. Ratzinger für eine Flucht, »Erlösung schlicht mit dem herkömmlichen Vokabular der Theologie erklären zu wollen, das sicher einmal sprachlicher und gedanklicher Ausdruck religiöser Erfahrung war, aber heute diese Erfahrung nicht mehr freigibt, so daß seine Worte zunächst zu Leerformeln geworden sind, die vorab wieder auf ihren Erfahrungsgehalt geprüft werden müssen«.

Bei der Suche nach dem Erfahrungsgehalt der Erlösung geht es um die Fragen: Wie wird durch die Botschaft göttlicher Befreiung das Leben des Menschen heller, das Los des Leidens leichter, die Erkenntnis tiefer und das eigene Menschsein reicher? Konkret gefragt heißt dies: »Was ist von dem Zusammensprechen von Heil und Jesus Christus her einem verstrittenen Ehepaar, einem Hungernden, einem Gefolterten, einem Sterbenden, einer unterdrückten Gruppe von Menschen zu sagen? Was ist für sie und mit ihnen zu tun, wenn man Heil als Leben von Christus her wahrzunehmen sich bemüht?« (H. Dembowski).

Alle diese Fragen scheinen in der »offiziellen« Glaubenssprache nicht thematisiert zu werden; sie ist viel zu trocken, zu wenig anschaulich, so »hoffnungslos korrekt«, daß sie zur Fachsprache geworden ist. Kaum ein Gläubiger gebraucht sie; ihm bleibt die Glaubensaussage letztlich äußerlich, ein Stück Wahrheit Jesu vielleicht, aber ohne Bedeutung für das konkrete Dasein und innerste Sehnen des Menschen.

Doch in einer tieferen Schicht geht es nicht bloß um Sprachbarrieren. Es gibt vielmehr eine Absättigung gegenüber der christlichen Botschaft: Alles schon bekannt, alles schon einmal gehört, wir wissen Bescheid. - Entsprechend wird gehandelt: »Vielleicht ist es gut, daß es Gott gibt - aber hoffentlich brauchen wir ihn nicht irgendwann einmal!«

So stellt sich die Frage, auf welche Weise die Botschaft von der Erlösung für den Menschen von heute von Bedeutung ist und ihm hilft, die Not seines Lebens und

Glaubens zu bestehen. Die Antwort ergibt sich im Blick auf die Heilige Schrift und ihre Vorstellung von der Erlösungsbedürftigkeit des Menschen.

2. Das Bild vom neuen Menschen

Im Neuen Testament wird der Zustand des Menschen als »krank« gekennzeichnet. Man braucht dem nur das griechische Menschenideal gegenüberzustellen, den Menschen des »Agon«, um zu spüren, daß in der neutestamentlichen Botschaft die Krankheit als etwas zum Menschen Gehöriges angesehen wird. Vom Anfang des Lebens Jesu bis gegen Ende seiner Wirksamkeit treten Menschen mit allen nur denkbaren Krankheiten vor ihm auf: vom Fieber bis zur Blindheit, von Lähmung bis zum Aussatz. Darin spricht sich eine ganz bestimmte Sicht des Menschen aus. Die Heilige Schrift beschreibt den Menschen nicht, insoweit er normal und gesund ist, für sie ist er eher physisch krank und defekt ist.

Es gehört zur Bestimmung des Menschen, daß er krank ist, und zwar physisch wie auch psychisch: in seinem Herzen. Er wird von Dämonen geplagt (Lk 4,34f) und lehnt sich in seinem Stolz Gott gegenüber auf. Der Pharisäer schaut auf seine eigene Korrektheit vor Gott; Jesus hingegen wendet sich als »Freund der Zöllner und Sünder« gerade denen zu, die wissen, wie sehr sie in der Tiefe ihres Herzens der Vergebung und Barmherzigkeit bedürfen. Provozierend sagt Jesus zu den Hütern der Frömmigkeit: Diese Zolleintreiber und Prostituierten (die wirklich glauben) kommen eher in das Reich Gottes als ihr (Mt 21,31), weil »ihr euch nicht bekehrt habt« (Mt 21,32).

Den Weg des Kranken zur Heilung des Lebens und die Heimkehr des verlorenen Menschen in die verheißene Versöhnung mit sich und seinem Gott beschreibt Jesus im Gleichnis vom barmherzigen Vater und seinem verlorenen Sohn. Das neue Leben wird geschenkt ohne Verdienst und ohne Bedingung: »Die Umkehr und das Schuldbekenntnis des verlorenen Sohnes sind weder Beweggrund noch Vorbedingung für das alle Erwartungen übersteigende Verhalten des Vaters. Grund für sein Verhalten ist allein die Liebe zu seinem Sohn, die nie aufgehört hat und die den Sohn auch in die Fremde begleitet hat« (G. Lohfink). Gott erbarmt sich des Sünders nicht erst, wenn dieser vorher umgekehrt ist und seine Schuld bekannt hat. Umkehr steht bei Jesus an zweiter Stelle. An erster und entscheidender Stelle steht die nicht ableitbare und nicht zu erwartende Liebe und Güte Gottes, die umsonst geschenkt wird, bedingungslos, ohne Vorleistung und Zutun des Menschen.

In der Botschaft von der Versöhnung und Erlösung des Menschen kommen also nicht Rechts-, sondern Liebeskategorien zur Sprache. Nicht ein verletztes Gottesrecht muß wiederhergestellt werden, es braucht nicht vollwertige Sühne für verletztes Recht geleistet zu werden, ehe Gott zur Versöhnung bereit ist. Vielmehr eilt der barmherzige Vater im Gleichnis - ohne Zorn, aber mit großer Freude - dem Heimkehrenden entgegen.

Im Neuen Testament wird immer wieder deutlich, daß die Initiative der Versöhnung und Erlösung bei Gott liegt: »Gott war es, der in Christus die Welt mit sich versöhnte« (2 Kor 5,19). Versöhnung ist Stiftung Gottes aus seiner absolut freien Initiative. Gott versöhnt die Menschen (bzw. die Welt) mit sich (2 Kor 5,19; Eph 2,16; Kol 1,20.22); er *wird* nicht versöhnt, sondern *ist* versöhnt, und die Menschen empfangen die Versöhnung aus Gottes großer Liebe (Röm 5,5-8; Eph 2,4). Als Stiftung Gottes geschieht die Versöhnung unabhängig von der Disposition des Menschen (dieser ist »Feind« und »Sünder«), denn Gott allein kann in der Situation der Entfremdung handeln. Versöhnung geschieht vorgängig dazu, daß sie vom Menschen ergriffen wird (2 Kor 5,18-20). Wer aber glaubt und auf Gottes Liebe und Erlösungstat vertraut, begegnet seinem eigenen Leben und sich selber in Ruhe und Gelassenheit; er braucht sich nicht zu produzieren, sondern hofft und vertraut, wo er sich und sein Leben als krank und erlösungsbedürftig erfährt.

Was von Blaise Pascal in das prägnante und provozierende Wort gefaßt wurde: »Keiner ist so glücklich wie ein wahrer Christ«, läßt Paul Tillich, einen der großen evangelischen Theologen unserer Tage, zu der Aussage kommen: Glaube ist der »Mut, sich zu bejahen als (von Gott) bejaht«. Menschen, die diesen Mut des Glaubens aufbrachten, fanden durch Gottes bedingungsloses Ja zum Frieden mit sich und mit dem eigenen Leben.

Als Frère Roger Schutz, der Prior von Taizé, gefragt wurde, was sein Leben zu einem »unaufhörlichen Fest« machen würde, antwortete er: »Vor allem die ungebrochene Annahme durch Gott.« Dieses Wissen, von Gott in allem angenommen zu sein, kann im Alltag seine eigenen Formen annehmen: Franz von Sales, der zu seinem Bedauern eine große Glatze hatte, resümiert: »Dann muß ich meinen Schöpfer halt mit meiner großen Glatze loben!«, und Charles de Foucauld, dessen Zähne kreuz und quer gewachsen waren, sagt vom Stil seiner Bekehrungsarbeit unter den Tuaregs: »Meine Missionsarbeit besteht darin, daß ich die Menschen anlache und ihnen meine schrecklichen Hauer zeige!«, und Sören Kierkegaard schreibt nicht ohne ein Schmunzeln: »Ein vollkommener Mensch zu sein, das ist das Höchste im Leben. Nun habe ich aber Hühneraugen, das bringt mich meinem Gott schon näher.«

3. Das Bild von der neuen Schöpfung

Nach Aussage der Heiligen Schrift ist der Mensch »krank« und empfängt die Gesundheit des Lebens durch die Erlösungstat Jesu Christi. Aber Kontrastbestimmungen von Wirklichkeit brauchen Kontrast-Gesellschaften. Auf jeder Seite der Bibel ist gesagt, daß der Glaube die Wirklichkeit im Kontrast zu allen übrigen Welt- und Geschichtsentwürfen auslegt, und die gesellschaftliche Konsequenz dessen ist den Verfassern der biblischen Schriften ebenfalls klar: »Ihr aber seid ein auserwähltes Geschlecht, eine königliche Priesterschaft, ein heiliger Stamm, ein Volk, das (Gottes) besonderes Eigentum wurde, damit ihr die Taten dessen verkündet, der euch aus der Finsternis in sein wunderbares Licht gerufen hat« (1 Petr 2,9).

Die Gemeinschaft der Glaubenden ist somit eine Kontrastgesellschaft, die aus der Kontrastbestimmung von Wirklichkeit im Glauben lebt. Nicht für sich selbst findet die Kirche ihre Identität und Einheit in Christus, sondern sie ist »Zeichen und Werkzeug für die innigste Vereinigung mit Gott wie für die Einheit der ganzen Menschheit«. Die Aussage des Zweiten Vatikanischen Konzils deckt sich mit dem Satz D. Bonhoeffers: »Die Kirche ist nur Kirche, wenn sie für andere da ist.«

Als Sakrament des Heiles in der Welt rechnet die Kirche ihren Einsatz für die anderen nicht nach Erfolgsbilanz, nach Dank, Anerkennung oder Beifall, sondern sie gleicht dem Sämann, der mit vollen Händen auswirft und keine Verlustrechnung macht. Die Erfolgsbilanz der Kirche ergibt sich eben nicht aus Leistung und Erfolg, sondern aus der »Fruchtbarkeit« (Joh 15,16). Fruchtbar wirkt die Kirche in der Welt, wenn Verkündigung und Praxis in der dialektischen Einheit von »Kampf und Kontemplation« stehen. Die Passion Christi und die Kontemplation seiner Gegenwart »in allen Dingen« verändern die Praxis gründlicher und revolutionärer als alle Alternativen, die der Handelnde vor sich hat.

Die Kirche ist dort gegenwärtig, wo Christus sie in den Erniedrigten, Kranken und Gefangenen erwartet (vgl. Mt 25). Ihre Sendung sagt, was die Kirche ist; die Geringsten hingegen sagen, wohin die Kirche gehört. Armut ist somit keine Tugend, wenn sie nicht in die Gemeinschaft der wirklich Armen führt, und Demut keine Haltung des Glaubenden, wenn sie nicht in die Gemeinschaft der Gedemütigten führt. Die Gemeinde der Glaubenden versteht sich nicht als eine »Kirche für die Armen«, sondern als »Kirche der Armen«, wenn sich nämlich die Armen in der Gemeinde entdecken und in ihr ihre Hoffnung finden.

Je schwieriger das Wort »Gott« heutzutage deutbar und lesbar wird, desto dringender bedarf es des »Dolmetschers« und des Künders. Aber, so fragt das Synodendokument »Unsere Hoffnung«, »sind wir, was wir im Zeugnis unserer Hoffnung bekennen? Ist unser kirchliches Leben geprägt vom Geist und der Kraft dieser

Hoffnung? Eine Kirche, die sich dieser Hoffnung anpaßt, ist schließlich auch dem Heute angepaßt, und ohne Anpassung an diese Hoffnung hilft ihr kein noch so brisantes Aggiornamento. Die Welt braucht keine Verdoppelung ihrer Hoffnungslosigkeit durch Religion; sie braucht und sucht (wenn überhaupt) das Gegengewicht, die Sprengkraft gelebter Hoffnung.«

Es ist richtig, daß eine moderne, weltoffene Kirche besser ist als eine im Feudalismus oder im Bürgertum veraltete Kirche. Eine fortschrittliche Kirche ist besser als eine konservative, und eine befreiende Kirche, eine revolutionäre Kirche ist an vielen Orten besser als eine unterdrückende und apathische Kirche. Wäre das aber alles, so hätte die Kirche heute nur Anpassungsschwierigkeiten. Das berührt noch nicht den Nerv der Kirche. Auch eine moderne, fortschrittliche und revolutionäre Kirche würde der Gesellschaft noch die Schleppe des religiösen Segens nachtragen, nicht aber die Fackel der Hoffnung vorantragen. Sie wäre nur Diener, nicht Prophet der Gesellschaft.

Auf dem Zweiten Vatikanischen Konzil wurde von den Konzilsvätern gespürt, wie sehr die Kirche heute nicht nur Anpassungsschwierigkeiten hat, sondern daß es viel wesentlicher um ihre Erneuerung geht. Als Papst Johannes XXIII. das Konzil einberief, sagte er am Eröffnungstag beim abendlichen Fackelzug, die Hauptarbeit des Konzils wäre vermutlich »schon vor Weihnachten« zu Ende, es ginge ja um ein »aggiornamento«, um ein Heutigwerden. Doch Papst Paul VI. sprach nicht mehr als Befürworter eines »aggiornamento«, sondern gebrauchte als erster das Wort »renovatio«: Die Aufgabe der Kirche bestehe nicht in ihrer »Anpassung« an die Welt von heute, sondern in ihrer »Erneuerung«.

Aber welcher Art ist das neue Leben, das die Kirche zu verkünden hat und aus dem sie selber immer wieder neu geboren wird? In dem neuen Leben geht es nicht allein um die Botschaft von der Heilung des kranken Menschen, sondern über die Heilung des Kranken hinaus führt sie in die Gesundheit eines neuen Daseins. Die neue Schöpfung, die der Erlösung entspringt, ist nicht die wiederhergestellte oder bloß reparierte alte Schöpfung, sondern ein Neues, das auch gegenüber der ersten Schöpfung neu ist, wie im Ostergesang des »Exsultet« gesungen wird.

4. Das Bild vom neuen Weg

Das neue Leben in der erlösten Schöpfung ist ein Leben in der Freundschaft Jesu. Er, der »Urheber ewigen Heiles« (Hebr 5,9), ist »der Weg und die Wahrheit und das Leben« (Joh 14,6). In der Freundschaft mit ihm geht es nicht um den Stufenweg oder die Stufenleiter eines »geistlichen Fortschritts« oder gar um mystische Aufstiege; vielmehr ist alles, was Glaubende in ihrem Leben mit Jesus »erreichen« und erzielen, nicht sicherer als das »Bleiben«. Wer in Ihm bleibt, der hat das ewige Leben (vgl. Joh 15,1-9).

Das von Jesus gesuchte Bleiben ist kein Verharren, es drängt vielmehr zum Aufbruch, denn Gott ist »je größer« als alles, was wir von ihm denken, erahnen und leben. Wer mit Gott lebt und in ihm bleibt, erfährt in sich eine ständige Unzufriedenheit mit allem schon Erreichten und Erlangten, so daß jedes Haben und Festhalten sinnlos wird.

Gott bringt den Menschen »auf den Weg«, so sehr, daß der Mensch sich fragen kann, ob der Weg überhaupt zum Ziel führt und nicht vor Hunger nach Gott zugrunde gehen läßt. Die Freundschaft mit Jesus gleicht dem Manna, das sich nicht auffrischen läßt: es ist heute frisch und morgen faul. Deshalb rät Jesus seinen Jüngern: »Nehmt nichts mit auf den Weg, kein Brot, keine Vorratstasche, kein Geld im Gürtel und keinen zweiten Rock« (Mk 6,8-9). Das leichte Gepäck ist nicht um seiner selbst willen gefordert (aus Gründen der Kräfteersparnis); vielmehr läßt es offen und empfänglich bleiben für das Brot, das unterwegs geschenkt wird.

Diese Offenheit kann vom Glaubenden auch als Not erfahren werden, besonders wenn das Leben dunkel und undurchschaubar wird. Rainer Maria Rilke schreibt an einen jungen Dichter: »Ich möchte Sie, so gut ich es kann, bitten, [...] Geduld zu haben gegen alles Ungelöste in Ihrem Herzen und zu versuchen, die Fragen selbst liebzuhaben [...]. Forschen Sie jetzt nicht nach den Antworten, die Ihnen nicht gegeben werden können, weil Sie sie nicht leben könnten. Und es handelt sich darum, alles zu leben. Leben Sie jetzt die Fragen. Vielleicht leben Sie sich dann allmählich, ohne es zu merken, eines fernen Tages in die Antwort hinein.«

Die Frage des eigentlichen Lebens wurde für Jesus zur tödlichen Wunde, die Menschen ihm zugefügt haben. Das neue Leben steht unter den Zeichen von Krippe und Kreuz, von Heimatlosigkeit und Mord: »Er entäußerte sich, nahm die Daseinsweise eines Sklaven an und wurde den Menschen gleich. Er war ganz ein Mensch wie wir, erniedrigte sich und wurde gehorsam bis zum Tod, ja bis zum Tod am Kreuz« (Phil 2,7-8). Durch seine Wunden, nicht durch seine glückliche Lebensführung, sind wir geheilt: Jesus soll geweint haben; von einem lachenden Jesus ist da nicht die Rede (die dogmatische Tradition bringt das »risu abstinuit - er lachte nicht« ganz humorlos nur in Zusammenhang mit der Sündlosigkeit Jesu). Der Todesschrei des Gekreuzigten paßt trotz der »Matthäuspassion« Johann Sebastian Bachs nicht in Gesangskategorien, und wer unter dem Kreuz noch spielt, das sind nur die ahnungslosen Soldaten mit ihrem Possenspiel und Würfelspiel.

Was das Leben Jesu bestimmt hat, prägt das neue Leben des Glaubenden. So sind für Paulus nicht die Entrückungen bis in den dritten Himmel - die ohnehin unaussprechlich bleiben (2 Kor 12,4) - die göttliche Beglaubigung für die Verkündigung und Vollmacht des Apostels, sondern der »Stachel im Fleisch«, damit die »überragend große Macht« nicht von ihm, sondern von Gott stammt: »Deshalb bejahe ich meine Ohnmacht, alle Mißhandlungen und Nöte, Verfolgungen und Ängste, die ich für Christus ertrage; denn wenn ich schwach bin, dann bin ich stark« (2 Kor 12,10). Der Apostel bekennt: »Soweit ich aber jetzt noch in dieser Welt lebe, lebe ich im Glauben an den Sohn Gottes, der mich geliebt und sich für mich hingegeben hat« (Gal 2,20). Ihm allein sieht er sich fortan verpflichtet: »Er muß herrschen!« (1 Kor 15,22). Denn: »Ich weiß, wem ich Glauben geschenkt habe« (2 Tim 1,12). Erfährt er Christus doch als seine tiefste Wirklichkeit: »Nicht mehr ich lebe, Christus ist es, der in mir lebt.«

Ein Glaubender darf von sich bekennen, daß er von Grund auf anders geworden ist. Er bleibt zwar vollkommen er selbst. Und doch ist in ihm ein ganz neues Leben wirksam. Es ist erfüllt von einer Identität, die die seinige nicht auslöscht, doch nun seine eigene ist und die er dennoch immer neu empfängt. Einer, der seit Ewigkeit her ist, er ist es, der die neue Identität des Apostels ausmacht: Christus, Gottes Sohn. Er hat unsere menschliche Natur angenommen, ohne sie zu absorbieren, und durch die Kraft dieser Annahme sind wir selbst es, die mit ihm am Kreuz gestorben und mit ihm auferstanden sind, um zur Rechten des Vaters im Himmel zu sitzen, denn er ist es, der immer noch in uns auf dieser Welt des bitteren Kampfes und der Sünde leidet und stirbt; doch gilt ebenso: »Er hat uns alle in Christus lebendig gemacht und uns mitversetzt in den Himmel mit Christus Jesus« (Eph 2,5f.). Deshalb betet die Kirche am Himmelfahrtstag, daß wir ewig so mit Christus leben mögen, der unser Leben im Himmel ist. Dies bezeichnet Paulus als das »Mysterium« des Glaubens, denn er hebt den Menschen von der zeitlichen Ebene zu ewigen. In der Eucharistie werden wir Tag für Tag gewandelt in das, was wir als Speise genießen, auf daß der erhöhte Herr sich immer mehr in jeder Regung unseres Leibes und Geistes kundtut.

Das neue Leben ist fern von jeder Absicherung durch Erfolge und Krafterweise. Das gibt ihm aber auch eine letzte und unüberwindliche Freiheit und macht die radikalsten Hoffnungen des Herzens lebendig, wie eine Begebenheit aus dem Leben der Mutter Teresa deutlich zeigt: Als Mutter Teresa mit einem Journalisten einen Tag lang ihren oft ekelerregenden Dienst an den Ärmsten der Armen verrichtete, meinte dieser am Abend: »Das könnte ich nicht für eine Million Dollar tun!« Worauf Mutter Teresa nur antwortete: »Ich auch nicht.«

II. Umkehr in das Sakrament

Der bekannte Psychiater Hans Bürger-Prinz behauptet in seinen Lebenserinnerungen: »Nur Christen, nur Menschen aus christlich ‚infiziertem' Milieu leiden an Schulddepressionen. Ein konfuzianischer Chinese nie. Auch kein Mohammedaner.«

Nicht bekannt ist, wieviele konfuzianische Chinesen oder Mohammedaner Bürger-Prinz in seiner psychiatrischen Praxis behandelt hat oder worauf sich seine Aussage sonst gründet. Doch seine Behauptung spiegelt wider, was heute ein *verbreitetes Vorurteil* ist, das man - stark vergröbert - so formulieren könnte: Der gesunde, natürliche Mensch handelt immer richtig, auch dort, wo er sich und seine Interessen mit Gewalt, List, Lug und Trug anderen gegenüber durchsetzt; erst das Christentum hat mit seiner Rede von Sünde und Schuld dem Menschen die natürliche Unschuld und seelische Gesundheit genommen, ihn krank gemacht und den Grund zu Neurosen wie Depressionen gelegt.

Wer heute über Sünde und Bekehrung reden will, begegnet den zahlreichen Schwierigkeiten des heutigen Menschen mit der Glaubenssprache der Umkehr. Bekehrung als Grundentscheidung für Gott scheint heute kaum möglich, wenn Gott selber fraglich geworden ist. Die Erfahrung von Paulus, den es bei der Bekehrung »vom Pferd gerissen« hat, ist nicht die unsrige; diese manifestiert sich heute eher in den säkularisierten Formen des Umkehrdenkens, z.B. in einem alternativen Denken und Leben. Das Interesse an alternativem Lebensstil, an notwendigen Alternativen in Umwelt- und Friedenspolitik signalisiert eine neue Idee von Umkehr, allerdings außerhalb der Kirche und ihrer Verkündigung. Noch problematischer als die Rede von der christlichen Bekehrung scheint die Botschaft von Schuld und Sünde geworden zu sein. Wir leben in einer Welt, »für deren Aufbau und Lebensrhythmus die Vorstellung der Sünde keine Rolle mehr spielt. Es ist eine Welt, die weder die Sprache besitzt, Sünde auszusprechen, noch Orte der Vollmacht, von Sünde loszusprechen, und die darüber hinaus beides nicht zu vermissen scheint« (G. Ebeling). Wir sprechen von »Parksündern« oder »Bußgeldstrafen«, aber der theologische Hintergrund der Erfahrungen von Sünde und Schuld ist heute verlorengegangen.

Wird nach *Gründen* gefragt, die zur heutigen Krise im Verständnis von Sünde und Schuld geführt haben, so ist neben den Einflüssen aus der Aufklärungszeit und heutiger Humanwissenschaften auch die frühere kirchliche Verkündigung und Bußpraxis zu nennen. Gerade sie hatte ihre negativen Auswirkungen: Ein verengtes moralisierendes und legalistisches Sündenverständnis verdeckte die heilende Kraft der Sündenvergebung, und das Wort des Evangeliums wurde zuweilen eine Drohbotschaft, die nicht in Freude und Hoffnung aufrichtete, sondern Angst und Furcht eingab, wie das autobiographische Beispiel des Politologen Carlo Schmid bezeugt:

Früh erwachte in mir die Vorstellung, daß ich immer wieder Dinge tat, die schlimm waren, und ich hielt mir vor Augen, wie der kleine Jesus in meinem Fall gehandelt haben würde. In diese Zeit des erwachenden Schuldbewußtseins [...] fiel der Katechismus-Unterricht und damit die Konfrontation mit der Sünde. Von unserem Religionslehrer erfuhren wir, das Leben bestehe aus dem dauernden Wechsel von Sünde und Gehorsam gegen das Gesetz, also zwischen Selbstliebe und Liebe zu Gott und zu seinen Geschöpfen. Es komme nun darauf an, so zu leben, daß die guten Taten die bösen überwiegen. Die Folge war, daß ich jeden Abend vor dem Schlafengehen das Sündenregister des Tages zusammenstellte und sodann ein Verzeichnis meiner vermeintlichen guten Taten aufzustellen versuchte. Das war qualvoll, denn die Bilanz wies selten einen Saldo zu meinen Gunsten auf. Schließlich eröffnete ich mich meinem Religionslehrer, der mein Tun für unsinnig und unfromm erklärte, denn mit meiner Buchführung mische ich mich in das Geschäft Gottes ein, dem allein das Urteil über das Tun der Menschen zustehe. Der Sünde sei mit Aufrechnungskünsten nicht beizukommen. Das hat mich erleichtert. Aber das Skrupulantentum meiner Kindheit habe ich nie ganz verloren.

In der traditionellen Beichtpraxis richtete sich das Hauptaugenmerk vielleicht zu sehr auf die »fleischlichen« Sünden, die Fragen der Triebhaftigkeit und Sexualität, und was für Thomas von Aquin von Bedeutung war, trat eher in den Hintergrund, daß nämlich die geistigen Sünden von größerer Schuld sind als die fleischlichen. Was mit »geistiger Sünde« gemeint ist, kann in folgenden Überlegungen deutlich werden.

1. Hinkehr zu Gott

Jesus spricht in seinem Umkehrruf die Freiheit des Menschen an: »Kehrt um und glaubt an das Evangelium« (Mk 1,15). Doch Gott wird nicht durch die Umkehr des Menschen umgestimmt, sondern *ist* schon umgestimmt. Bevor der Mensch handelt, hat Gott schon gehandelt. Gott ist es, der zuerst die Initiative ergriffen hat. Auf sein Versöhntsein hin soll der Mensch sich bekehren und im Ruf der Umkehr einen neuen Lebensanfang ergreifen.

Auch wenn es seltsam klingt: Es bedarf der Umkehr, einer Metanoia im Glauben, ehe der Mensch die Vergebungsbereitschaft Gottes annimmt und sich von Gott auf neue Weise lieben läßt. Es ist eines der größten Paradoxe des Menschseins, daß es eines entscheidenden Sinneswandels bedarf, ehe ein Mensch wirklich Gottes Liebe in das eigene Leben einströmen läßt, obwohl sich jeder nach einer letzten, umfassenden und bedingungslosen Liebe sehnt. Etwas schreckt davor zurück, von Grund auf Empfangender zu sein.

In den Worten: »... und glaubt an das Evangelium« wird deutlich: ohne Glauben an Gott gibt es keine Umkehr und Buße. So ist es nicht verwunderlich, daß Krisen des Glaubens immer auch Krisen der Buße mit sich bringen, und daß kein Sakrament von der innerkirchlichen Glaubenskrise der vergangenen Jahre so sehr erfaßt wurde wie das Bußsakrament. Die Hinführung zu Buße und Beichte muß deshalb mit einer Hinführung zum Glauben beginnen - und nicht umgekehrt. Die notwendige Hinführung zum Glauben beginnt damit, Gott wieder Gott sein zu lassen und sich zu ihm zu bekehren. Wie wird dieser Glaube neu geweckt werden?

Eine erste Hilfe kann das Wort von Paul Tillich sein, der den Glauben bestimmt als »Mut, sich zu bejahen als bejaht«. Gemeint ist die Bejahung des Menschen durch Gott, die im Glauben angenommen wird. Jesus deutet die Liebe seines Vaters als Ja zum Menschen; er verkündet das Reich seines Vaters als Gottes Sorge um das Glück des Menschen, und er lebt selbst, was er lehrt: die Güte und Menschenfreundlichkeit Gottes, unseres Retters (Tit 3,4). Er sucht das Verlorene, heilt das Kranke, weint über die Verbohrtheit der menschlichen Enge; er bringt Leben in Fülle und wirbt liebend und zärtlich um den Menschen, nicht um ihn zu zerbrechen, sondern um ihm das Leben in Freude und Frieden zu schenken.

Was heute mit dem abgegriffenen Wort »Gnade« ausgedrückt wird, meint ursprünglich Gottes Feingefühl und «Charme» dem Menschen gegenüber (vgl. das griechische Wort »charis«). Gottes ganzes Wohlgefallen ruht auf dem Menschen, er ist für ihn keine Last, sondern eine »Lust«, wie Origenes sagt: Gott erleidet eine Passion der Liebe zum Menschen; und Bernhard von Clairvaux spricht vom »Deus desiderans«, der sich selbst »voll Sehnsucht« verzehrt - für den Menschen.

Gottes Sorge geht um das Glück, die Freude und die Fülle des Menschseins, um die Verwirklichung vollkommenen, nur in der Entfaltung des ganzen menschlichen Wesens möglichen Friedens. So verpflichtet sich Gott gegenüber dem Menschen durch einen Bund - ähnlich wie sich in der Ehe beide Partner versprechen, einander zur menschlichen Erfüllung zu führen. Die Treue des Vaters ist die Gewähr dafür, daß der Mensch wirklich er selbst sein darf, denn von den Seinen kann Jesus zum Vater sagen, »daß du die Meinen ebenso geliebt hast wie mich« (Joh 17,23). Das Bewußtsein, von Gott unendlich geliebt zu sein, gibt dem christlichen Leben »maßgebend« seine Kraft, auch dort, wo der Mensch erfährt, daß er nicht in allem liebenswert ist. Stellvertretend für jeden Glaubenden bezeugt Paulus, wie er gerade in der Erfahrung der eigenen Schwachheit die Zusage Gottes empfangen hat: »Es genügt dir meine Gnade; denn sie erweist ihre Kraft in der Schwachheit. Daher will ich mich nun meiner Schwachheit rühmen, damit die Kraft Gottes auf mich herabkommt« (2 Kor 12,9). Das Wort des Apostels ist nicht so zu verstehen, daß Gott den Menschen »schwach machen« will; vielmehr geht er einen anderen Weg der Liebe: Vor Gott ist letztlich nicht entscheidend, ob wir gerade »unseren Mann stehen«, ob wir aufrecht stehen oder am Boden zerstört liegen, ob wir es »geschafft« haben oder gerade stolpern und fallen.

Vor Gott ist vielmehr entscheidend, daß er in jeder Lebenslage - auch in der Schwachheit - seine Liebe schenken will. Hier handelt Gott mit »charis«, mit »Charme«; hier ist er kein Buchhalter und kein Richter, der im Gesetzbuch nachsieht, er ist auch kein Kassierer, der gute Taten verrechnet. Vielmehr schenkt er sich selbst in unberechenbarer Großzügigkeit, mit einem uneingeschränkten Ja.

Gott schenkt ein Ja, in dem es kein Nein gibt, wie Paulus verkündet:»Gottes Sohn, Jesus Christus, der unter euch verkündet wird [...], war nicht Ja und Nein zugleich; in ihm ist Gottes Ja Wirklichkeit geworden« (2 Kor 1,19). Es ist ein Ja - ohne Wenn und Aber, ein Ja, das keinen aus-, sondern einen jeden einschließt: »Was sich kein Politiker, kein Staat, keine Gesellschaft leisten kann und leisten soll, was nicht einmal Eheleute untereinander sich leisten können - Gott leistet sich das. Er sagt uneingeschränktes ‚Ja', ohne jedes Nein« (E. Jüngel), und er ist bereit, jeden Preis dafür zu bezahlen - bis hin zum Kreuz.

Weil der Sünder nicht zu Gott gehen will, geht Gott zum Sünder, denn er liebt die »Undankbaren und Bösen« (Lk 6,35), er sucht das »verlorene Schaf« (Lk 15,1-7) und freut sich mehr über einen Sünder, der umkehrt, als über 99 Gerechte, die glauben, der Umkehr nicht zu bedürfen (Lk 15,7). Gott zwingt sein Ja keinem auf; es kann überhört werden, da es nicht mit dem Machtgebaren der Mächtigen dieser Welt, sondern in der Wehrlosigkeit eines Kindes und Gekreuzigten kommt. Doch wer in seiner Verlorenheit umkehrt, dem läuft Gott in seiner Barmherzigkeit entgegen, fällt ihm um den Hals und küßt ihn; er feiert mit ihm das Fest der Versöhnung (Lk 15,11-32). In der Umkehr und in dem von Jesus geforderten Glauben wird der Mensch Gottes uneingeschränktes Ja »annehmen lernen« und im eigenen Leben verwirklichen. So ist der Ruf zur Umkehr nicht ein Befehl, sondern ein Angeredet-Werden von einem, der es mit dem Menschen gut meint: »Kehrt um und wendet euch ab von all dem, was euch versklavt. Warum wollt ihr denn sterben? Ich habe kein Wohlgefallen am Tod des Menschen. Kehrt also um, damit ihr endlich lebt!« (Ez 18,30-32).

Diese Einladung Gottes fordert den ganzen Menschen heraus. Gewiß ist es bequemer, Gottes Ruf bloß in Form eines Gebotekataloges an sich herankommen zu lassen. Es ist einfacher, nur einzelne Gebote und Pflichten zu erfüllen, als sich ganz auf Gott, auf die Liebe einzustellen. Es ist bequemer, etwas zu ändern, als sich selbst zu ändern. Es ist bequemer, in den Beichtstuhl zu gehen, als sich in Gottes Liebe hineinzuleben.

2. Abkehr von den Götzen

Geht es im Ruf der Umkehr nicht darum, etwas zu ändern, sondern sich selbst zu ändern, ist damit auch ein tieferes Verständnis von dem mitgegeben, was mit dem Wort »Sünde« ausgedrückt wird. Dies läßt sich auf zwei Ebenen betrachten.

Die erste fällt am meisten ins Auge. Hier finden sich die *konkreten* sündigen Taten wie Verleumdung, Betrug, Diebstahl, Mord, Haß und Neid. Diese konkreten Sünden sind Frucht einer viel tiefer liegenden Ebene, nämlich der Sünde, die ein *Abschirmen* gegen Gottes schöpferische Liebe ist.

Es ist gut, die Sünde nicht nur als moralisches Problem zu betrachten (das wären die konkreten Taten), sondern als eine tiefere Fehlhaltung, nämlich nicht mehr für Gottes Liebe empfänglich zu sein. Wer für die Liebe nicht offen ist, bei dem wird alles, was nicht Liebe ist, ungemein wichtig (Besitz, Erfolg, Anerkennung), und wenn die Liebe nicht den tiefsten Kern des Lebens erreicht, wird die Außenwelt zur Bedrohung, wie Mauriac andeutet mit seinen Worten: »Wenn ich nicht mehr vor Liebe brenne, werden andere vor Kälte sterben.«

Die Heilige Schrift kennt viele treffende und inhaltsreiche Beispiele über die verheerenden Wirkungen, die sich zeigen, wenn im Leben Gott nicht mehr Gott ist. Sünde ist hier Selbstzerstörung, von der Paulus schreibt: »Ich begreife mein Handeln nicht: Ich tue nicht das, was ich will, sondern das, was ich hasse [...]. Denn ich tue nicht das Gute, das ich will, sondern das Böse, das ich nicht will« (Röm 7,15-19). Sich selbst entfremdet, wird der Mensch auch anderen fremd. Der Turm von Babel ist ein beredtes Zeichen: Menschen verstehen sich nicht mehr! Ein anderes Bild der Schrift ist das der »Herzensverhärtung«: in sich selbst verstrickt, kann der Mensch nicht aus sich herausgehen noch auf den anderen zugehen. So war das Herz des Pharaos verhärtet und widerspenstig (Ex 10,20), weil er sich gegen Jahwe gestellt hatte: »Wer ist Jahwe, daß ich auf ihn höre und Israel ziehen lassen sollte? Ich kenne Jahwe nicht« (Ex 5,2). Wer Gott nicht kennt, der errichtet Mauern, und alles wird bitter und unfruchtbar: »Was könnte ich für meinen Weinberg tun, das ich nicht für ihn tat?« fragte Jahwe sein Volk; »wie sehr hoffte ich auf köstliche Trauben. Doch es gibt nur saure Trauben« (Jes 5,4). Hier wird das Bild vom Menschen gezeichnet, der sich der unermüdlichen Sorge seines Gottes nicht aufschließt: Die Früchte seines Lebens sind bitter.

Die Sünde ist ein Weggehen von Gott. Sünde bezeichnet den *Vorgang des Sonderns,* des Sich-Absonderns von Gott und dem Nächsten. Biblisch läßt sich diese doppelte Verweigerung verdeutlichen an der Weigerung, mit den anvertrauten und geschenkten Talenten zu wuchern (Mt 25,14-29), oder an der Weigerung, sich zum Nächsten dessen zu machen, der unter die Räuber gefallen ist (Lk 10,31), oder an der Verweigerung der Barmherzigkeit gegenüber den Hungernden, Nackten, Durstigen, Gefangenen, Kranken, Fremden und Obdachlosen (Mt 25,45). Wer hinter der Liebe zurückbleibt (Röm 13,8), bleibt hinter sich selbst zurück und geht nicht mehr die Wege der von Gott geliebten und zur Liebe befreiten Kreatur.

In seiner »Göttlichen Komödie« schildert Dante seinen Gang durch die höllische Unterwelt, und im Dritten Gesang heißt es: »Da sah und erkannte ich den Schatten dessen, der feige die *große Weigerung* begangen hat.« Kein bestimmter Mensch wird genannt, vielleicht ist hier derjenige gemeint und angesprochen, der sich der Wahrheit seines Lebens nicht gestellt hat und ihr ausgewichen ist. Verliebtheit in sich selber, Stolz, Feigheit und Angst treiben dazu, dem auszuweichen, was zur Begegnung mit der Wahrheit des eigenen Lebens führt. Wo die Maske der Selbstsicherheit und Selbstgerechtigkeit für einen Augenblick gelüftet wird, wohnt dem Menschen der Drang inne, dieser Stunde zu entgehen, sie als »schwache Stunde« abzutun und sich wieder rasch (von dem Schrecken) zu erholen. Wer noch nie zutiefst erschrocken war über sich selbst, über die eigenen menschlichen Möglichkeiten und über die im eigenen Leben sich offenbarende Lage menschlichen Daseins, der wird nie der Frohbotschaft des Herrn begegnen: »Die Wahrheit wird euch freimachen!« (Joh 8,32). Gottes Wahrheit demaskiert den Menschen nicht so, daß er sich »weigert«, sondern sie führt ihn zur Beschämung.

Über die Angst vor der Begegnung mit sich selber, die eine *Angst vor einer Beschämung* ist, schreibt Heinrich Spaemann: »Wenn die Angst heute auch viele Christen ergreift und ihren furchtbaren Ausdruck darin findet, daß sie mit den Gottlosen wetteifern im Ersinnen immer schrecklicherer Todeswaffen, so hat das seinen tiefsten Grund in dem verborgenen Zwiespalt ihrer Existenz. Alle letzte Angst des Menschen kommt aus der Lüge und noch aus Resten der Lüge, in denen er lebt; ist Angst davor, daß etwas aufgedeckt wird. Die Lüge des Christen ist die, daß er sich Christ nennt und dennoch der Liebe nicht glaubt. Nur wer arm ist in dieser Welt, wer es wagt, ganz angewiesen zu sein auf die Liebe des Vaters, ganz ihr ausgeliefert, ihr allein, der fürchtet sich nicht, der vertraut.«

Die Angst vor der Beschämung treibt den Menschen dazu, sich der Liebe Gottes nicht auszuliefern. Doch diese Angst äußert sich meist nicht in den großen Fehlhaltungen des Menschen, sondern die Versuchungsgeschichte des Menschen beginnt im Kleinen und zeigt sich zum Beispiel als »die Tendenz, vor der eigenen Verant-wortung fliehen zu wollen, die Angst vor einer Entscheidung, die Angst vor einer Situation, die eine persönliche Entscheidung verlangt; Versuchung meint die Angst vor den Problemen des Lebens, der Gemeinschaft, unserer Gesellschaft. Es ist die Neigung, der Wirklichkeit zu entfliehen, die Augen zu verschließen, sich zu ver-bergen, so zu tun, als ob man nichts sähe und nichts fühlte, um nicht mit hineinge-zogen zu werden. Es ist die Neigung zur Trägheit, die Angst, etwas zu unterneh-men; die Versuchung möchte uns daran hindern, eine Antwort zu geben auf die Aufgabe, zu der uns Gott, die Kirche und die Welt rufen«, schreibt Kardinal Carlo M. Martini.

Manchen verleitet die Angst vor der Beschämung zu verschiedenen Weisen des *Taktierens*, in denen versucht wird, das Schuldbekenntnis des eigenen Lebens zu umgehen: Am Anfang steht meist die Versuchung zum Beschönigen und *Verharm-losen*: »Das eine Mal! Sonst geht es viel besser! Es war halt kein gutes Wetter! Morgen wird alles besser!« Eine andere Weise des Taktierens ist das *Ablenken*: Es wird rasch eine Lösung bzw. Erklärung für das eigene Verhalten gesucht, im Ober-flächlichen und Anonymen; an den eigentlichen Krisenherd geht man nicht heran: »Man flickt mit Hingabe die undichte Wasserleitung in der Kajüte, während das Schiff mit einem Leck untergeht« (W. Lambert). Die dritte Versuchung, die den Weg der Umkehr nicht gehen läßt, ist die der *Mutlosigkeit* und des Verzagens: »So oft habe ich es versucht! Ich werde es nie schaffen! Es hat keinen Zweck, überhaupt noch weiterzumachen! Was bin ich für ein komischer Mensch!« Eine andere Ver-suchung ist, daß man glaubt, *Vorleistungen* erbringen zu müssen: »Erst wenn ich diesen Fehler abgelegt habe, wird Gott mit mir zufrieden sein!« Aber Gott befreit gerade ohne Vorleistung; er pfropft ein neues Reis auf. Eine weitere Versuchung kann die zur *Verzweiflung* und Angst sein: Hier sucht der einzelne nicht mehr Vor-leistungen zu erbringen, vielmehr weiß er, daß nur Gottes Erbarmen ihn retten kann; doch er glaubt, daß dieses Erbarmen begrenzt ist, obwohl Jahwe sein Volk fragt: »Ist denn meine Hand zum Erlösen zu kurz, oder fehlt mir zum Befreien die Kraft?« (Jes 50,2).

»Abkehr von den Götzen«, das meint also eine dreifache Abkehr: die Abkehr vom »Sondern«, die Abkehr von der Unwahrhaftigkeit des Lebens und die Abkehr von allen Formen des Taktierens und Sich-Entschuldigens. Wer sich der »Stunde der Wahrheit« stellt, ist in Gottes Liebe frei geworden.

3. Umkehr in das Sakrament

Von der Souveränität und Freiheit des in der Taufe geschenkten neuen Lebens ist zu reden. Der Glaubende ist auch in den Vollzügen geistlichen Lebens erlöst von jedem ängstlichen und zwanghaften »Gottesdienst«. Gott will keine »Opfer«. Starres Festhalten an geistlichen Übungen und mechanisches Ableisten eines Gebetspensums: all das hindert am freien Umgang mit dem lebendigen Gott und ist unerlöstes Leben. Johannes Tauler schreibt von Menschen, die »bloß« ihre religiösen Pflichten erfüllen, ihre täglichen Gebete verrichten und regelmäßig zum Sonntagsgottesdienst gehen: »Sie halten sich an ihre Zisternen, die sie sich selbst gemacht haben, und Gott schmeckt ihnen nicht. Auch trinken sie vom lebendigen Wasser nicht, das lassen sie sein«, deshalb kommen sie innerlich nicht weiter, werden hart und lieblos, kleinlich und selbstgerecht.

Ähnliches ist auch im Blick auf die Sakramentenpraxis zu sagen, die bei manchen recht erlösungsbedürftig ist. Dies hat zunächst seinen Grund in einem falschen und äußerlichen Verständnis von den christlichen Sakramenten. Sie werden als Gefäße gesehen, in denen die Gnade enthalten ist. Ein Gefäß aber, in dem die Gnade aufbewahrt ist, läßt den Empfänger in seinen individuellen und persönlichen Lebensvollzügen wie auch in den sozial verflochtenen Lebenssituationen ganz außer acht. Der einzelne »empfängt« äußerlich die Gnadengaben, kommt aber innerlich im Leben aus dem Sakrament nicht weiter. Wer die Gnaden-»mittel« nur als unpersönliche »Medizin« zu sich nimmt, läßt diese von Gott ebensoweit entfernt sein wie den Hustensaft von der Persönlichkeit des Arztes, was den Schweizer Reformator Zwingli zu der Aussage verleitete, daß die Sakramente leere Zeichen seien, die so weit von der Gnade entfernt sind, wie das Wirtshausschild vor einer Herberge vom Weinfaß im Keller dieser Herberge entfernt ist.

Auch die andere Verständnisweise von den Sakramenten als Instrumente in der Hand Gottes entspricht weder dem christlichen Gottesbild noch dem heutigen Menschenbild. Wer will schon von Gott mit Instrumenten geliebt sein? Zudem rückt eine solche Vorstellung Gott selber in eine unerträgliche Ferne, wird er doch zu einem Mechaniker und sein Handeln zu einer mystischen Akupunktur. Deshalb muß sich das Leben mit und aus den Sakramenten wie christliches Leben überhaupt befreien und erlösen lassen von dem Gott, der größer ist als alles, was von ihm erfaßt und ertastet werden kann. Die befreiende Botschaft der Vergebung wird dem einzelnen im Sakrament der Versöhnung zugesprochen und verkündigt. So gilt es nun zu überlegen, welche »frohe Botschaft« in dem Sakrament der Buße enthalten ist.

Die Botschaft der Freude ist für den Christen nicht immer mit dem Weg der Versöhnung verbunden. Vertrauter als vergangenen Jahrhunderten ist heute der Gedanke der Stoa, daß der Weise im Unterschied zum Toren es für verächtlich halten muß, »Metanoia«, also Umkehr und Buße zu üben; es sei ein Zeichen der Nichtidentität des Menschen mit sich selbst, wenn er seinen Sinn ändern sollte und sich auf den Weg zurück begeben müßte.

Ein Zeitgenosse, Jean-Paul Sartre, meint, der erbärmlichste Verbrecher sei der, der sein Verbrechen bereue und der in Buße und Sündenschmerz verharre. Provokanter noch wird der Gedanke bei André Gide aufgegriffen. Er interpretiert das patriarchalische Gleichnis vom Verlorenen Sohn so, daß der verlorene Sohn bei ihm nicht nur einen älteren Bruder hat, der im Haus des Vaters alles nach den vorgegebenen Gesetzen beurteilt, sondern es ist noch ein jüngerer Bruder da, den der Evangelist verschwiegen hat. Er spricht zum zurückgekehrten Bruder: »Hör zu. Weißt du, warum ich heute abend auf dich gewartet habe? [...] Bevor diese Nacht zu Ende geht, breche ich auf.« »Was ich nicht vermochte: du willst es vollbringen?« »Ja, du hast mir den Weg geöffnet; an dich zu denken, wird mir Kraft geben.« Worauf der verlorene Sohn abschließend sagt: »Mein Teil ist's, dich zu bewundern, der deinige jedoch, mich zu vergessen. Umarme mich, mein junger Bruder: Du nimmst alle meine Hoffnungen mit. Sei mutig, vergiß uns, vergiß mich. Und mögest du nie zurückkommen!«

»Mögest du nie zurückkommen«, dieses Wort bewahrheitet sich ironischerweise im kirchlichen Alltag von heute wortwörtlich: Die Beichtstühle werden immer leerer, die Menschen kommen kaum noch zum Empfang des Bußsakramentes. Hat der Rückgang der Beichtpraxis vielleicht darin seinen Grund, daß die kirchliche Heilsvermittlung selber unwirksam geworden ist und deshalb heute nicht mehr gesucht wird? Denn trotz der vielen Beichten kann nicht gesagt werden, daß in der Kirche aufs Ganze gesehen mehr Heil sichtbar wird oder daß die Mehrzahl der Gläubigen als »geheilt« und erlöst erscheint.

Die Unwirksamkeit vieler Beichten hängt teilweise mit der falschen, weil oberflächlichen Vorstellung zusammen: Sünde ist etwas, das ich tue oder unterlasse; ich bekenne meine Schuld und erhalte die Vergebung. Eine solche Sichtweise reicht nicht tief genug in die eigene Schuldgeschichte hinein. Ein Beispiel aus der Literatur verdeutlicht dies: In dem bekannten Roman »Der Leopard« von Tomasi di Lampedusa ist Folgendes berichtet: Der sizilianische Fürst Fabrizio besucht regelmäßig eine Lebedame. In seiner Kutsche nimmt er den Hausgeistlichen mit, der während des Ehebruchs in einem benachbarten Kloster absteigen muß. Denn der Fürst liebt es, nach getaner Arbeit gleich zu beichten...

Man amüsiert sich über diese Schilderung, aber gleichzeitig macht sie betroffen, denn eine solche Einstellung zur Beichte trifft in ihren verschiedenen Ausdrucksformen heute noch für weite Kreise katholischer Christen und vielleicht sogar für uns selbst zu. Die Beichte stellt hier eine Art magisches Wundermittel dar, das man regelmäßig gebraucht und durch das alles wieder in Ordnung kommt. Bei solchem Beichten geschieht keine Erneuerung im Sinn der biblischen Umkehr. Im Gegenteil, hier wird die Beichte sogar eine Institution zur Umgehung der wirklichen Umkehr - und damit wirkungslos, ja sogar schädlich. In der Beichte geht es nicht darum, möglichst schnell etwas »los« werden zu wollen, mit etwas »fertig« zu werden, sondern wir lassen uns ermutigen zu einem Weg, der ein tieferes Heilwerden ermöglicht. Dies kann an einer Begebenheit im Leben des heiligen Hieronymus deutlich werden: Als dieser ein Leben der Einsamkeit und Buße begann, erschienen ihm die Unterlassungen und Fehler seines früheren Lebens so groß, daß er ein Leben lang dafür büßen wollte. Er, der sein ganzes Leben Gott übergeben hatte, kam am Vorabend vor Weihnachten an die Krippe von Bethlehem, wo er als Einsiedler lebte, und sprach im Gebet: »Herr, mit leeren Händen komme ich heute vor dich, was kann ich dir schon geben?« - Da bat ihn Jesus um etwas, woran der Heilige nie gedacht hätte: »Gib mir deine Sünden!«

Die Geschichte aus dem Leben des Heiligen zeigt, daß Jesus das Vertrauen mehr liebt als die Buße, mehr den Glauben an seine Liebe als die Verzweiflung über das, was falsch gemacht wurde. Buße, Schmerz, Wiedergutmachung sind wichtige und unerläßliche Elemente auf dem Weg der Umkehr, aber noch größer sind Liebe und Vertrauen auf Gottes Erbarmen: Buße allein genügt nicht.

»Gib mir deine Sünden!«, diese Aufforderung des Herrn an den heiligen Hieronymus nimmt manchmal kuriose Formen in der Beichtpraxis an, gemeint sind die »Vorzeigesünden«! Beim Empfang des Bußsakramentes werden zuweilen Sünden bloß aus Anstand bzw. »pro forma« bekannt. Mancher beichtet Sünden, die er nie begangen hat und von denen er weiß, daß er sie nicht begeht oder daß sie in seinem Leben nur eine periphere Rolle spielen; er beichtet Sünden, in die er gleichsam verliebt ist: Sünden, die ihn gar nicht nervös und unruhig machen, mit denen es sich ganz gut leben läßt, die man sich auch »warmhalten« muß, nämlich solche Sünden, die im Grunde ablenken von den eigentlichen und wirklichen Problemen, mit denen man lebt. Durch den Mangel an Ehrlichkeit sich selbst gegenüber verliert die Beichte jeglichen Kontakt mit dem Leben und hat mit ihm gar nichts mehr zu tun.

Weiterhin ist mancher vielleicht angeleitet worden, dort mit Schuld und Vergebung umzugehen, wo die eigentliche Schulderfahrung gar nicht gemacht ist, sondern wo das, was einen wirklich beschäftigt, nicht Schuld ist, sondern Angst, Leid, Kränkung, Konflikte. Weil als Mittel die Beichte angeboten wird, wo man eben seine Sünden bekennt, wird die Auseinandersetzung mit den eigenen Problemen einfach in Schuldbekenntnisse umfunktioniert. Eine solche fromme Lüge hilft nicht wirksam weiter, denn sie führt nicht in die Tiefe und ermöglicht kein Heilwerden durch eine aufrichtige Begegnung mit dem Herrn.

Nach den bisherigen Überlegungen, die eher die Gefahren und Fragwürdigkeiten beim Empfang des Bußsakramentes im Blick hatten, ist nun zu fragen, worin trotz aller Bedenken und Unzulänglichkeiten heute die Bedeutung des Bußsakramentes zu sehen ist. Eine Antwort ergibt sich aus dem Wert des Sakramentes selber, denn »in den Sakramenten gibt Gott mir etwas, was ich nicht geben kann« (K. Hemmerle). In der Beichte besteht Gottes Geschenk darin, daß der Paenitänt nun Mut zu einer aufrichtigen Begegnung mit sich selbst erhält, im Blick auf Gottes Liebe sein Leben in Liebe annimmt und ein Verkündiger der unendlich Menschenfreundlichkeit Gottes wird.

Auf diesem Weg der Versöhnung mit sich und mit Gott können folgende Hinweise von besonderer Bedeutung sein, denn sie führen zu einer vertieften Sicht der eigenen Schuld und Sünde vor Gott:

a) Nie aus heiterem Himmel
Das Schuldbekenntnis steht nicht isoliert, sondern im Kontext des ganzen Lebens. Die einzelne Schuldentscheidung läßt die hinter ihr verborgene Lebensentscheidung deutlich werden und ist ein Signal, ein Anzeiger dafür, daß an der Basis oder im Hintergrund des eigenen Lebens etwas nicht in Ordnung ist. Wie sich eine gute Intention von selbst die äußeren günstigen Umstände für ihr Wirksamwerden schafft, so wird sich auch die schlechte Intention die ihr eigenen Umstände des Wirksamwerdens schaffen. Es gibt so etwas wie eine negative Vorsehung über das eigene Leben: Keine Sünde fällt wie ein Blitz aus heiterem Himmel!

Wie Sünde und Schuld ihre untergründige Vorgeschichte haben, so auch eine ihnen eigene Nachgeschichte, in der sie ausgelitten werden müssen. Nicht durch Anstrengung und Anspannung des Willens wird Schuld ausgelitten, sondern durch Ausleiden ihrer Konsequenzen und Auswirkungen. Diese bewußte Übernahme des Leidens und der Läuterung, die mit der eigenen Vergangenheit als einer Schuldgeschichte verbunden ist, geschieht in der Zeit nach der Beichte.

b) »... daß ich Gutes unterlassen und Böses getan habe«
Im Schuldbekenntnis am Anfang der Heiligen Messe lautet der entscheidende Bekenntnissatz: »Ich bekenne, daß ich Gutes unterlassen und Böses getan habe.« Was durch die Liturgiereform neu eingefügt wurde und in der Bekenntnisformel gleich an erster Stelle steht, ist eine wichtige Glaubenserfahrung: Wir versündigen uns

schon dadurch, daß wir Gutes unterlassen. Denn vor Gott gilt nicht allein die korrekte Erfüllung und Befolgung seiner Gebote, sondern er schaut auf das Herz und das gelebte Leben. Hier kann einer sündigen, indem er das Gute unterläßt, es einfach nicht tut - aus Lieblosigkeit, Bequemlichkeit, Unaufmerksamkeit, Hartherzigkeit und mangelndem Engagement. Der nicht beantwortete Brief, die verschwiegene Aufmunterung, das unterdrückte Lob und die mangelnde Anerkennung des anderen, die erkaltete und in Alltäglichkeiten sich verlierende Liebe zwischen Ehepartnern und das gefühllose Vergessen der Not in der Dritten Welt - all das ist in Gottes Augen Bosheit, auch wenn keine direkte Sünde begangen ist. Wer nichts tut, wird schuldig, und wer in der Liebe nicht wächst, kann sich dadurch vor Gott verfehlen. Teresa von Avila betont: »Wer nicht wächst, schrumpft ein. Ich halte es für unmöglich, daß die Liebe sich damit begnügt, ständig auf der Stelle zu treten.«

c) Aufrichtigkeit und Skrupulosität

Der Blick auf das, was an Gutem unterlassen worden ist, soll nicht zu Skrupulosität führen, wohl aber zur Aufrichtigkeit uns selbst gegenüber. Davon spricht ein überliefertes Jesus-Wort, das heißt, es müsse ein jeder darauf achten, daß er nicht »Mükken siebt und Kamele schluckt«. Bruce Marshal gibt ein Beispiel für die Frage von zu weitem und zu engem Gewissen. Er sagt, wenn man beichte, daß man ein Seil gestohlen habe, dann solle man gegebenenfalls auch sagen, ob an dem Seil eine Kuh angebunden gewesen sei: »Umgekehrt wird man dem Menschen mit einem zu skrupulösen Gewissen sagen dürfen: Wenn du gebeichtet hast, daß du eine Kuh gestohlen hast, dann brauchst du nicht ängstlich sein, wenn du von dem Strick, mit dem du sie weggeführt hast, nichts erwähnt hast« (W. Lambert).

d) Beschämung und Recht auf Intimität

Die Aufrichtigkeit des Bekenntnisses in der Beichte erfordert die Bereitschaft, eine Beschämung zu riskieren, um sich dem Beichtvater als der anvertrauen zu können, der man wirklich ist: ohne Schminke und Maske. Hier gibt es jedoch eine Einschränkung! Gewiß, in dem Bekenntnis der eigenen Schuld und Sünde bedarf es einer deutlichen Integrität, aber es gibt auch eine *Unmöglichkeit zur Integrität* im physischen Sinn (Mangel an Zeit, Kraft etc.) wie im moralischen Sinn (Fehlen eines Beichtvaters des eigenen Vertrauens etc.). Zudem sind Situationen denkbar, in denen der einzelne noch gar nicht den entsprechenden emotionalen, gefühlhaften Abstand zu seiner Vergangenheit hat, bedarf es doch eines gewissen Abstandes zur eigenen Vergangenheit, um überhaupt über sie sprechen zu können. So gibt es in der Beichte das Recht auf die persönliche Intimsphäre (Recht auf die Intimsphäre richtig verstanden, d.h. Inhalt des Beichtbekenntnisses ist das, worüber man ohne allzu große Anstrengungen freisprechen kann!). Die Integrität des Bekenntnisses ist also eine doppelte: zum einen müssen die entscheidenden Schwachpunkte konkret herausgestellt werden, und zum anderen darf der einzelne - im letzten - psychisch und emotional nicht überfordert sein.

e) Reue und Bekenntnis

Die entfalteten Gedanken zur Beichtpraxis erwecken den Eindruck, daß das Bekenntnis das wichtigste auf dem Weg der Umkehr ist. Doch dieser Eindruck trügt. Die Bezeichnung »Beichte« ist unglücklich. Beichten, d.h. Bekennen ist zwar Bestandteil des Sakramentes, aber ausgerechnet der am wenigsten angenehme und der Rangordnung nach nicht der wichtigste. Vielmehr macht zunächst die Reue den Kern der Beichte aus. Dies zeigt sich allein darin, daß ein Mensch, der nicht fähig ist zu reden, losgesprochen werden kann, sofern er eben im Herzen Schmerz über seine Sünden verspürt.

Der erste Eindruck des Bußsakramentes ist meist der einer Bestandsaufnahme der eigenen Fehler. Wieviel von der eigenen Vorbereitungszeit bei einer Beichte wird auf das Einordnen der Sünden verwendet (meist 9/10 der zur Verfügung stehenden Zeit), wie wenig aber dafür, die mit der Sünde verbundene Untreue und Undankbarkeit gegen Gott abzuwägen! Es müßte gerade umgekehrt sein. Wichtiger als das Bekenntnis und Aufsagen der Sünden und Fehltritte und entscheidender als die Wahl des rechten Beichtvaters ist der in Reue und Buße vollzogene Schritt des einzelnen über sich hinaus auf einen anderen Menschen zu. Wem er sich anvertraut, wird verschieden sein (Freund, Mitbruder, Priester). Letztlich vertraut er sich Gott an, von dem er schon vor der Beichte und dem Sündenbekenntnis weiß, daß er ihn liebt und angenommen hat. Erst wenn er sich konkret als der anvertraut, der er jetzt ist, mit dem, was ihn jetzt belastet und bedrückt, wird er Gottes Liebe auch in seiner konkreten und einmaligen Situation erfahren. Um Gottes Liebe in der persönlichen Situation des Lebens umfassend erfahren zu können, muß die leichteste Form der Beichte, nämlich die des Beichtstuhls, nicht die hilfreichste sein. Die Anonymität des Beichtstuhls ist ein Angebot, aber die Beichte vollzieht sich vielleicht echter in einem Beichtgespräch, mit einem bekannten Gegenüber, wo das Sich-Anvertrauen in Austausch und Begegnung vollzogen wird. Hier sollte keiner sich überfordern, aber auch nicht unterfordern.

Wer sich konkret als der anvertraut, der er ist - mit seinen konkreten Sünden und Fehlern (mit *allgemeinen* Sündenbekenntnissen pflegt man sich zu entschuldigen), riskiert eine Beschämung, doch indem er das Gesicht zu verlieren meint, merkt er, daß dies nur eine Maske war und daß sein wahres Antlitz zum Leuchten kommt.

Wer beschämt ist wie die Sünderin im Evangelium, verliert die Angst vor Beschämung, weil er sich nackt und bloß geborgen weiß bei dem Liebenden. Sein Gebet ist das Wort, das die Kleine Therese zum Herrn gesprochen hat:»Herr, laß mich die Dinge sehen, wie sie sind.«

f) Die Beichte - ein Gericht?
Joseph Wittig stellte sich als Kind die Frage:»Warum hat uns Jesus Christus nicht auch von der Beichte erlöst, wenn er uns schon erlöst hat?« - Was ist es also, das um eine sakramentale Lossprechung bitten läßt?

Tertullian, ein großer Theologe der frühen Kirche, sagte von der sakramentalen Lossprechung, sie sei das»praeiudicium futuri iudicii«, die»Vorausnahme des endgültigen Urteils« Gottes am Ende des persönlichen Lebens. Aber diese Vorausnahme ist eine aus Gnade. Die Gotteserfahrung des Neuen Testamentes ist die des barmherzigen Vaters, der seinem verlorenen Sohn entgegeneilt! Somit ist der Empfang der sakramentalen Lossprechung die höchste Dichte dieser neutestamentlichen Gottesbegegnung. In der Lossprechung begegnet der Glaubende dem verzeihenden Gott - auf eine Weise innigster persönlicher Nähe.

Ignatius von Loyola läßt den Exerzitanten gegen Ende seiner Übungen betrachten, wie der Auferstandene ihn»tröstet«. Das Vertrauen auf den tröstenden Zuspruch des Herrn (und nicht seinen richtenden Urteilsspruch der Gerechtigkeit) läßt in einem neuen Licht erscheinen, was die Alten früher mit»Buße« bezeichnet haben. Buße - das ist die Hauptbeschäftigung des Erlösten: das Sich-Einüben in das neue Leben, das freie Leben! Buße schenkt Freude und Zuversicht. Denn sie ist alles andere als eine seelische Rückkehr in die böse oder gar verdrängte Vergangenheit. Vielmehr richtet sie in die Zukunft aus, macht durch die Freude am Neuen den Erlösten frei und hebt ihn über sich selbst hinaus. Buße will Umkehr in die Zukunft sein, in ein neues Selbstvertrauen - im Bewußtsein der tröstenden Gegenwart des Herrn.

g) Aufgetragene Buße?
Der Aspekt der Zukunft kommt im Vollzug der Beichte darin zum Ausdruck, daß diese nicht mit der Lossprechung abgeschlossen ist, sondern zu einem ersten Schritt in das neue Leben anleitet. Dies zeigt sich in der sogenannten Bußauflage. Im neuen Rituale wird nicht von einer aufgegebenen, sondern einer vorgeschlagenen Buße gesprochen. Der Beichtvater soll dem Pönitenten eine Buße vorschlagen und ihn fragen, ob diese Buße seiner Situation entspricht und eine Hilfe darstellt, um den neuen Weg zu betreten. Deshalb ist die Buße weniger eine Strafe als eine positive Hilfe für das Gelingen des ersten Schrittes in die neue Zukunft.

h) Felix culpa - etiam peccata

Der Weg der Umkehr ist nicht ein Weg der Zerknirschung und Trauer, sondern ein Sich-Ausstrecken nach Wahrheit und Freiheit. Der Fortschritt durch häufigeres bzw. regelmäßigeres Beichten besteht darin, daß die eigene Tadellosigkeit oder Tadelwürdigkeit immer weniger bekümmert und dafür deutlicher und intensiver das Staunen wächst über den Gott, der in Jesus als Güte und Menschenfreundlichkeit dem Menschen entgegenkommt.

Es ist das Lied von der »glückseligen Schuld« (felix culpa), die »würdig war, einen so großen Erlöser zu empfangen« (Exsultet). Vor Gott braucht sich keiner ins gute Licht zu rücken, sich vorzumachen, daß er ohne Sünde ist. Vor Gott heißt es vielmehr: »Du darfst ein Sünder sein. Danke Gott dafür, daß du ein Sünder sein darfst. Denn Gott liebt die Sünder, aber er haßt die Sünde« (D. Bonhoeffer). Und wo Paulus schreibt, daß »denen, die Gott lieben, alles zum Guten gereicht« (Röm 8,28), fügt ein Kirchenvater erläuternd gleich hinzu: »etiam peccata«, auch die Sünden! Somit kann der Weg der Umkehr, der Buße und Beichte die Rettung der Freude und des Friedens im eigenen Leben sein.

i) Und wenn sich nichts ändert?

Ein Einwand lautet: Entweder die Beichte nützt, dann braucht man nicht mehr zu beichten, oder sie nützt nichts, was schon deshalb möglich ist, weil meist dieselben Sünden im Bekenntnis aufgesagt werden. Dies erinnert an jene Karmelnovizin, die eines Tages zur heiligen Teresa von Avila ging, um ihr mitzuteilen, sie habe eine neue Art von Sünde entdeckt, von der die Bücher nicht sprächen. Worauf die Heilige antwortet: »Meine Tochter, haben wir nicht schon allzu viele Sünden?«

Leicht ist man geneigt, in der Beichte und der Erwartung an sie die Wende mit der Umkehr zu verwechseln. Wer seine Sünden und Fehler in der Beichte bekannt hat, ist bereit, sie nicht mehr erneut zu tun und sie entschieden abzulegen (Umkehr), doch ob dies dem einzelnen gelingt - restlos und endgültig (Wende), das steht nicht in seiner Macht; es ist reines Geschenk göttlicher Gnade, auf das nur gehofft werden kann. Unser Bestreben richtet sich auf die Umkehr; Gott allein hingegen kann bewirken, daß mit der Umkehr auch eine *Wende* in unserem Leben eintritt.

Als Jesus dem Gelähmten die Sünden vergibt, schenkt er ihm den Anfang des Wunders, doch der Mensch muß es im Weitergehen zu Ende wirken: »Nimm deine Bahre und geh!« (Joh 5,8) - aber mit deiner Bahre, mit deiner Vergangenheit! Die »Bahre« kann für einen Menschen eine recht vielseitige Gestalt annehmen, darin er sich vielleicht ganz entstellt vorfindet; er erfährt sich wie »gelähmt«. Zerbrechen wird es ihn nicht, auch wenn schwere Schuld in sein Leben getreten ist und er darüber noch gar nicht hinweggekommen ist: er kann trotzdem in seiner ganzen Haltung ein Mensch der Liebe, der Selbstlosigkeit, der inneren Neigung zu Gott geblieben sein - vielleicht mehr als manch anderer, der sich gleichsam ängstlich hütet, die verrechenbare Bilanz seines Lebens in Unordnung zu bringen. Karl Rahner schreibt hierzu fragend: »Wenn jener Mann, der unter den Martyrern des Boxeraufstandes seliggesprochen wurde und der vom Opiumrauchen nicht loskam und der immer sagte, meine einzige Chance ist das Martyrium, der aber sonst ein frommer Christ war, dem aber sein Pfarrer - offenbar mit Recht - die Absolution jahrelang verweigerte, wenn dieser Mann sich nach dem Martyrium sehnte, eigentlich wußte und vor Gott zugab, wie armselig er war und danach verlangte, daß Gott ihn aus seiner eigenen Gefangenschaft befreite - kann man da nicht fragen, ob der Lebensgrund dieses Menschen in Wirklichkeit schon vor seinem Martyrium in Gottes Liebe war, mehr als vielleicht der des Pfarrers, der ihm mit Recht die Absolution verweigerte?«

j) »... wie auch wir vergeben«
Ein letzter Schritt in die Zukunft vollzieht sich in der Beichte durch die Bereitschaft, dem anderen zu vergeben, weil einem selber vergeben worden ist. Die Kunst des Verzeihens ist nicht leicht; sie fordert manches Geschick - und reiche Tugend.

Paulus mahnt: »Laßt die Sonne nicht über eurem Zorn untergehen« (Eph 4,26), doch er fordert damit nicht auf, bis zum Abend alles verziehen zu haben. Ein vorschnelles Verzeihen verhindert die notwendige innere Verarbeitung des Konflikts, so daß keine wirkliche Versöhnung stattfindet. Keiner kann über seinen Schatten springen! Deshalb gilt: *Nicht vorschnell verzeihen!*

Zeit und Geduld sind vonnöten, wenn erfahren wird: der Kopf sagt ja, das Herz aber nein. In einem solchen Fall hat ein vorschnelles Verzeihen wenig Wert, auch wenn der Verstand die notwendigen Plausibilitäten gibt. Keiner kann beim Verzeihen das Herz außeracht lassen. So gilt: *Das Herz nicht übergehen!*

Verzeihen muß aufrichtig sein. Kalte Überlegenheit, demütigende Herablassung, getarnte Machtausübung und subtile Erpressung machen jedes Verzeihen zur Farce. Wer dem anderen aufrichtig vergeben will, darf *keine falschen Spiele* dabei anwenden, sondern muß *ohne »Wenn«* und ohne Bedingungen verzeihen, nicht erst, wenn der andere sich »bessert« oder gar »ändert«.

Wird der Akt des Verzeihens als schwierig empfunden, kann es unter Umständen hilfreich sein, einfach wortlos zu verzeihen: durch ein kleines Geschenk, eine Aufmerksamkeit, ein liebes Zeichen der Anerkennung. Bei schwierigen Beziehungsproblemen werden zunächst wortlose Vorverständigungen vorausgehen und dem vergebenden Wort den Weg bahnen.

Was christliches Verzeihen sein kann, haben die Mönchsväter in eine kleine Geschichte gebracht, die eine Mahnung wie auch Ermutigung für jeden sein kann: Man meldete einem Abt, ein Mönch hätte eine Frau in seiner Zelle. Der Abt zieht mit seinem Gesinde und Gefolge zur Zelle, und der Mönch hat noch gerade Zeit, die Frau in der Tonne zu verbergen. Der Abt überblickt die Lage, springt auf die Tonne und befiehlt seinem Gefolge, die Zelle zu durchsuchen. Man findet nichts. Der Abt rügt die Leute und schickt sie dann fort. Er nimmt die Hand des Mönches und sagt: »Paß auf dich auf!« und geht seines Weges.

Umkehr und Versöhnung sind wichtige Vollzüge geistlichen Lebens, doch sie beschränken sich nicht auf das Bußsakrament, sondern wirken sich in vielen anderen Übungen und Wegen des Alltags aus und suchen hier ihre Bestätigung und Fortführung. Deshalb soll nun gefragt werden, in welchen geistlichen Übungen der Weg der Umkehr im Alltag beschritten wird.

III. Einübung in Gnade

Die Vorstellungen von Umkehr und Bekehrung sind oft verbunden mit dem Gedanken an einzelne Akte, Übungen und Tätigkeiten: Gebet, Meditation und Askese. Ohne regelmäßiges Gebet, ohne Sakramente, Gewissenserforschung, ohne Zeiten des Fastens und andere Verzichte versandet jedes innere Leben. Ein Minimum an geistlicher Einübung ist unersetzbar. Hier reflektieren wir Gott gegenüber oft sehr theologisch: Könnte dies oder jenes nicht auch anders gemacht werden, ist das wirklich notwendig? Und weil es abstrakt natürlich nicht notwendig ist, tun wir lieber gar nichts oder belassen alles beim alten.

Gewiß, alle Konkretheit ist Unterbietung des Notwendigen, aber nur im Mut zum Konkreten, Armseligen, Vorläufigen sind Beziehungen und Liebe möglich. Die Zeit beispielsweise, die einem Freund geschenkt wird, ist Ausdruck dessen, daß einer sich im ganzen zu ihm gekehrt hat und »alle« Zeit für ihn hat. Das wenige, das einer für seinen Freund tut, ist nicht von großer Bedeutung, gemessen an der Liebe, die Freunde füreinander empfinden; aber es ist als konkretes, wenn auch kleines Zeichen dennoch notwendig, weil es Ausdruck der freundschaftlichen Liebe und Zuneigung sein will.

Ähnliches muß von dem Mindestmaß an geistlicher Einübung gesagt werden. Sicherlich ist die Summe von geistlichen Übungen nicht schon Umkehr und Bekehrung, so wenig die Summe gemeinsam verbrachter Zeit und gemeinsamer Aktivität schon Liebe zwischen Menschen wäre. Die Vielzahl und Häufigkeit der geistlichen Übungen ist Zeichen dafür, daß der einzelne sein ganzes Leben zu Gott hingekehrt hat; auch wenn es sich dabei um bescheidene und kleine Zeichen handelt, können diese nicht als »zu gering« und zu unbedeutend heruntergespielt werden, sondern sind für das Leben mit Gott als Ausdruck der Liebe von entscheidender Bedeutung. Dennoch behält die Einübung in das geistliche Leben bloß einen relativen Wert. Geistliches Leben ist nicht diese oder jene Einübung, sondern jene »Struktur«, in die hinein das eigene Leben immer wieder umkehren muß: aus der von mir entworfenen Perspektive meines Lebens und meiner Zukunft in die Perspektive Gottes. Es ist die Struktur eines Lebens nicht nur aus mir, nicht aus meinen Wünschen, Plänen und Kräften, sondern aus dem, was Gottes Geist in mir wünscht, vermag, kann und will.

Daß mit äußeren Zeichen und geistlichen Übungen kein Ausdruck der Umkehr und Bekehrung zu Gott gegeben ist, zeigt sich auf besondere Weise im Empfang der Sakramente. Im katholischen Raum gibt es zuweilen einen magischen Mißbrauch der Sakramente: Sie werden nicht gebraucht, um dem Empfangenden das zu vermitteln, was sie ihm vermitteln wollen, sondern um es zu ersetzen! Man empfängt das Bußsakrament dann anstelle einer Sinnesänderung und läuft täglich zur Heiligen Messe, anstatt aus dem Geschenk der Erlösung zu leben. Das heißt dann: Man ißt nur »Bilder« vom »Essen«. Somit sollen einige Überlegungen folgen, wie die geistlichen Übungen Ausdruck der persönlichen Umkehr und Hinkehr zu Gott werden und das ganze Leben gestalten und befruchten können.

1. Askese der Schwachheit

Die Einübung in das Leben der Umkehr geschieht in unermüdlicher Suche und Sehnsucht nach Gott und seiner heilenden Liebe. Doch was anfangs als Bereitwilligkeit zur Bekehrung des Herzens beginnt, kann sich schnell in einen geistlichen Hochleistungssport verkehren, wenn der Mensch auf sich selbst gerichtet, ichbezogen bleibt.

Das hier Gemeinte verdeutlicht *A. Louf* am Umgang mit geistlichen Idealen. Zu Beginn des Nachfolgeweges ist mancher schnell bereit, hochherzig auf den Ruf des Herrn zu antworten und die geforderten Opfer zu bringen, um ein guter, vollkommener Jünger zu werden. Geistliche Literatur und Übungen sind dabei willkommene Helfershelfer: sie appellieren an das Vollkommenheitsstreben und an das Ideal von sich selber und seinem geistlichen Fortschritt. Selbstverleugnung, Hintansetzen eigener Wünsche und Vorstellungen, Demut und gehorsame Unterwürfigkeit, selbstlose Liebe und radikaler Einsatz werden vom einzelnen eingeübt und über alle persönlichen Nöte und Hindernisse hinweg verwirklicht. Das Zusammenleben mit den Mitmenschen, vielleicht in einer Kommunität, tut das übrige hinzu; denn Brüderlichkeit, Hingabe, Engagement, Hilfsbereitschaft werden verlangt, alles Haltungen, die, zumindest unbewußt, das geistliche Ideal und das Vollkommenheitsstreben des einzelnen wecken und wachrufen. Wer sich in geistlicher Begleitung befindet oder mit einem Abt und Regens im Gespräch ist, wird vielleicht als »demütiger« Novize und Seminarist erscheinen wollen, um den es gutsteht, der keine Fragen und Probleme hat, über dessen Erfolge sich jeder freuen kann und der ansonsten keine weiteren Schwierigkeiten bereitet, was beruhigend und befriedigend sein wird für beide Seiten.

Doch das geistliche Ideal dieses Vollkommenheitsstrebens steht meist in keinem Verhältnis zu den wirklichen Bedürfnissen und Erfahrungen eines Menschen. Nöte, Schwächen, Ungereimtheiten, Ängste und Fragen werden beiseite geschoben und können nicht mehr an die Oberfläche des Bewußtseins kommen. Weil dabei unendlich viel Energie verlorengeht, ist ein solcher Mensch zwar brav und nett, aber es blüht in ihm nichts auf, er erscheint matt und blaß und eher antriebsgehemmt, was sich meist auch im körperlichen Befinden zeigen wird: Kopfschmerzen, Magen und Rücken machen zu schaffen, der Kreislauf ist labil und es kommt zu häufigen Erkältungskrankheiten u.a.m. Ein solcher Mensch lebt zwar von wohlgemeinten Idealen und Vorstellungen, kann jedoch seinen eigenen Wünschen, Sehnsüchten und Vorlieben keinen Platz im Leben mit Gott geben: er ist fromm, aber nicht menschlich.

»Askese« würde hier heißen, daß der einzelne lernt, sich auf die eigenen Möglichkeiten und auf das Maß der eigenen Kraft einzuüben. Weil die Gnade nicht bei unserem Ideal, sondern bei unserer Schwachheit einsetzt, ist Askese ein *Sich-Einüben in die Gnade* und in das Geheimnis von Schwachheit und Treue. Im Erkennen unserer Schwachheit und im Achten auf unser Maß, das uns von Gott geschenkt ist, bedarf es der Treue und Geduld; doch Franz von Sales macht hier die Beobachtung, daß unmittelbar nach der Sünde das schlimmere Übel und Unheil den Eifrigen trifft, daß er nämlich ungeduldig mit sich und seinem Weg wird. Deshalb rät Augustinus für den Weg der Einübung in Gnade: »Tue, was du kannst; bete um das, was du nicht kannst; und Gott wird dir geben, daß du es kannst.«

2. Die Flucht des Frommen vor Gott

Selbstgerechtigkeit, Verliebtheit in sich selbst und versteckter Stolz lassen den Frommen eher in Ungeduld mit sich und dem eigenen Leben in Gott sein. Es werden Erfolge und Leistungen vor Gott gesucht und Erfahrungen von Schwachheit und mangelnder Reife möglichst rasch beiseite gelegt.

Johannes Tauler meint, daß Gott einen solchen Frommen in die Krise, in das Gedränge führen muß, damit er nicht in die Irre geht. Erst so kann er erfahren, wie es wirklich um ihn steht und wie sehr seine Schwachheit der göttlichen Gnade bedarf. Oft jedoch erkennt der Mensch nicht, daß Gott in der Krise etwas an ihm tut und daß es darauf ankäme, Gott an sich handeln zu lassen, und er möchte aus seiner Krise fliehen. Für Johannes Tauler gibt es drei Weisen einer solchen Flucht vor Gott:

a) Fehlende Selbsterkenntnis: Der Mensch weigert sich, in sich selber hinein zu sehen. Die Unruhe im eigenen Herzen verlagert er nach außen, indem er bei den anderen, an den Strukturen und Institutionen ständig kritisiert und sie verbessern will. Dieser stellt »das Kloster auf den Kopf und will fortlaufen gegen Trier oder Gott weiß wohin und nimmt das Zeugnis (des Geistes in ihm) nicht an«. Weil er nicht sich selbst reformieren will, möchte er das Kloster reformieren und projiziert die Unzufriedenheit mit sich selbst nach außen. Mit äußeren Reformplänen verhindert er die Begegnung mit sich und seinem eigenen Grund. Der Kampf nach außen enthebt ihn der Aufgabe, mit sich selbst zu kämpfen.

b) Festhalten an äußeren Frömmigkeitsübungen: Der einzelne meidet die Auseinandersetzung mit sich nicht dadurch, daß er nach draußen flüchtet, sondern indem er in äußere Praktiken und Gebetsweisen flieht. Statt nach innen zu horchen und auf die verborgenen »Pfade nach innen« zu achten, will er auf den »gemeinen, breiten Straßen« bleiben z.B. (meist mit dem Vorwand: »Ich habe immer schon so gebetet!«).

c) Ständig neue Lebensformen: Von äußeren Formen erwartet man sich eine Lösung der inneren Krise, hält aber keine Form auf längere Zeit hin durch. Die Prinzipien, an denen solche Menschen festhalten, nennt Johannes Tauler »Götzen«, und er meint, viele Leute säßen auf ihren Götzen, wie einst Rachel auf ihren Abgöttern saß. Sie halten sich an ihre Götzen, um der Begegnung mit dem wahren Gott auszuweichen: »Manchem Menschen gefallen seine Weisen (seine Art zu leben und fromm zu sein) so wohl, daß er sich niemandem überlassen will, weder Gott noch den Menschen, und er hütet sich wie seinen Augapfel, daß er sich ja nicht Gott überlasse.« Er hält an seinen Übungen fest und stellt sie zwischen sich und Gott. Seine Sicherheit und Überzeugung ist ihm wichtiger als seine persönliche Begegnung mit Gott, und er hält sich damit Gott vom Leib. So verschanzt er sich hinter frommem Tun, anstatt fromm zu sein: »Er tut Frommes, um von Gott nicht erfahren zu müssen, daß er letztlich gar nicht fromm ist, sondern in seinem Tun nur sich selbst sucht, seine Sicherheit, seine Selbstrechtfertigung, seinen geistlichen Reichtum. Er versteift sich auf fromme Übungen, ohne zu merken, daß sie ihn nicht von allein fromm machen« (A. Grün). So will er Gott in die eigene religiöse Praxis hineinzwingen, ohne sich dem lebendigen Gott und seinen Ansprüchen auszuliefern.

3. Die Gnade des Nullpunkts

Im geistlichen Leben als konkrete Einübung in die Gnade sucht der Glaubende nicht die eigene Korrektheit als Rettungsanker, sondern die Barmherzigkeit Gottes. Als Abba Moses, ein geistlicher Vater, gefragt wurde: »Was sind Fasten und Nachtwachen wert?«, gab er zur Antwort: *»ut se dimittat«*: auf daß der Mönch sich aufgebe und in Demut Gottes Hilfe und Beistand suche. Jede Askese wird den Menschen an einen Nullpunkt führen, wo seine Kräfte zusammenbrechen, wo er seiner eigenen Schwachheit begegnet und ihr nicht mehr gewachsen ist. Doch die Erfahrung der eigenen Ohnmacht und des Scheiterns an sich und den eigenen Kräften ist eine Stunde der Gnade, wenn sie den Menschen für Gott öffnet, »denn wie nützlich ist folglich ein Kranksein, das nach der Hand eines Arztes rufen läßt«. Die »*Gnade des Nullpunkts*« läßt sich in folgenden Erfahrungen beschreiben:

a) Wer seiner Schwachheit begegnet, wird allen Stolz und jede Selbstverliebtheit ablegen und erfahren, daß das Ja zu den eigenen Grenzen und Schwächen vor Gott reicher macht. So kann auch das Einhalten einer Ordensregel eine Schule der Demut werden, denn die Regel, bemerkt Bernhard von Clairvaux, existiert nicht deswegen, damit der Mönch schwierigere Werke vollbringt und außergewöhnliche Tugenden erwirbt, sondern damit er lernt, aus seinen Fehlern Nutzen zu ziehen und vor Gott in wahrer Demut zu leben. So erfährt der Mensch zur Stunde der Schwachheit, wie es wirklich um ihn steht und wie sehr er der Hilfe Gottes bedarf. Doch dies macht ihn nicht traurig oder bedrückt, vielmehr wird er es in Dankbarkeit und Demut annehmen.

b) Die Erkenntnis der eigenen Schwachheit ist kostbar und unersetzbar. Isaak von Ninive, ein anderer geistlicher Vater, sagt hierzu: Wer seine Schwachheit und »seine Sünden kennt, ist viel größer als einer, der einen Toten auferweckt. Wer eine Stunde lang wirklich über sich selbst weinen kann, ist größer als einer, der die ganze Welt unterrichtet; wer seine eigene Schwachheit kennt, ist größer als einer, der die Engel schaut«. Denn die Gnade knüpft an keines unserer Ideale an, sondern an unsere Schwäche; aber wer vor Gott erkennt, wie er wirklich ist, erfährt sich »erhoben« und bekennt mit dem Gesang des »Magnifikat«: »Auf die Niedrigkeit seiner Magd hat er geschaut, siehe, von nun an preisen mich selig alle Geschlechter...«

c) Wenn Gott keinen anderen Ausweg kennt, sagt Isaak von Ninive, dann läßt er die Sünde zu; eben um den Menschen in seine tiefste Schwachheit zu führen. Bernhard von Clairvaux führt aus: »Man muß noch mehr leiden, um die Selbstliebe zu opfern. Man muß unendlich viel leiden, um sich völlig der Gottesliebe zu opfern.« Gott läßt nicht zu, daß sich jemand als »Pharisäer« vor ihm aufstellt. Zuweilen muß sogar die verwundbare Stelle in diesem Menschen nach oben kommen, damit er dort der Gnade Gottes begegnet; meist ist es die Stelle, die dem einzelnen am peinlichsten ist. Gottes Liebe mag in solchen Augenblicken als unbarmherzig erscheinen, sagt doch der Engel zu Hermas: »Sei guten Mutes, Hermas, Gott wird dich nicht verlassen, ehe er dir nicht das Herz oder die Knochen gebrochen hat!« Doch was auf den ersten Blick als unbarmherzig und ungöttlich aussieht, wird ein Weg des Heiles sein, denn:

d) Der neue Weg des Neuen Bundes ist ein Weg der Gnade, wie Therese von Lisieux sagt: ein »kleiner Weg«. Weil Gott auf die Liebe und das Vertrauen schaut, fordert er den ganzen Einsatz, aber nicht als Leistung und Erfolg, sondern als Bereitschaft, nicht als Tat, wohl aber als Gesinnung, wie die Kleine Therese von sich bekennt: »Treu bin ich nicht immer, aber mutlos werde ich nie.« Was Therese mit diesen Worten meint, beschreibt sie selbst am Bild des Kindes, das vergeblich versucht, die erste Stufe der Treppe zu erklimmen: »Seien Sie dieses Kind, erheben Sie immerzu Ihren kleinen Fuß, um die Stufen der Heiligkeit zu erklimmen. Aber bilden Sie sich nicht ein, jemals auch nur die allererste Stufe erreichen zu können.« Dies wird nicht gesagt in Resignation und Verzagtheit: »Wenn ich geneigt wäre, mich wegen einer Dummheit zu beunruhigen, die ich gesagt oder getan habe, so gehe ich in mich und sage mir: Ach, so steh ich also immer noch am ersten Punkt, wie ehedem! Aber ich sage mir das in großem Frieden, ohne Traurigkeit. Es ist so gut, sich schwach und klein zu fühlen.«

e) Der Verzicht auf den Fortschritt ist eng verbunden mit der Annahme des Fallens. Der Mensch will steigen - oder mindestens stehen. Jesus aber war bereit zu fallen, wie die Kleine Therese bemerkt: »Du fürchtest, dieses Kreuz nicht tragen zu können, ohne zu fallen. Warum? Warum? Auf dem Weg nach Kalvaria ist Jesus dreimal gefallen [...]. Sie wollen einen Berg erklettern, und der liebe Gott will, daß Sie hinuntersteigen. Er erwartet Sie ganz zuunterst, im fruchtbaren Tale der Demut.« Auch auf die Großartigkeit des Fallens verzichtet die Demut des Jüngers.

Für die Kleine Therese endet der Weg der Liebe und Schwachheit mit der Forderung, die eigene Unvollkommenheit zu lieben und nicht aus ihr herauszubegehren. Es ist die Freude, als schwach und unvollkommen angesehen zu werden: »Daß man Sie immer unvollkommen findet, das ist es gerade, was Ihnen nottut und Ihnen Gewinn bringt. Sich selbst für unvollkommen, die anderen für vollkommen zu halten: das ist das Glück... Was mich betrifft, so empfinde ich Freude nicht nur, wenn ich für unvollkommen gehalten werde, sondern besonders wenn ich fühle, daß ich es bin.« Der erste Gedanke war traditionell. Die Schlußwendung bringt das Neue: »Jetzt habe ich mich darein ergeben, mich stets unvollkommen zu sehen, und finde darin sogar meine Freude«, und diese Erkenntnis steht in Zusammenhang mit einer anderen, die sie aufhellt: »Zu Beginn meines geistlichen Lebens, als ich etwa 13-14 Jahre alt war, fragte ich mich, was ich wohl später dazu erwerben könnte, denn ich hielt es für unmöglich, daß ich die Vollkommenheit noch besser zu erfassen vermöchte; aber ich erkannte recht bald, daß man, je mehr man auf diesem Weg fortschreitet, sich für umso weiter vom Ziel entfernt hält.«

f) Jeder Krise entspringt eine neue Seite und eine tiefere Erfahrung der Freundschaft mit Christus. Hier gibt es keinen Mittelweg: entweder geht unsere Liebe aus diesen Krisen stärker hervor oder unsere Großmut wird geschwächt und erträgt nur mit Mühe die Erfahrung der eigenen Schwachheit oder des Verzichtes.

Martin Buber berichtet in den »Erzählungen der Chassidim« die Geschichte eines Mannes, der einen Rabbi fragte, wie er sich von müßigen Gedanken befreien könne. »Versuche es nicht«, riet der Rabbi, »du hast keine anderen Gedanken, und du würdest leer zurückbleiben; versuche, allmählich einige nützliche Gedanken zu gewinnen, und sie werden an die Stelle der müßigen treten.« Stimmt dies nicht mit dem Gleichnis von den sieben Teufeln überein (Mt 12,45)?

Die oft zerstreuten und nur müde vor Gott gebrachten Gebete, die Zweifel im Glauben, die Schwachheit der eigenen Gottesliebe und die nur kleinen Erfolge auf dem Weg zu Gott sind für manchen demütigend, doch »du hast keine anderen«. Wer sich über sie erhebt, sucht nicht mehr den wahren Gott, sondern einen Abgott (nach dem Bild und Gleichnis der eigenen Wünsche, Vorstellungen und Ideale). Auf den Weg zum wahren Gott findet, wer von sich und den eigenen Vollkommenheitsbestrebungen absieht und sich vor Gott so stellt, wie er ist.

Was das z.B. für das Beten bedeutet, zeigt ein Apophthegma von Abt Antonius: »Solange wir uns bewußt sind, daß wir beten, beten wir nicht wirklich.« Beten ist kein Sich-Abstimmen auf das eigene Spiegelbild (und sei es auch das frömmste); vielmehr setzt Gottes Pädagogik alles ins Werk, um dieses Spiegelbild zu zertrümmern, ähnlich wie Paulus vom Pferd geworfen und bis ins Mark erschüttert wurde.

4. Die Versuchung des guten Vorsatzes

Wer sich im geistlichen Leben einübt und die eigene Schwachheit und das Geschenk der Gnade Gottes annimmt, muß dennoch alles tun, um auf dem Weg der Gebote und des geistlichen Wachstums voranzukommen; er wird sich mit Gottes Gnade vervollkommnen müssen. Wie dies nach den vorhergegangenen Überlegungen vollzogen werden kann, soll nun bedacht werden, vor allem im Rahmen des Fassens von Vorsätzen.

Zunächst ist ein Wort zu sagen über das, was mit der Überschrift »Die Versuchung des guten Vorsatzes« gemeint ist. Ein altes Sprichwort sagt: »Der Weg zur Hölle ist mit guten Vorsätzen gepflastert.« Diese kommen meist aus dem Idealbild, das der einzelne von seinem Leben entworfen hat. Je mehr er im Leben die Entdekkung und Erfahrung des Dunkels macht und Schuld und Sünde bei sich sieht, bekommt er Zweifel an sich und an seiner Vollkommenheit. In dieser Erfahrungssituation ist er schnell in Gefahr, sich durch gute Vorsätze abzusichern und das Idealbild von sich selber wiederherstellen zu wollen. Dann verhindern seine guten Vorsätze, daß er sich seiner Schwäche stellt und ihr ins Auge schaut.

In einer Katerstimmung sage ich schnell: Nie mehr werde ich Wein trinken! Aber ich frage mich dann nicht, warum ich überhaupt trinke, warum ich den Alkohol brauche. So werde ich keine realistischen Schritte unternehmen, sondern es bei guten Vorsätzen belassen.

Anschauungsmaterial für die Versuchung des guten Vorsatzes bietet uns die Petrusgeschichte (Lk 22,31-34). Jesus hatte Petrus vorausgesagt, daß er ihn dreimal verraten werde. Der gute Vorsatz:»Niemals, Herr!« vermochte Petrus dennoch nicht daran zu hindern, den Herrn dreimal zu verraten. In diesem Verrat erkennt Petrus seine eigene Situation. Sein Selbstideal muß fallen, die Maske wird gelüftet, und er muß sich seiner eigenen Wirklichkeit in all ihrer Erbärmlichkeit stellen; nur so wird er der Gnade teilhaftig.

Vorsätze bringen erst weiter, wenn sie begleitet sind von aufrichtiger Selbsterkenntnis und Wahrhaftigkeit sich und dem eigenen Leben gegenüber. Wie dies zu geschehen« hat, wird ein Text aus dem ersten Buch der »Nachfolge Christi« von *Thomas a Kempis* zeigen. Hier findet sich eine kleine Anleitung für das Fassen von Vorsätzen, aus dem Erfahrungsschatz geistlicher Tradition übermittelt:

Setzen wir alles daran, wie Helden im Kampfe auszuharren, wir würden wirklich 'der Hilfe des Herrn von oben gewahr werden'. Denn Er ist bereit, denen zu helfen, die da ringen und auf Seine Gnade bauen, Er, der uns auch den Anlaß zum Kampfe gibt, damit wir uns bewähren. Sehen wir den Fortschritt in unserem geistlichen Leben nur in äußerlichen Formen, dann wird unsere innere Gottverbundenheit bald am Ende sein. Wir müssen vielmehr die Axt an die Wurzel des Übels legen, auf daß wir, befreit von unseren Leidenschaften, zum Frieden des Herzens gelangen. Wollten wir jedes Jahr nur einen einzigen Fehler mit der Wurzel ausrotten, so würden wir bald vollkommene Menschen werden. So aber will es uns oft im Gegenteil bedünken, daß wir uns am Anfang unserer inneren Umkehr reiner und besser vorkamen als nach vielen Jahren geistlichen Lebens. Täglich sollten unsere innere Glut und unser Fortschritt wachsen; so aber gilt es schon als eine Großtat, wenn man auf der ersten Stufe des Eifers zu verharren vermag. Gebrauchten wir nur mäßig Gewalt am Anfang unseres Weges, mit Leichtigkeit und in Freude könnten wir dann später jede Schwierigkeit bewältigen. Schwer ist es, von der Gewohnheit zu lassen; aber noch schwerer ist's, gegen seinen eigenen Willen anzukämpfen. Aber wirst du nicht Herr über Kleines und Leichtes, wie solltest du den schwereren Kampf meistern? Widerstehe im Anfang deiner Neigung und leg' die üble Gewohnheit ab, auf daß sie dich nicht etwa unvermerkt einem größeren Übel zutreibe! Wolltest du doch bedenken, welchen Frieden du deinen Mitmenschen bereiten könntest, sofern es gut um dich stünde; ich glaube, noch eifriger würdest du dann alles tun für dein geistiges Wachstum.

Im Folgenden sollen diese Ratschläge kurz erläutert werden:

Erste Regel: Die rechte Motivation beim Fassen von Vorsätzen kommt nicht aus äußerlichen Formen, Wünschen und Motiven, sondern aus der *»inneren Gottverbundenheit«,* d.h. aus der Liebe zu Jesus. Mancher will ein anderer werden, weil er sieht, daß in seinem Charakter, an seiner Verhaltensweise etwas schief, falsch und störend ist; er versucht gegen sich selbst anzugehen: »Der Vorlaute will zum Kontemplativen werden, der Introvertierte zum Kommunikationswunder, der spekulativ Bewanderte und Verstiegene zum praktischen Organisator, der Pragmatiker zum tiefen Denker. Und das muß ja dann fast notwendig schiefgehen! Anders, nicht ein anderer werden! Ausbauen, was man ist, nicht zerstören! Warum soll der Vorlaute und Geschwätzige nicht zum guten Unterhalter werden, der auch zuhören kann und merkt, wenn ein anderer etwas zu sagen hat?! Warum soll der Introvertierte nicht zum einfühlsamen Zuhörer werden, der auch mal ein offenes Wort sagen kann, ohne innerlich zu zittern?! Warum soll der Spekulant nicht die Kraft seiner geistigen Phantasie voll einsetzen, aber im dankbaren Wissen, daß auch die kühnste Spekulation auf der Dachterasse von der Küche im Kellergeschoß lebt?! Warum soll der Pragmatiker nicht seine organisatorischen Fähigkeiten zum Wohl der Gemeinschaft einsetzen - und vielleicht auch mal ein 'nutzloses' Gedicht lesen?!« (W. Lambert). Es geht also darum: Nicht ein anderer, sondern anders werden! Doch dies nicht aus einem psychologischen Programm heraus oder auf dem Fundament eines artfremden Ideals, sondern in Übereinstimmung mit der Rolle, die Gott für einen jeden bestimmt hat. Die Übereinstimmung mit Gottes Willen wird nicht in Büchern gefunden, sondern in der betenden und übenden Begegnung mit dem Herrn. Hier, in der Liebe zu Jesus, geschieht die Änderung des eigenen Verhaltens, nicht aber im Abstimmen auf irgendein Ich-Ideal. »Die Liebe Christi drängt uns« (2 Kor 5,14), nicht ein anderer, sondern anders zu werden!

Zweite Regel: Im Umgang mit den eigenen Fehlern und beim Fassen von Vorsätzen gilt zu Beginn: *Fange an, wo du willst.* Entscheidend ist nicht, wo einer ansetzt; wichtig ist der ehrliche und entschlossene Wille, hier oder dort Ordnung zu schaffen. Von diesem einen Punkt aus kann sich das Leben verändern und ordnen. In seiner sechsten Predigt gibt Johannes Tauler einen Vergleich, der in seiner Anschaulichkeit nicht leicht zu überbieten ist: »Das Pferd macht den Mist in dem Stall, und obgleich der Mist Unsauberkeit und üblen Geruch an sich hat, so zieht doch dasselbe Pferd denselben Mist mit großer Mühe auf das Feld; und daraus wächst der edle schöne Weizen und der edle süße Wein, der niemals so wüchse, wäre der

Mist nicht da. Nun, dein Mist, das sind deine eigenen Mängel, die du nicht beseitigen, nicht überwinden noch ablegen kannst, die trage mit Mühe und Fleiß auf den Acker des liebreichen Willens Gottes in rechter Gelassenheit deiner selbst. Streue deinen Mist auf dieses edle Feld, daraus sprießt ohne allen Zweifel in demütiger Gelassenheit edle, wonnigliche Frucht auf.« Keiner wird aus eigener Kraft mit seinen Schwächen fertig - das Letzte tut immer Gott; doch Gott verzichtet nicht auf unsere Mitarbeit, wir müssen »mit Mühe und Fleiß« an uns arbeiten. Wer in einer Sache konsequent vorgeht, dem kann sich von diesem Punkt aus sogar das ganze Leben ändern, denn das Leben setzt sich nicht aus Teilen zusammen, die nichts miteinander zu tun hätten; vielmehr hängt alles miteinander zusammen.

Da kam ein junger Mönch zu einem älteren Mitbruder und fragte ihn: »Was soll ich tun? Mich belästigen viele Gedanken, und ich weiß nicht, wie ich ihnen widerstehen soll.« Der Befragte antwortete ihm: »Streite nicht wider alle, sondern bekämpfe nur einen! Hast du diesen überwunden, werden auch die anderen gedemütigt: sie haben ja alle nur ein Haupt.« Wie sich ein Fehler in diesem oder jenem Lebensbereich überall ausbreitet und seinen Schatten über das ganze Leben wirft, es lähmt und undurchsichtig erscheinen läßt, wird auch ein guter und neuer Ansatz in einem Punkt alles andere durchsichtiger und klarer machen. Jeder Fehler setzt eine neue Maske auf; hingegen wird mit jedem bewältigten Fehler eine Maske beseitigt und die eigene Lebenswahrhaftigkeit gestärkt. So ist ein kluges Vorgehen notwendig; entscheidend wird sein, daß der entschlossene Wunsch, sich in einem Punkt des Lebens zu ändern, gleich an der Basis seinen Anfang nimmt. »Um im Bild zu bleiben: Einen Bau kann man nur auf der Erde errichten. Die schönsten Baupläne, das beste Baumaterial und die größten Architekten nützen nichts, wenn der Bauherr zur Auflage macht, die Fundamente dürfen den Erdboden nicht berühren; man möge doch bitte 5 Zentimeter über dem Erdboden anfangen; 5 Zentimeter, das sei doch nicht zu viel« (W. Lambert). Nur aus einer an der Basis geänderten Haltung ist neues Verhalten möglich, das nicht bloß eine neue Fassade errichtet, sondern wo der Mensch von der Basis der *Wirklichkeit* ausgeht.

Dritte Regel: Fasse in aller Stille vor Gott einen bestimmten Fehler genau und ohne jede Beschönigung ins Auge. Denn: *ein klar erkanntes Problem ist schon ein halb gelöstes Problem.* Oft sind wir um keine Ausrede verlegen, wenn es gilt, uns einmal ohne Schminke und in aller Klarheit zu sehen. Wo wir aber unseren Fehlern keine Aufmerksamkeit schenken und ihnen davonlaufen, verdrängen wir sie und stoßen sie ins Unterbewußte ab oder suchen die Schuld bei den anderen, wie Augustinus bemerkt: »Menschen, die keine Hoffnung haben, achten nicht auf ihre eigene Sünde, umso mehr auf die Sünde der anderen. Sie sind nicht auf der Suche nach dem, was sie bessern, sondern nach dem, was sie verwunden können. Weil sie sich nicht entschuldigen können, sind sie bereit, andere zu beschuldigen. Nicht so David: er hat uns ein Beispiel gegeben, wie wir beten und Gott genugtun sollen, da er sagt: 'Meine bösen Taten bekenne ich, meine Sünde steht mir immer vor Augen!' Er blickt nicht auf die Sünde der anderen. Er richtet seine Augen auf das eigene Ich. Er schlug sich nicht, sondern drang in sich ein und stieg tief in sein Selbst hinab.«

Im Bekenntnis der Schuld steht der einzelne unvertretbar allein vor Gott und kann die eigene Schuld nicht auf andere abschieben; dazu schreibt der Kartäusermönch und Prior Gigo von Kastel zu Beginn des 12. Jahrhunderts in sein Tagebuch: »Schau: Als du neulich vor den Brüdern aufgefallen warst durch Anstimmen eines falschen Verses, wie suchte da dein Geist nach Gründen, die Schuld auf andere abzuwälzen, auf das Buch oder sonst etwas. Dein Herz wollte nicht sich so sehen, und so redete es sich selbst ein, anders zu sein, und verfiel auf Worte der Arglist, um sein Versehen zu entschuldigen. Aber der Herr wird es überführen und es vor sein eigenes Antlitz stellen, und dann wird es sich nicht weiter etwas vorlügen können oder vor sich selber davonlaufen.« Sobald sich jemand genügend Zeit nimmt, um seine Fehlhaltung klar und deutlich zu erkennen, wächst er über dumpfe und verworrene Grübeleien hinaus; er hört auf, die Fehler nur bei den anderen zu entdecken, und mit zunehmender Selbsterkenntnis verflüchtigt sich jede innere Beunruhigung und Angst vor dem eigenen Versagen. Für den Weg zur aufrichtigen Begegnung mit sich selbst empfiehlt Johannes Tauler, in Ruhe den Vers zu betrachten: »Offenbare dem Herrn deine Wege und hoffe auf ihn, er wird es schon gut machen.« Die Erkenntnis der eigenen Schuld führt nämlich »alle auserwählten Gottesfreunde«, wie Johannes Tauler betont, nicht zur Verdammnis, sondern zu Hoffnung und Zuversicht. Die eigene Schuld wandelt sich zur »felix culpa«, zur glücklichen Schuld, da »Gott größer ist als unser Herz, das uns anklagt« (vgl. 1 Joh 3,20).

Vierte Regel: Die Axt an die Wurzel des Übels legen, nicht an die Symptome! Da wir Menschen immer »aus« etwas handeln, also ein Motiv für unser Tun haben, geht es beim Fassen von Vorsätzen darum, zunächst bis auf den Wurzelgrund der eigenen Fehlhaltung vorzustoßen und ihn aufzudecken. Wer an die Wurzel der eigenen Fehlhaltung kommen will, braucht Zeit, Ruhe und Geduld. Er darf sich selbst nicht in Unzufriedenheit, Ärger und Wut begegnen, sonst verlagert er seine Aggressionen und Unzulänglichkeiten nach außen oder schiebt seinen Mitmenschen die Schuld zu. Hingegen wirkt das ruhige Betrachten der eigenen Symptomatik heilend und führt zu dem entscheidenden Schritt der Änderung: »Wenn es an einer gefährlichen Kurve immer wieder Autos ins Schleudern bringt, dann installiere dort nicht eine ständige Ambulanz, sondern bau die Kurve aus; d.h. Strukturreformen, neue

Lösungsversuche sind wichtig« (W. Lambert). Wo es heißt: »Das habe ich schon so und so oft versucht, aber es hat nichts gebracht, es geht nicht«, dort kann zurückgefragt werden: Ist denn deine bisherige Methode, das Problem zu lösen, auch wirklich richtig? Die entscheidende und weiterführende Frage, warum etwas nicht geht und sich nicht bessert, wird gern umgangen. Meist wird ein edleres Motiv vorgetäuscht, um das eigene Verhalten besser zu rechtfertigen, aber an der Wurzel fast jeden Fehlers und sittlichen Versagens liegt immer irgendeine Art von Selbstsucht und die Angst, etwas zu entbehren, zu versäumen oder zu erleiden. Zur Klarheit des Vorgehens gehört es, jeden Fehler von Anfang an zu bekämpfen, nicht erst, wenn er zur Gewohnheit geworden ist. Rechtzeitig muß man sich auf den Weg machen, da kleine Dinge sehr rasch ausufern können, wie Papst Johannes XXIII. in seinem »Geistlichen Tagebuch« vermerkt: »Draußen regnet es, regnet in Strömen. Um Gottes Willen, hoffentlich sinkt mein Innerstes nicht ab. Mir scheint, daß schon ein wenig Wasser darin einzudringen beginnt. Ich muß auf gewisse kleine Risse achten, die kaum zu spüren, aber verräterisch sind. Das kann ein kleines überflüssiges oder eitles Wort sein. Wehe, nach dem ersten kommt ein zweites, drittes, viertes usw. Mit den kleinen oder schlecht gebeteten Worten kommen die großen Sprüche. Widerstehe den Anfängen!«

Fünfte Regel: Beim Fassen der Vorsätze nie zu hoch ansetzen, sondern eher zu niedrig, also keine »großen« Vorsätze! Wer zu hoch ansetzt und »mehr« tun will, tut meist weniger und erreicht vielleicht überhaupt nichts. Ist der Vorsatz einmal gefaßt, soll er ohne Abstriche schnell und entschlossen ausgeführt werden. Zu Beginn eines neuen Jahres, nach intensiven Exerzitien oder einer aufrichtigen Beichte fühlt man sich zur Reform des eigenen Lebens aufgerufen, faßt Vorsätze über Vorsätze, da es an allen Ecken und Enden zu fehlen scheint - doch nach einiger Zeit muß man feststellen, wie wenig aus den vielen Vorsätzen geworden ist: »Weniger Vorsätze, bessere Aussichten«, diese Faustregel ist nicht unbedingt richtig, enthält aber das Körnchen Wahrheit angesichts der allzu vielen Vorsätze, die Menschen manchmal fassen. Dies muß Charles de Foucauld im eigenen Leben erfahren haben, wenn er sich nach langem Ringen den Rat gibt: »Mein Fortschritt besteht nicht darin, daß ich immer neue Vorsätze fasse, sondern daß ich die einmal von mir vorgenommenen Vorsätze treu bewahre und einhalte.« Wer den gefaßten Vorsätzen, auch wenn sie noch so klein und belanglos erscheinen, nicht treu ist, wird die größeren und entscheidenderen Dinge seines Lebens nicht in Ordnung bringen. Die »Nachfolge Christi« rät, Herr zu werden über Kleines und Leichtes; erst wer sich darin geübt hat, wird den »schweren Kampf« meistern. Das rechte Maß zeigt sich auch im gelassenen Eifer und in der nötigen Geduld. Man muß sich Zeit lassen können, bis die Dinge langsam gereift und ausgewachsen sind. Vinzenz von Paul schreibt: »Oft schadet man den guten Werken dadurch, daß man es zu eilig hat, weil man nach seinen eigenen Neigungen handelt, die den Geist und die Vernunft mitreißen und zu dem Gedanken verleiten, das Gute, das, wie man sieht, getan werden muß, sei ausführbar und angebracht. Dabei ist das nicht der Fall, und man erkennt das dann später angesichts des schlechten Erfolges. Das Gute, das Gott will, geschieht sozusagen von selbst, ohne daß man daran denkt.«

Nicht nur die Zeit, auch die Kraft kann überschätzt werden, wie ebenfalls Vinzenz von Paul betont: »Der Teufel führt die tapferen Seelen gern damit hinters Licht, daß er sie anspornt, mehr zu tun, als sie zu tun vermögen, damit sie praktisch nichts erreichen können. Guter Geist spornt sacht an, das Gute zu tun, das man vernünftigerweise tun kann, damit man es dann beharrlich und lange tut.«

Schließlich ist ein guter Vorsatz dadurch gekennzeichnet, daß er mit Ausdauer ausgeführt wird. Nicht die Großartigkeit des Vorsatzes, sondern die Treue zum gefaßten Entschluß entscheidet über das Gelingen. Weil der Entschluß einen ersten Schritt tun läßt in die Lebensrichtung, die man sich vorgenommen hat, muß er anfangs bescheiden und klug in die Tat umgesetzt werden, da man sonst gleich zu Anfang wieder zu zaudern beginnt und vielleicht in die alten Fehlhaltungen zurückfällt. Wie beim Erlernen eines Lehrstoffes ein planmäßiges Vorgehen ratsam ist, darf auch im geistlichen Leben ein organisches Wachsen und Entfalten nicht fehlen, sonst laden wir uns Bürden auf und erhalten vorschnell den Eindruck, vielleicht gar nichts fertigzubringen und nur rückwärts statt vorwärts zu gehen, wodurch ungesundes Schuldbewußtsein und unbegründetes Minderwertigkeitsgefühl hervorgerufen werden, die eigentlich nicht zu sein brauchen.

Was ich an mir nicht ändern kann, mißfällt Gott auch nicht! Für viele Gefühle und Anlagen in mir kann ich nichts; wenn ich sie in Geduld ertrage, bin ich auf dem rechten Weg. Als Teresa von Avila während einer Krankheit nicht gesammelt in Gott verweilen konnte, sagte sie sich: »Aber wir wollen uns deshalb nicht bekümmern.« Hauptsache sei, sich zu fügen und die Krankheit in Geduld zu ertragen, auch wenn einer dabei nicht immerfort an Gott denken und zu ihm beten kann.

Oft kommt es vor, daß wir nach einiger Zeit meinen: »Jetzt bin ich über den Berg: diesen Fehler bin ich endlich los!« Doch kann es dann sein, daß wir über kurz oder lang feststellen müssen: »Es ist wieder alles beim alten!« In einer solchen Situation darf gesagt werden: Es ist traurig, daß wir so oft anfangen müssen, aber es ist tröstlich, daß wir so oft anfangen dürfen!

Wir *müssen* immer wieder anfangen: jeden Morgen, jede Woche, jedes Jahr. Wir *sollen* immer wieder anfangen: nach einer Enttäuschung, nach jedem Schicksalsschlag, wenn man uns verletzt hat. Wir *dürfen* aber auch immer wieder anfangen: nach jedem Versagen, nach jeder Schuld.

Schließlich gibt die »Nachfolge Christi« den Rat, »jedes Jahr einen Fehler« zu bekämpfen. Der Entschluß, alles gleichzeitig besser zu machen, ist wenig erfolgreich. Deshalb schlägt Ignatius von Loyola vor, sich täglich einen einzigen Bereich herauszugreifen und sich hier um seine Besserung zu bemühen (Gewissenserforschung). Das »Gebet der liebenden Aufmerksamkeit« kann dabei helfen, langsam und konkret auf dem Weg zu Gott in Geduld voranzuschreiten.

Sechste Regel: Nicht morgen, sondern heute anfangen! Der konkrete Vorsatz muß so gefaßt sein, daß er nicht ein frommer Wunsch bleibt, sondern wirksam wird, wie Teresa von Avila betont: »Der Satan erregt manchmal in uns den Wunsch nach gewaltigen Taten, damit wir nicht nach dem Nächstliegenden greifen«, und folgert daraus: »So versäumen wir es, Gott mit dem Möglichen zu dienen, und begnügen uns am Ende damit, daß wir das Unmögliche ersehnen« und alles beim alten lassen.

Meistens faßt der Mensch seine Vorsätze abends vor dem Einschlafen, also genau zu dem Zeitpunkt, wo er sicher ist, seine Vorsätze nicht gleich in die Tat umsetzen zu müssen. Gewiß soll manches überschlafen werden, doch es bleibt wenig hilfreich, die eigenen Vorsätze zu verschlafen. Daher empfiehlt Ignatius, sich während des Aufstehens, nach dem Mittagessen und dem Abendessen, ja eigentlich immer neu an das zu erinnern, was einem gerade besonders am Herzen liegt.

Siebte Regel: Auf den Verlauf der Handlungen achten, »damit sie dich nicht etwa unvermerkt einem größeren Übel zutreiben«, indem man zu sehr auf die eigenen Kräfte vertraut und nicht auf Gottes Gnadenhilfe. Daß wir Vorsätze fassen, ist gut, doch nicht selten haben wir beim Fassen von Vorsätzen zu sehr uns selbst und nicht Gott im Auge. Lorenzo Scupoli schreibt in seinem »Geistlichen Kampf«, daß wir in solchen Situationen zu sehr »unser eigenes Interesse« und nicht den Willen Gottes und die Tugend im Auge haben: »Das ist gewöhnlich bei solchen Vorsätzen der Fall, die wir in Zeiten geistlichen Trostes oder schwerer und harter Bedrängnis fassen.« Manchmal wird ein Vorsatz deshalb nicht durchgehalten, weil man vorzeitig nachgelassen hat - z.B. auf dem eingeschlagenen Weg oder in den geistlichen Übungen. Teresa schreibt: »Es gibt eine sehr gefährliche Versuchung, die uns die Gewißheit einflößt, unmöglich in frühere Schuld fallen zu können. Gestärkt durch eine solche Sicherheit macht man sich nichts daraus, sich wieder in die Gelegenheit zur Sünde zu wagen, und fällt aufs neue.«

So gilt es, nicht nur auf Signalreize zu achten, die ein bestimmtes Verhalten oder Gefühle auslösen, sondern auch auf Signalsituationen, wo nämlich verschiedenste Umstände zusammenkommen, die dann das Faß zum Überlaufen bringen. Je genauer wir Signalreize oder Signalsituationen kennen, desto besser können wir die Ursachen verstehen und desto freier mit ihnen umgehen.

Achte Regel: Den Vorsatz positiv formulieren: im Blick auf die Freude und den Frieden und im Blick auf die Mitmenschen. Viele Vorsätze leiden darunter, daß sie negativ formuliert sind. Mit aller Gewalt will man eine Sünde oder Fehlhaltung aus sich herausreißen. Das ist so, wie wenn ein Gärtner sich zum Hauptberuf das Unkrautentfernen machen würde. Wer seine Kraft nur im Kampf gegen Fehlverhalten und Sünde einsetzt, dem steht sie in der Entfaltung des Guten nicht mehr zur Verfügung. Es ist ein Unterschied, ob ich mir vornehme, gegen die Lüge zu kämpfen, oder ob ich mich positiv um Wahrhaftigkeit und Ehrlichkeit bemühe. Je stärker beim Ablegen einer Fehlhaltung positive Erfahrungen wie Freude, Friede und Zuversicht gegenwärtig sind, desto mehr werden sie motivieren - so stark, daß die Fehlhaltung »von selber« immer geringer wird. Aus dem folgt der Rat: Formuliere deinen Vorsatz positiv - im Blick auf das Gute! Eine negative Formulierung allein motiviert nicht, denn sie ist zu sehr mit Angst und Befürchtung belegt.

Neunte Regel: Das Vorgenommene muß auch wirklich gewollt werden! Die meisten kennen das Wort: »Das muß anders werden! Morgen fange ich an!« Doch dann schieben wir es mit dem Anderswerden von einem Tag zum anderen hinaus. Von diesem Zögern spricht Augustinus in seinen »Bekenntnissen« des öfteren; und an einer Stelle schreibt er - gewiß mit einem kleinen Schmunzeln: »Du, o Gott, hattest mir allenthalben gezeigt, daß das wahr ist, was du sagst. Ich war von deiner Wahrheit überwältigt. Aber ich wußte dir nichts zu erwidern als müde, schlaftrunkene Worte: 'Ich eile, sicherlich, ich eile. Warte nur noch ein wenig!' Aber mit dem 'Ich eile' hatte es noch gute Weile, und das 'Warte noch ein wenig' blieb bei dem 'Zuwarten'.« Wie Augustinus als junger Mann Gott um die Gabe der Keuschheit bittet, spricht er in aller Aufrichtigkeit: »Herr, verleih mir Keuschheit und Enthaltsamkeit. Doch übereile es nicht. Ich hatte Angst, du könntest mich zu schnell erhören.« Wer sich also etwas Bestimmtes vornimmt, muß sich zunächst fragen: Will ich das Vorgenommene wirklich? Sonst ist es ehrlicher, bis zur rechten Zeit noch abzuwarten.

IV. Geistlicher Fortschritt

Nicht wer Jesus bewundert, sondern wer auf seinem Weg geht und in der Treue zum Willen des Vaters das Lebensschicksal Jesu teilt, ist ein Jünger des Herrn. Die Überlegungen bisher zeigten, daß der Weg erlösten Lebens zunächst ein Weg der Umkehr ist und die Bereitschaft verlangt, all das von sich zu entfernen, was dem Geschenk des neuen Lebens nicht entspricht. Wird der Weg der Umkehr aufrichtig begangen, wächst der Glaubende in der Liebe und Einfachheit vor Gott und findet in der Kraft der Unterscheidung eine immer größere Entschiedenheit für Christus. Wie dieser Prozeß des geistlichen Fortschritts, der Unterscheidung und der neuen Gemeinschaft im Glauben sich vollzieht, ist nun zu verdeutlichen.

In einer Gesellschaft, die großen Wert auf Entwicklung, Fortschritt und Leistung legt, kann es leicht geschehen, daß sich die Sorge um das geistliche Leben etwa in folgenden Fragen niederschlägt: »Wie weit habe ich es gebracht?« - »Bin ich gereift, seit ich den Weg des geistlichen Lebens eingeschlagen habe?« - »Auf welcher Stufe stehe ich jetzt und wie komme ich auf die nächste?« - »Wann kommt für mich der Augenblick des Einswerdens mit Gott und die Erfahrung des inneren Lichtes oder der Erleuchtung?«

Obgleich keine dieser Fragen belanglos ist, können sie im geistlichen Leben gefährlich und irreführend werden. Viele Heilige haben ihre religiösen Erfahrungen geschildert, und viele nicht ganz so große Heilige haben sie in Systeme mit verschiedenen Phasen, Stufen oder Stadien gebracht. Derartige Klassifizierungen können äußere Hilfen in Büchern oder in der geistlichen Unterweisung sein, werden aber unwichtig, wenn Leben im Heiligen Geist eingeübt und in der Gemeinschaft mit Gott vollzogen wird.

»Denn Gott ist einfach«! Dieser beiläufig hingeworfene Satz von Johannes Chrysostomus meint: zu Gott kommen heißt, die ursprüngliche Einfachheit wiederentdecken. Der Mensch in der Sünde und Gottferne ist nicht einfach, er ist kompliziert. Die Kompliziertheit sündigen Lebens zeigt sich besonders in der Erfahrung von Angst und Leere. Hier sind alle Methoden und Übungen, die dazu dienen, die Erfahrung von Leere und Angst zu beschwichtigen, Ausflüchte und Selbsttäuschungen. Wer mit ihnen sein Leben für Gott gestaltet, vermag vielleicht sein Gesicht zu wahren, doch schöne Gedanken ersetzen dann alles andere, einschließlich die Liebe und das Leben selber. Falsch angebrachte Mühe und Angst im geistlichen Leben zeigen sich darin, daß irgendwelche Übungen hochgehalten werden, nur weil sie mit kurzsichtigen Vorstellungen übereinstimmen und den Anschein von Sicherheit gewähren.

Wer den Weg der Einfachheit geht, wird frei - frei von allem Rechnen und Abwägen, denn »Liebe wird nur mit sich selber bezahlt werden, und die Wunden der
Liebe werden nur durch Liebe geheilt« (Teresa von Avila). Die Liebe zu Gott
kommt nicht aus Eigenregie, sondern aus Gehorsam gegenüber dem, der für uns
arm geworden ist, damit wir durch ihn reich werden. Wer hier gehorcht, wird arm;
er weiß, daß er alles geben wird. Als Vinzenz von Paul gegen Ende seines Lebens
mit der Königinmutter am Kaminfeuer saß und sie ihm sagte, er könne nun zufrieden sein, da er - im Gegensatz zu ihr - ein so gewaltiges Liebeswerk zurücklasse,
schüttelte er den Kopf, und seine Augen füllten sich mit Tränen: »Es ist nie genug!«

1. Die Liebe drängt uns

Nicht Logik und Methodik führen in das Leben aus dem Heiligen Geist, sondern
die reine Liebe um der Liebe willen, die nicht mehr etwas (erreichen oder erlangen)
will, sondern offen bleibt für den Willen Gottes. Die Bereitschaft, Gott über das
eigene Leben verfügen zu lassen, kann manchmal recht schmerzlich empfunden
werden, ist aber für ein Leben im Geist unersetzbar: »Gib acht, den Purpurmantel
Christi umzuhängen, ohne deinen Willen aufgegeben zu haben«, mahnt Jakob
Böhme. Der eigene Wille verbirgt sich gern hinter geistlichen Zielen und Idealen,
die aus einem falschen Ehrgeiz kommen. Hier entfernt geistlicher Ehrgeiz meilenweit von Gott, trotz bester Absichten, Vorstellungen und Wünsche. *Johannes vom
Kreuz*, der große Lehrer auf dem Weg zu Gott, schreibt über den Weg der »Reinigung«:

> *Eine Seele behindert ihren Aufstieg zu diesem erhabenen Zustand der Verei-
> nigung mit Gott gar sehr, wenn sie an irgendeinem Verstehen oder Fühlen
> oder Vorstellen oder Meinen oder Wollen nach ihrer Weise festhält oder an
> irgendeinem anderen ihr eigenen Werk oder Ding, weil sie sich dessen nicht
> ganz entledigen oder entblößen kann [...]. Auf diesem Weg ist demnach das
> Verlassen des Weges das Betreten des richtigen Weges; oder besser gesagt,
> der Durchgang zum Ziel. Das Lassen der eigenen Mittel ist das Eingehen ins
> Ziel, das keine Maße hat, es ist ja Gott. Die Seele, die diesen Stand erreicht,
> hat keine eigenen Mittel und Wege mehr zu handeln, sie hängt nicht daran
> und kann nicht daran hängen [...], und dennoch schließt sie alle in sich, wie
> jemand, der nichts besitzt und alles besitzt.*

Auf dem Lebensweg mit Gott nichts haben und festhalten zu wollen, ist von Bedeutung im Leben des Gebetes; über seinen Vollzug schreibt Theophan der Einsiedler:»Du fragst dich: 'Habe ich heute gut gebetet?' Suche nicht, herauszubekom-

men, wie tief deine Ergriffenheit war, oder wie viel tiefer du heute das Wesen Gottes verstanden hast; frage dich: 'Erfülle ich Gottes Willen besser als zuvor?' Ist es so, dann hat das Gebet seine Früchte getragen; ist es nicht so, dann war es fruchtlos, auch wenn du eine Fülle von Erkenntnissen oder Empfindungen aus der in Gottes Gegenwart verbrachten Zeit gewonnen hast.«

Wer darüber nachdenkt, daß und wie er betet, betet noch nicht, er fügt vielmehr seinem Beten zu viel Eigenes bei. Nicht die Angabe auf dem geistlichen »Thermometer« ist entscheidend, sondern die innere Absicht bzw. Absichtslosigkeit. Wer sie hat, erfährt sich eins geworden mit Gott und auch mit sich selber. Zugleich wird sich die anfängliche Vielheit von Wahrheiten und Grundsätzen wie um einen magnetischen Mittelpunkt ordnen, so daß der persönliche Vollzug des Glaubens immer einheitlicher wird. Wenn z.B. eine alte Bäuerin ihren ganzen Glauben vom Rosenkranz her erbetet, ersetzt sie nicht Christozentrik durch Mariozentrik, sondern hat diesen Einheitspunkt gefunden, um den sich der Kosmos des Glaubens organisch anordnet: Angesichts der vielen möglichen Wege hat die Bäuerin das vollzogen, was Jahwe von Abraham als Grundhaltung des Vertrauens eingefordert hat: »Geh und sei ganz!« (Gen 17,1).

Nicht nur im Blick auf das Gebet, sondern auch im Fragen nach dem eigenen Fortschritt im geistlichen Leben ist das Bemühen um Einfachheit von Bedeutung, wie Franz von Sales in einem Brief bemerkt: »Forsche nicht, ob deine Seele Gott gefalle, sondern ob Gott deiner Seele gefalle!« Wer das erste durchforscht, zerbricht sich den Kopf über ein Geheimnis, das er sich nicht erschließen wird; wer über das zweite nachsinnt, kann bei sich nachsehen, und wer hier ein Ja sprechen kann, darf um die Auflösung der ersten Frage durchaus unbekümmert sein. Geistlicher Fortschritt ist dort gegeben, wo die Zufriedenheit mit Gott und der Friede in dem von ihm geschenkten Leben zunehmen und wachsen, gleich, ob Gott in das Gelobte Land oder durch die Wüste und die Dunkle Nacht geführt hat.

Für Teresa von Avila kommt noch ein anderer Aspekt hinzu, der geistliches Wachsen bestimmt. Als ein spanischer Edelmann sie fragte, wie und woran er seinen Fortschritt im geistlichen Leben feststellen könne, gibt sie ihm zur Antwort: »Es kommt nicht darauf an, wieviele Fortschritte wir in unserm geistlichen Leben zu verzeichnen haben. Viel wichtiger ist, daß wir Gott immer wieder und überall loben und ihm danken können und andere dazu bringen, daß auch sie selbst Gott preisen.«

Die Suche nach dem geistlichen Fortschritt ist also alles andere als ein Kreisen um die eigene Vollkommenheit; vielmehr trägt sie eine apostolische Dimension. Wer näher zu Gott kommen möchte, wird dies nicht ohne seine Mitmenschen tun können; und zugleich ist der Erfolg im apostolischen Leben ein Indiz dafür, daß einer auf dem rechten Weg zu Gott voranschreitet.

Schließlich ist der Weg der Einfachheit ein Wachsen in der Liebe, die das Ihre tut, um der Liebe selbst willen: »Denn die Liebe Christi drängt uns...« (2 Kor 5,14). Bernhard von Clairvaux zeigt in einem seiner letzten Werke, wie dieses Drängen der Liebe auf dem Weg mit Gott wächst und dabei immer einfacher und eindeutiger wird:

1. Ich liebe mich *um meinetwillen*. Es ist die instinktive Selbstliebe, die das Glück und die Entfaltung der eigenen Persönlichkeit sucht, dabei aber Gott aus dem Auge verlieren kann.

2. Ich liebe Gott *um seinethalben*. Ich beginne jetzt, Gott zu lieben, weil ich mein Glück nur in ihm gesichert sehe und in ihm sichern will. Für Bernhard ist das eine ichbetonte Gottesliebe (amor concupiscentiae, Liebe des Begehrens).

3. Ich liebe *Gott* um seinetwillen. Ich liebe Gott nicht, weil ich von ihm etwas für mich erwarte oder begehre, sondern weil ich ihm selbstlos meine ganze Liebe schenke.

4. Ich liebe *mich* um Gottes willen. Meine Gottesliebe ist so stark geworden, daß sie alle Selbstliebe in sich absorbiert, daß ich mich gar nicht mehr in mir selber, sondern nur noch in Gott lieben kann.

Aus diesen Unterscheidungen wird deutlich, daß es in der Gottesliebe wesentlich um den Weg der Selbstliebe geht: in Gott zugleich sich selber lieben lernen. Erst wenn der Mensch diese Form christlicher Selbstliebe (»Annahme meiner selbst«) gefunden hat, ist er einfach geworden.

2. Obgleich's bei Nacht ist

In der geistlichen Tradition (seit Klemens von Alexandrien und Origenes) und in älteren Handbüchern der Aszetik wird der geistliche Weg zuweilen dargestellt als ein Weg der Reinigung, der Erleuchtung und der Einigung. Doch nicht einzelne Stufen und Etappen, sondern die Begegnung mit dem lebendigen Gott bestimmen den Weg christlichen Lebens. Dieser Weg zu Gott ist nie abgeschlossen, denn er kennt keinen Stillstand und kein Ausruhen, »weil alle Vollkommenheit im Gehen selbst besteht, in der Bewegung 'hinzu'. Paulus sagt es in Phil 3,12ff. deutlich genug. In der Sprache Gregors von Nyssa und Augustins: Weil das Geschöpf extensio, Hindehnung ist, muß seine 'Vollkommenheit' im Vollzug dieser Dehnung selber bestehen« (H.U. von Balthasar). Die Vervollkommnung des Geschöpfes geschieht nicht nach Maßgabe von Regeln, Stufen und Etappen, sondern einzig und allein in dem Wachsen der Sehnsucht nach Gott. Es ist kaum möglich, Gesetzlichkeiten für dieses Wachsen in der Liebe zu Gott anzugeben; zu leicht könnte der Eindruck entstehen, daß Patentregeln verkauft oder gar »Rezepte« weitergegeben werden.

Trotzdem läßt sich der Weg zu Gott klar umreißen: Er wird immer zu mehr Freiheit und Freimütigkeit führen. Die alten Väter in der geistlichen Tradition stellen diesen Weg als einen Weg von der Knechtschaft zur Freiheit dar, als einen Weg lebenslangen Mühens, da der Geist der Knechtschaft nicht leicht abzulegen ist: ein Sklave hat etwas, wo er sein Haupt hinlegen kann, er darf sicher mit seinem Essen rechnen, er nimmt einen festen Stand in der Gesellschaft ein, wenn auch ganz unten, und er ist sozial gedeckt, weil sein Herr für ihn verantwortlich ist.

Ein freier Mensch zu werden, bedeutet für die Mönchsväter aber einen langwierigen Prozeß, der viel mehr Zeit und Kraft verlangt als die Bewußtmachung der Knechtschaft. Denn die geschenkte Freiheit bringt zugleich ein höchst ungesichertes Leben, das nach Aussage des Buches Samuel nicht gerne ergriffen wird: Die Juden wollen ihre Freiheit austauschen gegen die Sicherheit durch einen König, dem sie sich unterstellen möchten. Doch Gottes Wille ist, daß alle Sicherheitsbestrebungen fahrengelassen und durch die Ungesichertheit des freien Menschen ersetzt werden, des Menschen, der im Werden ist. Diesen Werdegang beschreiben die frühchristlichen Schriften als einen Prozeß in drei Stadien:

Der Sklave gehorcht aus Furcht,
der Lohnarbeiter gehorcht um Lohn,
und der Sohn handelt aus Liebe.

Was in den drei Etappen durchlebt wird, zeigt, daß der Glaubende Gott ohne Furcht und ohne Erwartung eines Lohnes dienen möchte. Nachdem er alle Formen der Knechtschaft in sich abgelegt hat, ist er in reiner Liebe offen für das Geschenk der Gegenwart Gottes.

Doch der Übertritt von der Knechtschaft in die Freiheit ist nicht leicht, denn »es genügt nicht, Ägypten zu verlassen, man muß auch in das verheißene Land hineingehen« (Johannes Chrysostomus). Mancher freut sich über die Befreiung aus der Knechtschaft (alte Sünden sind abgelegt, Haßgefühle beseitigt, das Kreisen um das eigene Ich ist geringer geworden und die Liebe zum Nächsten wächst immer mehr), doch man ist nicht gleich bereit, das Leben im Land der Freiheit aufzunehmen: ein Leben in radikaler Armut erscheint unmöglich, die Angst vor dem eigenen Tod lähmt, und kleine Anhänglichkeiten bleiben resistent. Das Leben im Land der Verheißungen Gottes wird auch dadurch erschwert, daß das Land, in dem »Milch und

Honig« fließen, zwar von Gott angekündigt, aber in Wirklichkeit nicht zu sehen ist. Das Leben im »Gelobten Land« ist meist ganz anderer Art, als es erwartet wurde: Die Begegnung mit dem lebendigen Gott gleicht nicht dem Auflösen eines Kreuzworträtsels, sondern läßt Fragen des Lebens unbeantwortet und bringt keinen Zuwachs an Wissen, ganz gleich, ob dieses Wissen die Breite der Materialfülle oder die Tiefe des Glaubensgegenstandes betrifft; die Erfahrung Gottes bedeutet auch keinen Zuwachs an Sicherheit, anders würde das Ringen um den Glauben in die Nähe des Unglaubens gebracht und die »dunkle Nacht« der Mystiker mißverstanden.

Gott ist »je größer« und »ganz anders«, und das Leben in seiner Gegenwart nimmt zuweilen eine recht unerwartete Gestalt an, so daß der Mensch die ganze Not des Glaubens als letzte Prüfung durchleidet: in Verfolgung und Martyrium, im Verlassensein von Gott (Johannes vom Kreuz, Alfons von Liguori) und im Leerwerden von allem, was nicht Gott ist (Meister Eckhart); auch der Prozeß des eigenen Alterns kann zur Prüfung im Glauben werden, wie Kardinal J.H. Newman gegen Ende seines Lebens bezeugt:

> *Der größte Teil unserer Jugendfrömmigkeit, unseres Glaubens, unserer Hoffnung, Freudigkeit, Beharrlichkeit ist natürlich - oder wenn nicht natürlich, dann entspringen sie einer euphia (guten Anlage), die der Gnade nicht widersteht und sehr wenig Gnade zur Erleuchtung braucht. Die gleiche Gnade reicht in der Jugend viel weiter, da sie auf weniger Widerstand stößt, d.h. bei den erwähnten Tugenden [...]. Alte Menschen sind in der Seele ebenso steif, ausgetrocknet und blutlos wie ihr Körper, soweit nicht die Gnade sie erfüllt und erweicht. Und dazu bedarf es einer Flut von Gnade. Ich bewundere alte Heilige mehr und mehr. Der heilige Aloysius, der heilige Franz Xaver oder der heilige Karl sind nichts neben dem heiligen Philipp Neri.*

Nicht anders lesen wir bei Therese von Lisieux. Als ihre Schwester Céline beklagt, daß sie nach der ersten Bereitschaft und Begeisterung am Anfang ihres Lebens mit Gott nun nicht mehr den gleichen Schwung habe wie früher, antwortet die heilige Therese von Lisieux: »Das Erkalten der Begeisterung ist nicht von Bedeutung. Das war nur Jugendlichkeit; die wirkliche Tapferkeit ist nicht diese Glut des Augenblicks, in der man danach begehrt, auf die Eroberung der Seelen auszuziehen um den Preis aller Gefahren, die diesem schönen Traum nur einen Reiz mehr verleihen. Wirklich tapfer sein heißt, das Kreuz inmitten der Herzensangst ersehnen, während man sich sozusagen dagegen wehrt, wie unser Herr im Ölgarten.« »Leiden wir, wenn es sein muß, mit Bitterkeit, ohne Mut. Jesus hat wohl in Traurigkeit gelitten;

würde denn die Seele ohne Traurigkeit überhaupt leiden? Und wir wollen großmütig, großartig leiden, wir möchten niemals dabei fallen - welche Selbsttäuschung!« Therese von Lisieux hat diese Wahrheit in ihrem Leben erfahren. Gegen Ende ihres Lebensweges wurde ihr Leben mit Gott ganz eingehüllt in eine unsagbare Dunkelheit, die menschlich nicht zu verstehen ist. Sie selbst spricht von einer unaussprechlichen Qual der Seele und hat fast Angst, darüber zu sprechen. Sie schreibt:

Manchmal habe ich das Gefühl, ich wäre in einem Lande geboren, das beständig von dichten, schweren Nebeln eingehüllt ist, ich hätte noch nie den lachenden Anblick der Natur, ja nicht einmal einen einzigen Sonnenstrahl genossen. Und nun sind mit einem Male die Nebel, die mich umgaben, in meine Seele eingedrungen und haben sie so eingehüllt, daß es mir nicht mehr möglich ist, das so liebe Bild meiner Heimat in mir wiederzufinden [...]. Alles ist entschwunden! Suche ich Ruhe für mein durch alle diese Finsternisse ermattetes Herz durch die stärkende Erinnerung an das kommende ewige Leben, so verdoppelt sich meine Qual. Die Schatten und Nebel scheinen alsdann mit der Stimme der Ungläubigen mir spottend zuzurufen: 'Du träumst vom Lichte, von einer duftenden Heimat, du träumst vom ewigen Besitz des Schöpfers dieser Wunderwelt, du wähnst, eines Tages dem Nebel, in dem du schmachtest, zu entrinnen; nur zu! ... nur zu! ... freue dich auf den Tod, der dir nicht bringen wird, was du hoffst, sondern eine noch dunklere Nacht, die Nacht des Nichts!

Weiter sagt sie: »Mag ich auch das Himmelsglück und den ewigen Besitz Gottes besingen, ich empfinde dabei keinerlei Freude; ich besinge ganz einfach das, woran ich glauben will. Manchmal erhellt freilich ein ganz schwacher Lichtstrahl meine dunkle Nacht; dann setzt die Prüfung für einen Augenblick aus; aber nachher tröstet mich die Erinnerung an diesen Strahl nicht, sondern läßt das Dunkel nur noch undurchdringlicher erscheinen.« Am 30. September, ihrem Todestag, heißt es: »Es ist der nackte Todeskampf, ohne jede Beimischung von Trost.«

Im Seligsprechungsprozeß sagte eine Mitschwester aus, daß sie von Therese das Wort hörte: »Wenn ihr wüßtet, in welche Dunkelheit ich getaucht bin; ich glaube nicht an ein ewiges Leben; mir scheint, daß es nach diesem sterblichen Leben nichts mehr gibt. Mir ist alles verschwunden, mir bleibt nichts als die Liebe.«

Fortschritt im Glauben und Nähe zu Gott bringen nicht automatisch größere Klarheit und mehr Wissen. Dies wird auf erschütternde Weise im Leben des heiligen Paul vom Kreuz deutlich. Während seiner letzten Krankheit vertraut er einem seiner Mitbrüder an: »Heute fühle ich mich mit aller Kraft getrieben, davonzugehen und flüchtig durch diese Wälder zu streifen; ich fühle mich angeregt, mich aus einem Fenster zu werfen (also Versuchungen zum Selbstmord), und ich habe ständig schreckliche Versuchungen zur Verzweiflung.«

Und später sagt er: »Eine Seele, die himmlische Liebkosungen verkostet hat, sich dann aber doch in dieser Zeit, beraubt von allem, wiederfindet, kommt dann an einen Punkt, wo sie sich, wie es ihr scheint, verlassen fühlt von Gott. Sie meint, Gott will sie nicht mehr, er kümmert sich nicht mehr um sie, er ist sehr erzürnt, so daß es ihr scheint, daß alles, was sie nun tut, böse ist. Oh, ich kann nicht ausdrücken, was ich wünsche. Es sind Qualen, wie die der Verdammten, Qualen, die alles übersteigen.«

Und dann heißt es, er habe den Eindruck, keinen Glauben, keine Hoffnung und keine Liebe mehr zu haben, ein Gefühl, in der Tiefe eines wilden Meeres verloren zu sein, ohne jemanden zu haben, der ein Brett hinhält, um den Schiffbrüchigen zu retten. Er hat kein Licht von Gott und ist unfähig eines einzigen guten Gedankens, unfähig eines einzigen Gedankens über das geistliche Leben, verlassen wie die Berge von Gilboa, begraben in Eiseskälte: »Selbst in mündlichen Gebeten weiß ich nichts anderes zu tun, als an den Perlen des Rosenkranzes entlang zu gehen.« Ein Mitbruder berichtet: »Wenn man während seiner Krankheit sein Zimmer betrat, sprach er mit einer Stimme, die einen Stein hätte erweichen können: 'Ich bin verlassen!'«

Sicher spielt dabei der Charakter der betreffenden Person eine Rolle. Wer sehr empfindsam ist, wird in gewissen Momenten der Müdigkeit, der Niedergeschlagenheit und der Krankheit leichter dahin kommen, so zu sprechen. Gott hat in seinen Heiligen solche Prüfungen in Einsamkeit und Verlassenheit zugelassen. Es sind nicht Leiden rein physischer Art, sondern Leiden, die einen »apostolischen Ursprung« haben. Dies kann ein Blick in den letzten Lebensabschnitt des Apostels Paulus verdeutlichen. Auf seinen Reisen mußte er für den Herrn leiden, bis hin zu Geißelungen und Steinigungen. Doch diese physischen Leiden bedeuten wenig gegenüber dem Leiden, das ihn am Ende seines Lebens trifft. Es ist ein Erleiden der Einsamkeit im Verlassensein von Menschen, wie es auch Jesus am Ende seines Weges erlebt hat.

Paulus bricht in Worte aus, die seine Müdigkeit nicht mehr verbergen können, und hat den Eindruck, daß er bis an die Grenzen seiner Kraft gelitten hat: »Beeil dich, komm bald zu mir! Demas hat mich aus Liebe zu dieser Welt verlassen und ist nach Thessalonich gegangen; Kreszenz ging fort nach Galatien, Titus nach Dalmatien. Nur Lukas ist noch bei mir. Bring Markus mit; denn er wird mir ein guter Helfer sein...« Und er fährt fort: »Alexander, der Schmied, hat mir viel Böses getan; der Herr wird ihm vergelten, wie es seine Taten verdienen. Nimm auch du dich vor ihm in acht, denn er hat unsere Lehre heftig bekämpft. Bei meiner ersten Verteidigung ist niemand für mich eingetreten; alle haben mich im Stich gelassen. Möge es ihnen nicht angerechnet werden!« (2 Tim 4,9-11.14-16). Die letzte Zeile drückt sein Leid am härtesten aus.

Nach den Worten: »Alle haben mich verlassen!« versichert Paulus zugleich: »Der Herr stand mir zur Seite und gab mir Kraft, damit durch mich die Verkündigung vollendet wird und alle Heiden sie hören; und so wurde ich dem Rachen des Löwen entrissen. Der Herr wird mich allem Bösen entreißen, er wird mich in sein Reich des Himmels führen. Ihm sei die Ehre in alle Ewigkeit. Amen« (2 Tim 4,17-18).

Clemens von Rom schreibt, daß Paulus nicht wegen einer Verfolgung, nicht aus heidnischer Bosheit, sondern durch den Neid einiger christlicher Rivalen getötet wurde; wenn die Christen einmütiger gewesen wären, wären die heidnischen Behörden bei ihrer Verfolgung des Paulus nicht so weit gekommen. Neid, Spaltung, Zwistigkeiten und Parteiungen - sie haben das Leben des Apostels bestimmt und die Versuchung zur Verzweiflung nahegelegt.

Paulus, Paul vom Kreuz und Therese von Lisieux zeigen auf ihre Weise, daß mit zunehmendem geistlichen Fortschritt das Einswerden im Glauben oft ein recht ungewöhnliches Gesicht bekommt und von Nacht, Dunkelheit und seelischer Not begleitet ist. Solche Zeiten lassen sich nicht durch Antworten »lösen«, denn Frage und Not der Stunde bleiben bestehen. In Geduld und Gottvertrauen eine solche Zeit zu durchleben, verlangt viel Kraft. Johannes vom Kreuz zeigt in einem Lied, das er im dunklen Kellerloch von Toledo, in seiner eigenen »dunklen Nacht« dichtete, wie zu Zeiten äußerster Verlassenheit und Trockenheit Gott allein im nackten Glauben erfahren wird; ein sich wiederholender Vers lautet, gleichsam als Refrain: *Wohl kenn' den Urquell ich, / der quillt und fließt, / obgleich's bei Nacht ist.*

Es gibt eine Leere, die von Gott entfernen kann. Hier verzweifelt der Mensch an Gott und kann nicht mehr an seine gütige und treue Gegenwart glauben. Ganz anders die Leere und Nacht, die der Mensch in einer inneren Stille und Gelassenheit schweigend annimmt. Da in der Passion der Heiligen die Passion Jesu für uns heute erfaßbar und verstehbar wird, verweist das innere Schweigen im Glauben der Heiligen auf das Schweigen Jesu in der Passion: Das Leiden der Heiligen ist kein Verstummen, sondern ein lebendiger Hinweis auf den leidenden und auferstandenen Herrn. Wer also auf die Finsternis, die Trostlosigkeit und Verlassenheit im Leben der Heiligen schaut, kann begreifen, was Christus in einer viel tieferen Weise erfahren und durchlitten hat. Im Blick auf seinen Weg haben Glaubende auf ihrem Weg Freiheit, Einfachheit und Liebe zu Gott gewonnen, die nicht mehr das Geschenk eines errungenen Fortschritts sind, sondern reines Geschenk der Gnade.

V. Unterscheidung der Geister

Christ sein heißt: im ständigen Gefragt- und Überfragtwerden durch Jesus von Nazareth leben. Sein Ruf zur Nachfolge gilt täglich neu. Immer wieder hat sich der Christ zu bekehren, um seinem Herrn ähnlicher zu werden, der für alle Menschen gestorben und auferstanden ist. Wer als mündiger Christ leben möchte und sein Leben nicht nur in groben und großen Dingen, sondern Tag für Tag nach dem Evangelium gestalten will, für den wird die Frage, wie und woran er das Richtige, das Gottgemäße im eigenen Leben erkennen kann, zu einem brennenden Anliegen.

Oft erfährt sich der Mensch im Glauben von vielerlei Bewegungen und Stimmungen getragen oder behindert: Welchen soll er sich anvertrauen, wo muß er Widerstand leisten? Viele Wünsche, Sehnsüchte und Vorstellungen können gottgemäß sein, aber sie müssen noch nicht als ein Zeichen des göttlichen Willens gelten; und was heute Gottes Wille ist, braucht es morgen nicht mehr zu sein. So erhebt sich die Frage: Wie wird erkannt, ob eine Bewegung, ein Anreiz, ein Wunsch oder eine Vorstellung wirklich von Gott kommt und mit seinem Willen übereinstimmt?

1. Grundregel

Um auf die soeben gestellte Frage zu antworten, ist von dem geistlichen Grundgesetz auszugehen: Nicht jede Bewegung Gottes ist Gottes Wille! Vielmehr muß aus der Fülle dessen, was möglich und gottgemäß ist, jeweils das eine ausgewählt werden, das Gott jetzt vom einzelnen will. Damit die Wahl in einer guten und verantwortbaren Weise vollzogen wird, bedarf es der »*Unterscheidung der Geister*«, die die verschiedenen Regungen und Bewegungen scheidet und auseinanderhält. Im 1. Korintherbrief zählt Paulus die »Unterscheidung der Geister« zu den Gnadengaben des Heiligen Geistes (12,10). Um diese Gnadengabe der Unterscheidung hat sich jeder Christ zu bemühen, wie es im 1. Johannesbrief heißt: »Glaubt nicht jedem Geist, sondern prüft die Geister, ob sie aus Gott sind«. Als ein Geliebter Gottes hat der Christ alles zu prüfen, um das Gute zu behalten (1 Thess 5,21).

Die ignatianischen Regeln zur Unterscheidung der Geister sind eine Hilfe und Stütze auf dem christlichen Unterscheidungsweg. Für Ignatius besteht die Unterscheidung der Geister darin, »einigermaßen die verschiedenen Bewegungen zu erklären und zu erspüren, die in der Seele verursacht werden; die guten, um sie aufzunehmen, die schlechten, um sie zu verwerfen« (Exerzitienbuch Nr. 313). Es geht dabei um den Erwerb eines »geistlichen Sinnes«, wie es in der altchristlichen Mönchssprache heißt. Dieses geistliche Sensorium entwickelt sich in der täglichen

Praxis geistlichen Lebens und führt dazu, daß der Mensch immer deutlicher erkennt, woher die verschiedenen Regungen stammen, die er in sich wahrnimmt.

Da die Unterscheidung der Geister im wesentlichen eine innere Erfahrung darstellt, kann sie nur schwer beschrieben werden; Kann man einem Blinden zeigen, was Farben sind? Von den Regeln zur Unterscheidung der Geister gilt, was von den ganzen Exerzitien gesagt werden kann: Man versteht sie nicht, wenn man sie bloß liest. Die Exerzitien und Unterscheidungsregeln erschließen sich nur dem, der sie selber (er-)lebt; und ohne die eigene gelebte Erfahrung steht man ihnen ebenso verständnislos gegenüber wie der Unmusikalische einer Partitur.

Daß der Unterscheidungsweg eng mit dem gelebten Leben verbunden ist, zeigt sich zunächst im Leben des heiligen Ignatius von Loyola, der seine eigenen Erfahrungen im Exerzitienbuch systematisiert und niedergeschrieben hat. Aber nicht nur in den Exerzitien, auch im christlichen Alltagsleben behält der ignatianische Unterscheidungsweg seine unersetzbare Bedeutung.

Das Leben des heiligen Ignatius zeigt, wie sehr die Geistlichen Übungen und ihre Unterscheidungsregeln einer gelebten Erfahrung entspringen und einen konkreten Sitz im Leben dieses Heiligen haben. Das wichtigste Zeugnis für das Leben des Ignatius von Loyola ist der *»Bericht des Pilgers«*, ein literarisch merkwürdiges Gebilde. Zuerst stößt sich der Leser an dem seltsam unbeholfenen, auf die Er-Form rekurrierenden Stil, in dem Ignatius in den Jahren 1553-1555 seinem Sekretär vom eigenen Leben berichtet. Es fällt die pedantische, vielleicht sogar skrupulöse Genauigkeit auf, mit der »der Pilger« auch von nebensächlichen, abgelegenen Ereignissen berichtet. Der Heilige geht mit der Exaktheit eines Fachhistorikers voran, der seinen ganzen Ehrgeiz auf die Genauigkeit des Details legt; dabei ordnen sich aber die Einzelheiten zu einem so lückenlos genauen Bild der eigenen Persönlichkeit, daß man es mit einem Psychogramm vergleichen möchte. Das Büchlein ist nicht deswegen geglückt, weil es einen Literaten oder Poeten zum Verfasser hat, sondern weil das berichtete Leben konsequent auf das Lebensziel hinführte; und dieses Leben war nicht deshalb so rund und konsequent, weil Ignatius eine glückhafte Natur in die Wiege gelegt war oder weil er sein Schicksal meisterte, sondern weil er einem anderen begegnete, nämlich dem Willen Gottes. Ignatius verstehen heißt, seinen Weg zum Willen Gottes verstehen!

Wenn wir nach einem Grundwort für das Leben dieses Heiligen suchen, so könnten wir es in einem Wappenspruch finden, der unter dem Gemälde der Verkündigung Mariens in der Schloßkapelle von Loyola angebracht ist. Er heißt: »Pour quoy non«. Die Devise möchte ausdrücken, daß der adlige Mut eines Ritters vor keinem feigen Warum zurückweicht. Vor diesem Bild der Verkündigung betete der letztgeborene Sohn des Hauses in den Wochen seiner Bekehrung, als er immer wieder das entscheidende »Warum« und »Warum-nicht« bedachte und langsam erkannte, daß es für einen Menschen, der Gott als »noble caballero« dienen will, kein hinderndes Warum gibt. Warum, so fragte er sich, kann ich es nicht auch so machen wie der heilige Dominikus und Franziskus? Dieses Warum stellt sich im Leben des heiligen Ignatius von Loyola noch des öfteren; immer war mit dieser Frage eine Krisis, eine Bekehrung und Wende verbunden.

Die »gelebte Erfahrung« des Ignatius auf seinem Bekehrungs- und Unterscheidungsweg ist beides: das sichere und entschlossene Gehen auf dem für richtig erkannten Weg zu Gott - und das völlige Offenstehen (»Indifferenz«) für den erneuten Anruf Gottes zur Wende; das Leben einer bestimmten Handlung - und die aus diesem Leben erwachsende Erfahrung, ob der Weg richtig oder falsch verläuft. Es war nicht so, als ob Ignatius nur zur Probe die erste Pilgerreise nach Jerusalem gemacht hat oder nur ad experimentum, zur Probe, die Wanderpredigt auf sich nahm, sondern im Glauben an die Richtigkeit und Endgültigkeit seiner Entscheidung unternahm er ganz und uneingeschränkt seinen Pilgerweg mit dem Endpunkt Jerusalem.

Die Ausführungen zum Lebensweg des heiligen Ignatius von Loyola führen zu der weiteren Frage, wie der einzelne im eigenen Leben seine Berufung erkennen und in Treue zu ihr den Weg seiner Nachfolge gehen kann. Dieser Frage wenden sich die folgenden Überlegungen zu.

2. Kriterien

Wer Jesus nachfolgen möchte, muß im Alltag des eigenen Lebens eine Entscheidung treffen, in der Gott unbedingt vorkommt. Bei einer Lebenswahl, die den Sinn des eigenen Lebens exemplarisch zusammenfaßt und vollendet zum Ausdruck bringen will, kann sich der einzelne nicht nur auf die 10 Gebote berufen; sie lassen einen viel zu großen Spielraum beim Gestalten des konkreten Alltags, als daß sie dem einzelnen in seiner ganz konkreten und persönlichen Liebesantwort auf die Berufung des Herrn eine Entscheidungshilfe geben. Gleiches gilt für die Weisungen der Kirche; auch sie bleiben viel zu allgemein und abstrakt und können dem einzelnen nicht bei der Frage helfen, wie er der Liebe des Herrn »mehr« entsprechen muß. Die Liebesantwort auf den Herrn ist für den Christen eng verbunden mit dem Hören und Erkennen der ureigenen Berufung durch Gott. Nur im Zueinander von Erkenntnis des Willens Gottes und konkreter Nachfolge erweist sich das Ureigene christlicher Spiritualität als »Mystik auf Tat hin«. Leben im Glauben heißt,

Gottes Willen für das eigene Leben in allen Dingen zu suchen, um ihn dann schließlich in der Konkretheit des eigenen Lebensalltags zu verwirklichen. Folgende Leitsätze lassen sich aufstellen:

a) Gott spricht in unserem Leben: Gott handelt - normalerweise - nie direkt und unmittelbar, sondern durch die Ereignisse, Situationen und Fähigkeiten des Menschen hindurch; sie alle haben für den Glaubenden Zeichencharakter und müssen darauf hin befragt werden, wo und wie sich in ihnen die Stimme Gottes hören läßt.

Das Wort Spiritualität läßt sich definieren als »gläubiger Umgang mit der Wirklichkeit«. Hierzu schreibt Alfred Delp, einer der Widerstandskämpfer im Dritten Reich, kurz vor seiner Hinrichtung: »Das eine ist mir so klar und spürbar wie selten: Die Welt ist Gottes so voll. Aus allen Poren der Dinge quillt es uns gleichsam entgegen. Wir bleiben in den schönen und in den bösen Stunden hängen und erleben sie nicht durch bis an den Brunnenpunkt, an dem sie aus Gott herausströmen. Das gilt [...] für das Schöne und auch für das Elend. In allem will Gott Begegnung feiern und fragt und will die anbetende, hingebende Antwort.« Die Erkenntnis des Willens Gottes ergibt sich für den Glaubenden aus der Konvergenz zwischen Anruf und Ereignis »von außen« und deren Deutung »von innen«. Diese Deutung kann als »Kontemplation« verstanden werden, sie will die Dinge des Alltags »zusammensehen« und »sammeln«, um sie durchzuerleben bis zu dem Punkt, wo sie von Gott kommen.

b) Der Mensch ist Ruf Gottes: Wenn Gottes Ruf nicht von außen, »vom Himmel herab«, den Menschen trifft, sondern durch die Dinge des Lebens hindurch, bedeutet dies für die Erkenntnis der eigenen Berufung, daß jeder einzelne in der Gesamtheit seiner Bestimmungen Ruf Gottes ist: Er bekommt nicht den Ruf Gottes, er *ist* Ruf Gottes!

Das Finden des Willens Gottes ist aufs engste mit dem Sich-Einlassen auf die eigene Lebenslinie verbunden und setzt Teil- und Vorfragen voraus: Wer bin ich? Wo liegen meine Fähigkeiten und Stärken, meine Grenzen und Schwierigkeiten? Welche Aufgaben und Verpflichtungen habe ich? Nur wer sich hier genau kennt und weiß, was er will, wird auch wissen, was Gott von ihm will.

3. Regeln

Unterscheidung der Geister meint beides: Fragen und Suchen des Menschen nach Gottes Willen wie auch Unverfügbarkeit der Entscheidung Gottes. Da nicht wir Ihn erwählen, sondern Er uns erwählt hat (Joh 15,16), gilt als Weisung für den Alltag: Unsere Sache ist die Unterscheidung, Gottes Sache hingegen die Entscheidung (so

G. Mühlenbrock). - Im Folgenden soll deutlich gemacht werden, daß Gottes Erwählung alle Bereiche des Lebens einbezieht und auf Ihn hin ausrichtet.

Im Erkennen des Willens Gottes entscheidet sich der Mensch nicht zu abstrakten Normen, die von außen an ihn herantreten; er ist vielmehr fasziniert von einer Berufung, die mit der Wahrheit der eigenen Person und ihrer einmaligen Lebensgeschichte untrennbar und wesentlich verbunden ist. Da er aber ein Sünder ist, behalten alle Dinge und Situationen des Lebens eine prinzipielle Zweideutigkeit.

Um zur Eindeutigkeit zu finden, bedarf es eines Prinzips, und das ist, wie schon deutlich wurde, der Wille Gottes. Ihn erkennt, wer in allen Dingen des Lebens die Botschaft des Evangeliums verwirklicht; hier ist jeder Versuch, Jesus zu kennen, ein Gehen und *Nachfolgen*. Was vom Willen Gottes schon erkannt ist, muß in die Tat umgesetzt werden – jedoch in der Offenheit zum unablässigen Dialog mit Gott. Dieser Dialog mit Gott wird in der geistlichen Tradition »Unterscheidung der Geister« genannt. Sie ist identisch mit dem biblischen Aufruf zur Wachsamkeit: »Wachet und betet! Seid nüchtern und wachsam! Traut nicht jedem Geist, sondern prüft die Geister, ob sie aus Gott sind!« (1 Joh 4,1), und: »Prüft alles! Das Gute behaltet!« (1 Thess 5,21).

Die »Unterscheidung der Geister« ist eine besondere Gabe des Geistes, ein Charisma, das den Glaubenden befähigt, zu prüfen und zu unterscheiden, was von Gott stammt und zu ihm hinführt und was nicht. Um diese Einsicht und dieses Feingefühl zu bekommen, bedarf es des Hörens auf das Wort Gottes in der *Heiligen Schrift*. In ihr lernt der Glaubende, was Paulus seiner Gemeinde zuruft: »Seid so gesinnt, wie es dem Leben in Jesus Christus entspricht!« (Phil 2,5); und es bedarf des »hinhörenden Tuns«, das die Lebensweise des Herrn immer neu betrachtet: »Eure Liebe möge mehr und mehr wachsen an Einsicht und jeglichem Feingefühl, daß ihr unterscheiden könnt, was das jeweils Bessere ist« (Phil 1,9f).

Es ist nicht immer leicht, im eigenen Leben zu finden, was der Wille Gottes ist. Das Leben fluktuiert ständig zwischen Traurigkeit und Hochgefühl, zwischen Niedergeschlagenheit und Trost. Wir sind ein Kampfplatz von Gedanken, Ideen, Plänen und Wünschen. In diesem Gewirr von Stimmen und Stimmungen zu finden, was das Gottgewollte ist, wird zu einer nicht leichten Aufgabe. Soll man hier einfach dem Lustprinzip folgen? Doch kann es sein, daß einem gerade das keine Freude macht, was wichtig und gut wäre; und umgekehrt, daß man bestimmten Dingen nachläuft, die nicht weiterhelfen oder am Ziel vorbeiführen.

Auch im Lebensalltag der Nachfolge und beim Suchen nach dem Willen Gottes werden verschiedene Regungen wach, die bei Entscheidungs- und Untersuchungsprozessen nicht leicht zu deuten sind. Wer zum Beispiel das Wort Jesu an den reichen Jüngling betrachtet: »Eines fehlt dir noch: Geh hin, verkaufe, was du hast, gib das Geld den Armen, und du wirst einen bleibenden Schatz im Himmel haben; dann komm, folge mir nach« (Mk 10,21), der wird beim Hören dieser Schriftstelle mit verschiedenen Gefühlen und Stimmungen auf Jesu Wort reagieren. Vielleicht ist es zunächst die Abweisung: »Nicht für mich, bloß für Ordensleute gilt das!« Oder die Verharmlosung: »Das braucht man nicht so wörtlich zu verstehen!«. Es kann zu einem Zögern kommen: »Ob ich wohl damit gemeint bin? Ja, später kann ich mir so etwas für mich vorstellen!« Angst kann sich einstellen: »Werde ich einem solchen Ruf in die radikale Armut ein Leben lang entsprechen können?« Schließlich kann es zu einer großen tiefen und inneren Freude und Zuversicht kommen: »Ja, das möchte ich leben! Genau das ist es, was Jesus von mir, seinem Freund, einfordern darf!«

Im Erfahren dieser vielen Stimmen und Stimmungen gibt es eine Regel, die zu größerer Klarheit und Entschiedenheit führen kann: Ich soll das tun und wählen, was auf Dauer tiefgreifend (nicht bloß oberflächlich vorübergehend) froh macht! Wer bei einer bestimmten Praxis oder Überlegung Freude, Frieden und Trost empfindet und letzthin »Wohlsein« erfährt, der soll dies voller Zuversicht erwählen.

Somit besteht der Vorgang der Unterscheidung darin, daß die verschiedenen Gefühle und Emotionen abgeschätzt und bestimmt werden. Man darf sich nicht zu ihrem Sklaven machen: »Das freut mich, deshalb tue ich es; das macht mich traurig, folglich tue ich es nicht.« Die Bewertung durch Unterscheidung lautet vielmehr: »Das macht mir Freude, was hat das zu bedeuten? Warum macht mir das Freude? Warum macht mich jenes traurig? Was hat das zu sagen?«

Es ist die sittliche Forderung, mich wahr haben zu wollen, der Wirklichkeit meiner selbst nicht auszuweichen, mich anzunehmen und zu mir selbst ja sagen zu lernen. Das Erfüllen dieses Erfordernisses ist nicht leicht, denn keiner betrügt jemanden so gut wie wir uns selbst. Zudem steht die Forderung zuweilen der Neigung entgegen, in eine selbstgewählte Rolle zu schlüpfen, die die eigenen Illusionen erfüllt.

Indem also die einzelnen Regungen und Stimmungen wahrgenommen und erkannt werden, müssen sie zugleich bewertet werden. Man schaut, welche Gefühle, welche Gemütsbewegungen aufbauend und welche zerstörerisch sind, nimmt die ersten an und verwirft hingegen die zweiten.

Was damit gemeint ist, läßt sich am Leben des heiligen Ignatius von Loyola sehr gut im einzelnen beschreiben. Nach einer Verwundung am Bein, als er über längere Zeit das Bett hüten mußte, las er viele Bücher, aus Langeweile studierte er schließlich fromme Schriften. Beim Lesen dieser Bücher »verweilte er dabei, zu denken und bei sich zu reden: Was wäre, wenn ich das täte, was der hl. Franziskus getan hat, und das, was der hl. Dominikus getan hat?« Diese Frage war mit verschiedenen

Gefühlen und Stimmungen verbunden: die Gedanken »von der Welt« (Offiziers-dienst, Karriere) waren mit Trockenheit und Unzufriedenheit verbunden, doch »wann er daran dachte, barfuß nach Jerusalem zu gehen und nur Kräuter zu essen und alle übrigen Strengheiten auszuführen, von denen er las, daß die Heiligen sie ausgeführt hatten, war er nicht nur getröstet, während er bei diesen Gedanken war, sondern blieb auch nachdem er davon abgelassen hatte, zufrieden und froh« (Pil-gerbericht Nr.7).

Der Weg der Nachfolge steht im Zeichen der *Frohbotschaft*, nicht einer Droh-botschaft. Deshalb gelten Friede und Freude als Grundkriterium für den Weg der Unterscheidung der Geister: Jeder Ruf Gottes führt zu mehr Frieden und zu einer wahren inneren Freude. Gott hat sich als der »Vater« offenbart, nicht als der Rivale der Menschen; sein Ruf wird somit daran erkannt, daß der Mensch mehr er selbst wird und zu Identität und Authentizität findet. Friede und Freude in der Nachfolge sind nicht um ihrer selbst willen da. Ist der Wille Gottes erkannt, muß der Glau-bende ihn auch erfüllen; eine Unterscheidung, die nicht zur Entscheidung drängt, ist sinnlos: *Jede Unterscheidung drängt zu einer Entscheidung.*

Die Erkenntnis der Erwählung Jesu hat zur Voraussetzung also das Tun. Nur im täglichen Nachfolgen weiß der Christ, auf wen er sich eingelassen hat. Wer hinge-gen das Evangelium nicht ernst nimmt, darf nicht erwarten, plötzlich von Gott er-leuchtet und zur Klarheit der Erkenntnis geführt zu werden. Die Erkenntnis des Willens Gottes setzt Entschiedenheit und Entschlossenheit voraus: Nur wer weiß, was er will, weiß auch, was Gott von ihm will (Teresa von Avila).

Die Überlegungen zur Erkenntnis des Willens Gottes im Alltag lassen ein zwei-tes Grundgesetz der ignatianischen Pädagogik erkennen. Die Entschiedenheit, Got-tes Willen zu tun, zeigt sich darin, daß der einzelne sich die positiven Lebensmög-lichkeiten, die mit jedem Ruf Gottes verbunden sind, erschließt und sie in seinem Leben verwirklicht; wer mit seiner Lebensentscheidung nicht wächst, verwirkt schließlich seine Berufung. Jede Lebensentscheidung im Glauben stellt insofern eine permanente Krise dar, als sie auch die eigene Unreife offenlegt. Deshalb muß jede Lebensentscheidung schöpferisch gestaltet werden - in die konkreten Aus-drucksformen und Situationen des Alltags hinein. Wenn die Lebensentscheidung mit einem Verzicht (z.B. gemäß den evangelischen Räten) verbunden ist, gilt es, auch die positive - schöpferische - Seite des Verzichts zu erkennen. Kurz gesagt: *Je größer der Lebensverzicht, desto höher muß die Lebenskultur sein.*

Alles soll offen bleiben - für den Anruf der Zeit. Dies bezeugt ein Farbfenster des Aloisiuskollegs in Bad Godesberg, in das ein Aphorismus von G.C. Lichten-berg eingraviert ist: »Die Klugheit eines Menschen läßt sich an der Sorgfalt ermes-sen, mit der er das Künftige oder das Ende bedenkt.«

Wer auf dem Weg der Liebe zu Gott fortschreiten möchte, wird fragen, ob es nicht Hilfen und Kriterien gibt, die anzeigen und verdeutlichen können, daß der rechte Weg mit Gott eingeschlagen ist. Woran erkenne ich, daß ich Gottes Willen erfülle? Woher weiß ich, daß die richtige Wahl auf dem Weg meiner Nachfolge getroffen wurde? Wie komme ich Gott immer näher?

Aus den eigenen Erfahrungen auf seinem Lebensweg schrieb Ignatius für sein Exerzitienbuch 18 Regeln zur Unterscheidung der Geister. In ihnen geht es darum, »einigermaßen die verschiedenen Regungen zu erklären und zu erspüren, die in der Seele verursacht werden; die guten, um sie aufzunehmen, die schlechten, um sie zu verwerfen«. Ignatius spricht hier nicht von »Geistern«, sondern von Regungen, die im Menschen auftreten: Freude, Friede, Angst oder Trauer. Im Erfahren dieser verschiedenen Gefühle und Stimmen, die sich mit dem Hören auf den Ruf Gottes oder beim Betrachten einer Schriftstelle (wie der vom reichen Jüngling) einstellen, soll der einzelne im Blick auf Jesus und in Übereinstimmung mit der Lehre der Kirche darauf achten, welche dieser Gefühle von Freude, Friede und Zuversicht authentisch und von Gott eingegeben sind, und welche eher von Gott und dem Offensein für seinen Willen wegführen.

Für den Vorgang der Unterscheidung nennt Ignatius in seinem Exerzitienbuch eigens *Kriterien und Regeln*, die es dem einzelnen ermöglichen, die erfahrenen Regungen auf ihren Inhalt und auf ihr Woher und Wohin zu prüfen und zu beurteilen. Die Regeln, die Ignatius für den Unterscheidungs- und Entscheidungsprozeß der Exerzitien niedergeschrieben hat, haben nicht nur eine Bedeutung für die dreißig Tage der geistlichen Übungen. Vielmehr läßt sich das Anliegen der 18 ignatianischen Unterscheidungsregeln recht leicht übersetzen in einige Grundregeln, die dem einzelnen in seinem Alltagsleben, bei seinen Entscheidungen und Fragen der Nachfolge Hilfe und Wegweisung sein können. Im Folgenden seien solche grundlegenden Orientierungshilfen für die Erfüllung des Willens Gottes im eigenen Leben näher bedacht:

1. Regel: *Tue alles aus Liebe!*
Eine erste Unterscheidungshilfe findet sich bei der Kleinen Therese. Nicht durch theoretisches Überlegen und lange Gespräche sucht sie den Willen Gottes, sondern sie liest im »Buch des Lebens«. »Ohne sich zu zeigen, ohne seine Stimme vernehmen zu lassen, führt mich der Herr in das Geheimnis ein... Ich erkenne und weiß es aus Erfahrung, daß das Reich Gottes in unserem Innern ist. Der Herr bedarf weder der Bücher noch der Lehrer, um unsere Seele zu unterweisen.« Die Unterweisung, welche die Kleine Therese empfängt, kommt aus der Liebe: »Mein Seelenführer,

Jesus, lehrt mich nicht, meine Akte zu zählen; er lehrt mich, alles aus Liebe zu tun, ihm nichts zu verweigern, zufrieden zu sein, wenn er mir eine Gelegenheit gibt, ihm meine Liebe zu beweisen; und all das im Frieden, in der Hingabe.«

2. Regel: *Lerne dich und dein Leben gut kennen.*

Der von Therese bezeugte Friede erwächst aus der Erfahrung des Trostes, die mit jeder Erkenntnis des Willens Gottes gegeben ist. Der Ruf in die Nachfolge steht ja im Zeichen der Frohbotschaft, nicht einer Drohbotschaft: Gott hat sich den Menschen als ihr Vater und nicht als ihr Rivale offenbart. Deshalb führt jede Erkenntnis des Willens Gottes in den Trost, also dazu, daß der Mensch mehr er selbst wird und schließlich zu Identität und Authentizität findet. Bei Gott ist zwar kein Ding unmöglich, aber nicht jeder kann ohne weiteres alles werden. Das Finden des Willens Gottes ist aufs engste verbunden mit dem Sich-Einlassen auf die eigene Lebenslinie. Der einzelne muß deshalb genau und gut seine Fähigkeiten, Grenzen und Schwierigkeiten kennen. Dabei gilt die Grundregel: Jeder soll das tun und wählen, bei dem er dauerhaft und wahrhaft tiefgreifend Freude und Frieden empfindet und wo sich die »Früchte des Geistes« mehren.

3. Regel: *Ordne dein Leben!*

Die Offenheit für den Willen Gottes konkretisiert sich in dem Wunsch, eine Lebensentscheidung zu treffen, in der Gott unbedingt vorkommt. Deshalb muß der Glaubende »sein Leben ordnen« (Ignatius von Loyola), alle falschen Anhänglichkeiten ablegen und sich in Freiheit und Offenheit Gott zur Verfügung stellen. So wird der Glaubende bereit für die Suche nach einer konkreten Lebensgestalt, wie sie jeder Nachfolge zu eigen ist, »denn je persönlicher eine Liebe ist, je mehr sie die eigene Person in diese Liebe einsetzt und hingibt, um so individueller, einmaliger, unvertretbarer wird diese Liebe« (K. Rahner).

Bereitschaft und Offenheit für den Willen Gottes sind nie abgeschlossen. Jeder hat in seinem Leben immer mehr Christ zu werden, indem er nicht nur die Sünde meidet und die 10 Gebote hält, sondern vor allem immer »mehr« der Liebe Gottes entspricht. Die Liebe zum Herrn kommt an kein Ende, sondern will Tag für Tag wachsen. In diesem Wachstumsprozeß buchstabiert der Glaubende all das, was er in seiner Entscheidung zusammengefaßt hat, in die vielen Einzelentscheidungen seines Lebens aus. Aber wie sich schon zwischenmenschliche Liebe jeder Kategorie von Berechnung verschließt, bleibt auch jede Treue zur getroffenen Lebensentscheidung nicht Leistung, sondern Gnade. Selbst nach der getroffenen Lebensentscheidung ist das Ordnen des eigenen Lebens von großer Bedeutung.

Eine Lebensentscheidung kommt nur zum Ziel, wenn die in ihr verborgenen positiven Lebensmöglichkeiten immer deutlicher erkannt, erschlossen und gelebt werden. Wächst der Mensch nicht mit seiner Lebensentscheidung, verkommt sie. Deshalb ist jede Lebensentscheidung schöpferisch zu gestalten - in die konkreten Ausdrucksformen und Situationen des eigenen Lebens hinein. Je größer der dabei geleistete Lebensverzicht ist, desto höher muß die Lebenskultur sein.

4. Regel: *Bleib im Kleinen treu!*

Die in der Nachfolge geschenkte Freiheit muß in der konkreten Praxis des Alltags verwirklicht werden, indem all das, was vom Willen Gottes schon erkannt wurde, in die Tat umgesetzt wird, im unablässigen Dialog mit Gott und in ständiger Korrektur (»Umkehr«): Herr, was willst du, daß ich tue? Die Annahme des Willens Gottes konkretisiert sich nicht so sehr in kühnen und großen Aktionen, sondern eher in den verschlungenen Linien der kleinen alltäglichen Akte der Treue zu den Mitmenschen und zur Umwelt. Auch wenn das Evangelium zu großen Entschlüssen und Unternehmungen aufruft, nimmt es den Glaubenden in die alltägliche Pflicht. Schon das Reichen eines Bechers mit Wasser (Mt 10,42) ist Christusdienst. Wer im Kleinen treu bleibt (Lk 16,10), wird nicht weit vom Himmelreich sein.

5. Regel: *Bleib konsequent auf dem erkannten Weg!*

Der Vorgang der Unterscheidung und die Anwendung der Unterscheidungsregeln bei diesem Fragen und Suchen nach dem Willen Gottes geben keine absolute, mathematische Sicherheit, so daß man wüßte, sich nicht getäuscht zu haben. Vielmehr ist jede christliche Unterscheidung ein Weg, der Weg einer nie ruhenden »Krisis«. Dies zeigt das Leben des heiligen Ignatius auf anschauliche Weise. Er mußte, wie schon deutlich wurde, einen langen Weg des Suchens und Tastens zurücklegen, ehe er den Willen Gottes in seiner ganzen Gestalt erkannt hat. Entschiedenheit und Offenbleiben gehören im christlichen Alltag zusammen. Ignatius lebt immer beides: das sichere und entschlossene Gehen auf dem für richtig erkannten Weg zu Gott und das restlose Offenstehen für den erneuten Anruf Gottes, so daß das Beten im Leben seine Konkretheit erfährt und aus der gelebten Erfahrung erkannt wird, ob der eingeschlagene Weg richtig oder falsch verläuft.

Woran wird aber erkannt, daß der eingeschlagene Weg der rechte ist? Hinreichende Klarheit wird gewonnen im Achten auf die Echowirkung des eigenen Tuns. Wo Friede und Freude sich einstellen, wird die Richtung des Weges gottgewollt und im Einklang mit seinem Willen sein. Der »je größere Gott« fordert den Menschen zu einer immer neuen »Krisis« heraus, und jede christliche Unterscheidung führt in ein ständiges Gefragt- und Überfragtwerden durch Christus, dessen Ruf »nur die stets neu unternommene Destruktion eines Götzen« sein kann (K. Rahner).

Da Gottes Wille meist nicht in allem ganz klar und deutlich erkannt wird, muß das, was vom Willen Gottes schon verstanden ist, gelebt werden und zugleich die Offenheit gewahrt bleiben für den je neuen Anruf Gottes. Hier ist das Leben des Glaubens und Suchens kein Zustand, in dem man sich unveränderlich befindet. Das Glaubensleben ist vielmehr eine Geschichte, die von Bewegung und Dynamik bestimmt wird. Da bei einer Bewegung nicht entscheidend ist, wo einer sich befindet, sondern in welche Richtung er sich bewegt, geht es im Prozeß der Unterscheidung um eine Richtungsänderung (»Umkehr«), die nie abgeschlossen ist. Immer neu muß gefragt werden: Hat mein Leben augenblicklich im ganzen ein spürbares Gefälle zum Besseren hin, oder was hindert daran?

6. Regel: *Konkretisiere deine Entscheidung im Apostolat!*
Gewiß, der einzelne darf sich bei der Suche nach seiner Berufung auf die Regungen von Freude und Frieden verlassen, doch heißt dies nicht, daß er einfach dem Lustprinzip folgen darf. Er muß schauen, welche Gefühle, welche Gemütsbewegungen aufbauend und welche zerstörerisch sind, indem die ersten angenommen und die zweiten verworfen werden. Aufbauend oder zerstörerisch wofür? Für ein Leben nach dem Evangelium! Die Unterscheidung wird also im Blick auf das Evangelium und in bezug auf die konkrete Kirche vollzogen.

Es geht demnach um eine apostolische Wahl, welche die Argumente des Glaubens bedenkt und mit den geistlichen Aktivitäten wie Gebet und geistlichen Übungen verbunden ist. Die unmittelbare Konsequenz all dessen lautet in der Botschaft der Heiligen Schrift: »Wer Sein Wort bewahrt, wahrlich, in dem ist die Liebe vollkommen« (1 Joh 5,3), und: »Wer meine Gebote hat und wahrt, der ist es, der mich liebt« (Joh 14, 21). Die Liebe drängt zum Handeln: »Erweis der Liebe ist das Tun« (Augustinus), so daß sich jeder Ruf Gottes im Engagement und im Apostolat ausweisen wird. Christliche Entscheidung ist apostolisch ausgerichtet, im Blick auf einen größeren Einsatz in Welt und Kirche.

7. Regel: *Suche in allem die Treue zum Herrn! Verwirkliche das, was du vom Evangelium begriffen hast - sei es auch noch so wenig; das aber tue ganz (Roger Schutz).*
Was keinerlei Anhaltspunkte in der Heiligen Schrift hat und nicht mit dem Verhalten Jesu übereinstimmt, ist sicherlich nicht Stimme Gottes. Charles de Foucauld drückt diese Regel so aus: »Die einzige Regel, auf die es ankommt, ist: Frage dich in allen Dingen, was hätte unser Herr getan, und handle so. Dies ist deine einzige

Regel, aber es ist eine unbedingte Regel.« Natürlich ist es nicht leicht, in allen Dingen zu wissen, was und wie Jesus gehandelt hätte, aber bestimmte Verhaltensweisen kommen für ihn nicht in Frage. Überall, wo die Stimme eine bestimmte Verhaltensweise Jesu in das Hier und Heute des eigenen Lebens übersetzt, dürfte es sich um eine Stimme Gottes handeln.

Solches Ausschauhalten nach der Gegenwart Gottes im eigenen Leben ist so alt wie das Christentum. Von Abbas Antonios wird in einem Sinnspruch über das Leben in der Gegenwart Gottes gesagt: »Es fragte einer den Altvater Antonios, was er tun müsse, um Gott zu gefallen. Der Greis gab ihm folgende Antwort: 'Befolge, was ich dir auftrage! Wohin immer du gehst, habe überall Gott vor Augen, was du auch tust, oder was du auch redest: für alles suche ein Zeugnis in den Heiligen Schriften. Wenn du dich an einem Ort niederläßt, dann entferne dich nicht leicht. Diese drei Dinge beobachte, und du wirst Heil finden'.«

Das Hineinnehmen Jesu in den Lebensalltag ist Ausdruck der Lebenshingabe an ihn. Gregor von Nyssa schreibt darüber: »Was soll der tun, der des erhabenen Namens Christi gewürdigt wurde? Was sonst, als daß er jeden seiner Gedanken und jedes seiner Worte und Werke prüft, ob sie mit Christus übereinstimmen oder nicht [...]. Darin besteht meiner Meinung nach die Vollkommenheit christlichen Lebens: in unserer Seele, unserer Rede und den Taten unseres Lebens in Einklang stehen mit all den Bezeichnungen, die den Namen Christi umschreiben!«

8. Regel: *Geh nicht zu ungestüm voran!*
Es kann sein, daß Gottes Wille vom einzelnen erkannt ist, doch ist er angesichts der Forderung des Herrn zutiefst beunruhigt und stellt bei sich fest: »Ich müßte dies oder jenes eigentlich tun, aber ich kann nicht!« Dies muß keine gute, vertrauenswürdige Regung sein, denn sie birgt die Versuchung in sich, gleich am Anfang des Nachfolgeweges die ganze Radikalität eines Rufes vorzustellen, so daß der einzelne vorzeitig mutlos wird und schließlich gar nicht nachfolgt. Um dieser Gefahr entgegenzutreten, ist es besser, nicht gleich das Ganze tun zu wollen, sondern einzig das, was augenblicklich schon getan werden kann. Gott läßt einem immer Zeit!

Der ungute Geist hat es immer eilig und ist hart; mit ihm muß alles sofort gemacht werden. Wer hingegen von einer guten Regung und Erkenntnis getroffen ist, der kann die Dinge voller Ruhe und Frieden ins Auge fassen, ohne sich zu täuschen. Oft leiden angebliche Berufungen daran, daß sie nicht im Frieden des Herzens gewachsen sind; hier wird die Treue zur göttlichen Eingebung »gierig«, hart und verfrüht verwirklicht. Erst wenn das Herz Ruhe und Frieden gefunden hat, ist der Nährboden für die Erkenntnis des göttlichen Willens gegeben. Deshalb sind Sanftheit und Milde, die das Verlangen und die Sehnsucht bei jeder Rückkehr zurücklassen, ein Zeichen guten Geistes; Verwirrung und Unruhe hingegen zeigen an, daß der einzelne Gottes Ruf falsch gedeutet und verstanden hat.

Es kann sogar die Schliche eines unguten Geistes sein, daß er am Anfang die ganze Radikalität der Botschaft Jesu oder der evangelischen Räte vorlegt, um schon zu Beginn mutlos zu machen, so daß schließlich die Nachfolge ganz aufgegeben wird. Deshalb ist es besser, am Anfang kleine, bereits mögliche und naheliegende Schritte zu tun und alles weitere in Geduld zu erwarten.

Gewiß wird Gottes Ruf keinen überfordern, wohl aber *heraus*fordern! Denn Jesu Leben war ein Weg der Entäußerung und Erniedrigung, er wurde Diener aller. Deshalb wird sein Ruf keinen nur bestätigen. Gott führt weiter, wie Ignatius von Loyola sagt: »Denn das soll ein jeder bedenken, daß er in allen geistlichen Dingen nur insoweit Fortschritte machen wird, als er herausspringt aus seiner Eigenliebe und seinem Eigennutz.«

9. Regel: *Achte auf die Sehnsucht des Herzens!*

Ist die Sehnsucht nach Gott echt, so wächst sie durch den Aufschub. Nimmt sie durch den Aufschub ab, so war es kein Ruf Gottes. Wenn sich ein bestimmter Wunsch nur für eine kurze Zeit einstellt, bei Nicht-Erfüllung bzw. Aufschub wieder verfliegt, dann war er vermutlich nicht gottgewollt.

Was diese Regel meint, können wir einer Predigt von Papst Gregor dem Großen entnehmen. Er spricht über die Begegnung Maria Magdalenas mit dem Auferstandenen. Als sie zum Grabe kam und dort den Leib nicht fand, meinte sie, man habe ihn weggebracht, und sie meldete es den Jüngern. Als die Jünger nachgesehen hatten und »nach Hause zurückgekehrt waren«, heißt es: »Maria aber stand draußen vor dem Grabe und weinte« (Joh 20,11). Papst Gregor sagt nun:

Sie suchte den, den sie nicht gefunden hatte, und weinte beim Suchen. Vom Feuer der Liebe entzündet, glühte sie in Sehnsucht nach ihm, weil sie meinte, man habe ihn weggebracht. So kam es, daß sie allein ihn dort sah, weil sie geblieben war, um ihn zu suchen. Beharrlichkeit ist die Kraft guter Tat, und die Stimme der Wahrheit spricht: 'Wer bis zum Ende standhaft bleibt, der wird gerettet' (Mt 10,22). Sie begann eben zu suchen und konnte ihn nicht finden. Sie suchte beharrlich weiter, und sie fand. Durch den Aufschub wuchs die Sehnsucht, und im Wachsen ergriff sie, was sie gefunden hatte: Heilige Sehnsucht wächst durch den Aufschub. Nimmt sie durch den Aufschub ab, so war es keine Sehnsucht. Von dieser Liebe glühte ein jeder, der zur Wahrheit gelangt ist.

Wer nach Gottes Willen sucht, muß eine große Sehnsucht und Liebe zu Gott haben; gleiches gilt auch für den, dem im Laufe seines Lebens Gott fremd geworden ist oder der ihn schon oft anscheinend vergeblich um einen Fingerzeig gebeten hat. Welcher Art diese Sehnsucht ist, veranschaulichte Ramakrishna einem Schüler recht handgreiflich: Als dieser ihn nach Gott fragte, tauchte ihn der indische Meister so lange unter Wasser, bis er zu ersticken meinte. Als er wieder an die Luft kam, fragte ihn Ramakrishna: »Wie hast du dich gefühlt?« »Ich glaubte, mein letzter Augenblick sei gekommen«, war die Antwort. Und der Meister entgegnete: »Wenn dein Verlangen nach Gott so groß und inbrünstig ist wie deine Sehnsucht nach Luft in diesem Augenblick, dann wirst du Gott schauen!«

10. Regel: *Mach keine Abstriche!*
Neben der Liebe zum Nächsten ist es vor allem die Liebe zu Gott, die in der Erkenntnis seines Willens wächst und die Kraft gibt, ihn in allem zu erfüllen. Charles de Foucauld schreibt über den Augenblick seiner Bekehrung: »Von dem Augenblick an, wo ich glaubte, daß es einen Gott gibt, war mir auch klar, daß ich nicht anders konnte, als nur ihm zu leben«; und: »Wenn Dein Wille sicher erkannt ist, muß man sich sofort mit geschlossenen Augen hineinstürzen.«
Zu jeder geistlichen Entscheidung gehört die Bereitschaft, Menschenfurcht zu überwinden. Diese gibt es in vielfältiger Form. Sie reicht von der Angst, nicht genügend beachtet zu werden oder sich zu blamieren, bis hin zu der Furcht, im Karussell menschlicher Sehnsucht nach Karriere und Anerkennung den Kürzeren zu ziehen. Hier findet der einzelne, wie das Exerzitienbuch des Heiligen Ignatius von Loyola sagt, im Blick auf Jesu Leben und Weg neue Kraft, »die gegen diese Versuchungen des Feindes die starke Stirn zeigt, indem sie das gerade Gegenteil tut«.

11. Regel: *Suche das Gespräch mit einem geistlichen Begleiter!*
Nicht nur der Glaube kommt vom Hören, sondern auch das Kennen und Deuten des göttlichen Willens. Jede Stimme Gottes, die einer zu hören glaubt, muß sich dem Urteil anderer aussetzen, wenn es sich um wichtige Entscheidungen handelt. Zu gerne und zu schnell werden eigene Stimmen, Strebungen und Wünsche mit dem Willen Gottes gleichgesetzt. Man ahnt zwar, daß hier etwas nicht in Ordnung ist, redet aber mit niemandem darüber, läßt lieber alles im Halbdunkel. Deshalb sagt Johannes Cassian: »Um leicht zu einer wahren Unterscheidung (*discretio*) zu kommen, muß man auf den Spuren der Alten gehen, das heißt, sich nach einem Führer richten.«
Die Überlegungen zur Unterscheidung der Geister zeigten, daß die Suche nach dem Willen Gottes eng verbunden ist mit der Erweiterung des Monologs zum Dialog. Der einzelne sucht nicht sich und die eigene Bestätigung, sondern das, was

Gott und die Kirche von ihm wollen. Damit die Unterscheidung der Geister zu einem dialogischen Geschehen wird, bedarf sie der ständigen Korrektur von innen und außen. Dies geschieht vor allem in der geistlichen Begleitung, denn »Christus im Bruder erkennt oft mehr als Christus im eigenen Herzen« (D. Bonhoeffer). Die Aufgabe des geistlichen Begleiters ist eine doppelte, nämlich das Konfrontieren wie auch das Inspirieren. Er muß Vorsicht gebieten in Zeiten der Hochstimmung und Mut machen in Zeiten schwerer Wegstrecken.

Ein eigenes Kapitel ergibt sich mit der *Frage des Gehorsams* gegenüber dem geistlichen Begleiter wie auch gegenüber der kirchlichen Weisung. Gewiß, in dem Unterscheidungsvorgang, der jeder Entscheidung vorausgehen muß, sind Gespräch, Information und gemeinsames Fragen und Suchen nach dem Willen Gottes erforderlich. Doch dies kann ein langer, manchmal sogar ein sehr mühseliger und anscheinend ausweglöser Prozeß werden. Ein Beispiel aus der Glaubensgeschichte der Kirche mag die ganze Komplexität der Fragestellung im Prozeß der Unterscheidung der Geister verdeutlichen:

Als im Jahr 1552 Franz Borja von dem damaligen Kaiser Karl V. zum Kardinal vorgeschlagen wurde, war Ignatius von Loyola gar nicht damit einverstanden, hatte er doch in den Satzungen seines Ordens ausdrücklich gewünscht, daß Jesuiten keine höheren kirchlichen Ämter und Ehren annehmen sollten. Im Gebet fand Ignatius die Gewißheit, daß er niemals zulassen dürfe, was der Papst vorhatte. Es ist nun erstaunlich, daß Ignatius, der von seinen Jesuiten in besonderer Weise den Gehorsam gegenüber dem Papst fordert, in seinem eigenen Verhalten keine Weise des Ungehorsams sah; vielmehr ist er der Ansicht: »Es kann wohl sein, daß der gleiche Geist Gottes mich aus gewissen Gründen zu dem einen drängt und andere zum Gegenteil; und so könnte doch noch der Vorschlag des Kaisers durchdringen.«

Solange keine definitive Gehorsamstat eingefordert war, glaubte Ignatius, anderer Meinung sein zu müssen und dem Papst gegenüberzutreten zu dürfen, weil nur so deutlich werden konnte, was Gott in dieser Stunde wirklich aufträgt; und schließlich hat der Papst Franz Borja nicht ernannt. Ignatius und der Papst, sie beide glaubten, in der Kraft des Geistes zu handeln; und beide mußten sich einander widersetzen, damit der Wille Gottes schließlich deutlich erkannt werden konnte.

Was in diesem Lebensbeispiel noch ein gutes Ende gefunden hat, führte zu anderen Zeiten im Lauf der Kirchengeschichte zu Widerspruch und Leiden. Obwohl schon am Anfang der jungen Kirche darauf hingewiesen wurde, daß dem Geist, dessen Herkunft noch nicht klar durchschaut ist, in Toleranz begegnet werden müsse (Apg 5,38f.), kam es gerade in der Begegnung mit geisterfüllten Menschen immer wieder zu Konflikt, Haß, Neid, Eifersucht, Verfolgung und Leiden: Johannes vom Kreuz wird von seinen eigenen Mitbrüdern in einen Kerker geworfen, wo er Licht und Nahrung entbehren mußte; Jeanne d'Arc stirbt auf dem Scheiterhaufen; John Henry Newman lebt über Jahre »unter der Wolke«; Bischof Sailer wird von einem anderen Heiligen in Rom angeschwärzt und wird erst Bischof, als es eigentlich zu spät war.

Oft wurde die charismatische Sendung gegen die Gleichgültigkeit und das Zögern kirchenamtlicher Stellen durchgehalten: Jesuiten, die getreu ihren eigenen Regeln der kirchlichen Gesinnung leben wollen, haben gegen Papst Pius V. opponiert, als dieser ihnen das feierliche Chorgebet auferlegen wollte; die Vertreter der Herz-Jesu-Andacht ließen sich durch die Ablehnung beim Heiligen Stuhl nicht abbringen von ihrem Vorhaben. Es kann selbst wieder ein Charisma sein, zu unterscheiden, wo das Leid des Widerspruchs gegen die eigene Sendung das Kreuz ist, mit dem eine echte Sendung gesegnet ist, und wo es ein Beweis dafür ist, daß eine Bestrebung nicht von Gott kommt. Die Lebensregungen der Kirche lassen sich hier nicht absolut in rechtlich eindeutige Regeln einfangen; es bleibt ein charismatischer Rest: der Geist »weht, wo er will« (Joh 3,8).

VI. Die Tat aller Taten

»Bekehrung«, darunter wird meist die grundlegende »Kehr zu Gott« verstanden (wie die deutschen Mystiker sagen), nämlich die Abkehr von Unglauben und Sünde und die Hinkehr zu Buße und Glauben. Doch mit dieser ersten Wende ist nicht bereits alles getan. Christsein bedeutet ein Christwerden. Deshalb ist die erste Bekehrung nur ein - wenn auch entscheidender - Anfang und sucht nach seiner täglichen Vertiefung und Weiterführung.

In der ersten Zeit der Nachfolge erfährt der Jünger des Herrn meist eine große Zufriedenheit, innere Sicherheit und Übereinstimmung mit dem Gebot des Herrn. Was Jesus als »Preis der Liebe« einfordert, scheint nicht zu hoch und nicht zu schwer zu sein. Das Leben in Vollkommenheit und Heiligkeit gilt als leicht und erreichbar, und jeder ist bereit, alles dafür herzugeben und einzusetzen. Voller Begeisterung und Energie wird der Weg der Kreuzesnachfolge ergriffen, ohne große Bedenken und Zweifel: »Herr, mit Dir bin ich bereit, in den Kerker und in den Tod zu gehen!« (Lk 22,33). Nichts scheint »menschen-unmöglich« zu sein (Mk 10,27); mit Mut und gutem Willen müßte es zu schaffen sein...

Doch schon bald kann sich das Blatt wenden. In einer zweiten Zeit der Nachfolge lassen die Kräfte nach, die Begeisterung wird kühler, Optimismus und Hoffnung schwinden. Große Trägheit und Müdigkeit breiten sich aus. Vielleicht hat der einzelne erfahren, daß es mit dem Gebet trotz vieler Versuche und Vorsätze nicht weitergeht und besser wird, daß ein Leben nach den evangelischen Räten Einsamkeit und Unverständnis hervorrufen kann, und vielleicht sogar, daß die Liebe zum Herrn nach den ersten »Flitterwochen« in vielem nachgelassen hat: die Arbeit, der Terminkalender, der Streß, der eigene Ehrgeiz u.a.m. waren stärker und lassen manches in einem anderen Licht aufleuchten.

Die Gefahr dieser Stunde ist, daß alles auf ein »Mittelmaß« zurückgeschraubt wird, auf das, was »möglich« erscheint. Dann wird das Gebet schnell zur Routine, die Anbetung wandelt sich in ein Absitzen der Zeit, die Liebe zum Herrn zeigt sich nur noch im Lesen theologischer Bücher und geistlicher Literatur, die Konsequenz der Armut ist dem Kompromiß gewichen und der Mut zu einem neuen Anfang erloschen. Wer in eine solche Situation geraten ist, der muß auf neue Weise wieder aufbrechen, ein zweites Mal sich bekehren und es annehmen, »nichts für sich, aber alles für Ihn und die anderen zu sein; es bejahen, daß man gegen jede Hoffnung hofft und im Gebet aushält, indem man vielleicht an eine Tür klopft, die für Jahre verschlossen sein wird; es annehmen, daß man in eine neue Richtung aufbricht, zu einer neuen Art der Armut, des Gehorsams, der Keuschheit und Barmherzigkeit

71

und einer neuen Art des Betens: Genau das wird dieses neue Stadium ausmachen. In uns selber jedoch finden wir kein Motiv mehr für Trost, und so müssen wir, um nicht den Mut zu verlieren, aufhören, uns zu beobachten, und Jesus entdecken. Denn er hat uns seine Gegenwart nicht entzogen; er ist jetzt nur in anderer Weise gegenwärtig« (R. Voillaume).

Die Stunde eines solchen Neuaufbruchs und der zweiten Zeit in der Nachfolge hat es auch im Leben der Jünger gegeben. In ihrer ersten Berufung durch den Herrn wurden sie von ihrem Eigentum und Beruf, von ihrer menschlichen Zukunft, von Familie und Haus getrennt, und sie sind voll Begeisterung und Bereitschaft dem Herrn gefolgt; doch während der Passion Jesu packt sie Furcht und Entmutigung. Sie finden wieder Gefallen an ihren alten Tätigkeiten und kehren zu ihren Booten zurück (Joh 21,3). Da trifft sie erneut der Ruf des Auferstandenen; er löst sie nicht nur von Dingen und Beschäftigungen, die sie wieder ausüben, sondern auch von ihrem eigenen Ich. Er liefert sie den Menschen aus: »Simon, liebst du mich? [...] Weide meine Schafe!« In einer solchen Stunde geht es »nicht darum, daß irgendeine Jugendbegeisterung uns den wahren Verzicht verschleiert oder ein Alibi uns entschuldigt, einzig Christus anzugehören. Jesus bindet uns an Sein Kreuz, indem Er uns an die anderen bindet, uns unseren Illusionen und der Langeweile entreißt, die sich einstellen, wenn wir auf uns zurückfallen, indem Er sich unseres Herzens bemächtigt...« (R. Voillaume).

Die Stunde dieser neuen »Geburt« und der zweiten Zeit in der Nachfolge wird in der geistlichen Literatur der Neuzeit mit dem klassischen Begriff der »*zweiten Bekehrung*« bezeichnet. Gemeint ist der Durchbruch zu einer größeren Eindeutigkeit im Leben des einzelnen mit Gott.

1. »Den Schritt tun«

Der Begriff der zweiten Bekehrung hat in der neuzeitlichen Spiritualität eine immer größere Bedeutung bekommen, auch wenn sein Inhalt so alt ist wie das Christentum. Im Neuen Testament wird berichtet, wie die Jünger immer tiefer in ihre Berufung hineingenommen wurden. So heißt es bei Markus, daß der Herr nach der Berufung der ersten Jünger (Mk 1,16-20) erneut »die zu sich rief, die er erwählt hatte« und »die er bei sich haben und die er dann aussenden wollte, damit sie predigten« (Mk 3,13-19). Von einem Wachsen im Glauben und im Verstehen der eigenen Berufung spricht Paulus, wenn er zu den Römern sagt: »Jetzt ist das Heil uns näher als zu der Zeit, da wir zum Glauben kamen« (Röm 13,11).

Die Liturgie, besonders in der Advents- und Fastenzeit, fordert den Gläubigen des öfteren auf, sich zu besinnen und die alten Wege der Sünde zu verlassen. Wer noch nicht fest im Herrn verankert ist, soll auf ihn setzen und all das ablegen, was seinem Glauben widerspricht und erneut suchen und erbitten, was seinem Glauben entspricht.

In der spirituellen Tradition finden sich weitere Überlegungen zur Notwendigkeit einer zweiten Bekehrung besonders bei Johannes Tauler, Heinrich Seuse und *Katharina von Siena*. Sie spricht im 63. Kapitel ihres »Dialogs« ausführlich von der »zweiten Bekehrung der Apostel«. Die erste Bekehrung fand statt, als Jesus sie berufen und zu ihnen gesagt hatte: Ich werde euch zu Menschenfischern machen. Die zweite Bekehrung begann bei Petrus nach seiner dreifachen Verleugnung, wie Lk 22,61f. berichtet: Kraft seiner Reue ging Petrus in sich und setzte sein Vertrauen künftig nicht mehr auf sich selbst, sondern einzig und allein auf den Herrn.

Ausführlicher bedacht und systematisch entfaltet findet sich der Gedanke von einer zweiten Bekehrung bei dem Jesuitenpater *Louis Lallemant*. Als Theologieprofessor, Novizenmeister und Leiter der Ordenshochschule gilt er als einer der großen christlichen Lehrer in der Gesellschaft Jesu. Da er selber keine Schriften hinterlassen hat, wurde seine »Geistliche Lehre« auf Grund von Nachschriften seiner Vorträge durch Rigoleuc herausgegeben. Um seine Lehre recht einzuordnen, ist es wichtig zu wissen, daß er zu Priestern spricht, nicht zu Novizen und Anfängern im geistlichen Leben, sondern zu solchen, die in vielen Jahren der Nachfolge mit dem Herrn gegangen sind. Zu ihnen sagt er: »Die Mehrzahl aller Heiligen und Frommen, die zur Vollendung gelangen, erlebt zwei Bekehrungen; die erste, wo sie sich dem Dienste Gottes übergeben, die zweite, wo sie sich gänzlich der Vollkommenheit weihen. Das zeigte sich bei den Aposteln, als der Herr sie berief, und später, als er ihnen den Heiligen Geist sandte; auch bei der hl. Teresa, bei ihrem Beichtvater P. Alvarez und bei verschiedenen anderen. Diese zweite Bekehrung kommt nicht bei allen Frommen vor, und zwar wegen ihrer Nachlässigkeit.«

Worin besteht die Nachlässigkeit, von der Lallemant spricht? Er teilt die, die Jesus nachfolgen, in zwei Gruppen ein: Auf der einen Seite die kleine Schar der Bekehrten, der »Innerlichen«, der »Vollkommenen«, und auf der anderen Seite die Nichtbekehrten, die Mittelmäßigen. Von den letzteren gibt es zwei Arten: »Die einen verweigern nichts ihren Sinnen. Frieren sie, so wärmen sie sich, haben sie Hunger, essen sie. Sie sind stets entschlossen, solche Wünsche zu befriedigen.« Es ist eine rein bürgerliche Haltung, die diese Menschen leben. Die zweite Art - sie bildet den Durchschnitt der Ordensleute - führt ein abgetötetes Leben, doch es ist rein »weltlich«: »Denn auch im Kloster gibt es eine Welt im Kleinen, die sich zusammensetzt aus der Hochschätzung menschlicher Talente, der Aufgaben, Ämter und angesehenen Stellungen, der Liebe und dem Streben nach Glanz und Beifall.« Das

Herz solcher Menschen bleibt »geteilt« (Jak 1,8); sie hinken nach beiden Seiten, und Lallemant sagt zu ihnen:

> *Wir bringen ganze Jahre und oft ein ganzes Leben damit zu, darum herumzufeilschen, ob wir uns Gott ganz hingeben sollen. Wir können uns nicht dazu entschließen, das Opfer ganz zu bringen. Wir machen viele Vorbehalte: Neigungen, Pläne, Wünsche, Hoffnungen, Ansprüche, die wir nicht aufgeben wollen. Darum gelangen wir nicht zu der völligen Leerheit des Geistes, die uns befähigt, daß wir völlig von Gott in Besitz genommen werden können [...]. Wir kämpfen jahrelang gegen Gott und widerstreben den Anregungen Seiner Gnade, die uns innerlich antreibt, unsere Erbärmlichkeiten dadurch aufzugeben, daß wir die eitlen Befriedigungen unseres äußeren Menschen aufgeben, die uns so fesseln, und uns ohne Vorbehalt Ihm hingeben. Aber unter dem Druck unserer Selbstliebe, von unserer Unwissenheit geblendet, von falschen Befürchtungen zurückgehalten, wagen wir es nicht, den Schritt zu tun, und aus Furcht, es könnte uns dann schlecht ergehen, bleiben wir immer weiter in diesem Elend.*

»Franchir le pas - den entscheidenden Schritt tun!« Darin besteht für Lallemant die zweite Bekehrung. Er scheint dabei anzunehmen, daß es möglich und leicht ist, sozusagen auf der Stelle ein völlig anderer zu werden; man müßte sich Gott hingeben »ohne Vorbehalt und ohne Einschränkung«.

Es handelt sich dabei nicht um einen gewöhnlichen festen Vorsatz, einen Entschluß in der Weise Epiktets; gemeint ist auch nicht eine jener Regeln, welche sich Exerzitanten am Ende von Exerzitien für die Gestaltung ihres Lebens aufstellen. Derartige Entschlüsse sind nützlich und empfehlenswert; doch sie verändern nicht unmittelbar das Innere des Menschen, der sie gefaßt hat. Vielmehr wird nur der wirklich »den Schritt tun«, der einen neuen Weg einschlägt. Es ist ein innerer Regiewechsel, bei dem man das Ruder des eigenen Lebens aus der Hand gibt und nicht mehr »der Kapitän seiner Seele« bleibt, wie es ein englischer Dichter ausgedrückt hat. Man gibt sich ganz in die Hand Gottes und weiß, »daß man nicht tiefer fallen kann als in die Hände Gottes« (D. Bonhoeffer).

2. Der Weg der Heiligen

Was Lallemant in theoretischen Überlegungen zum Ausdruck bringt, veranschaulicht das Leben der Heiligen. Die Geschichte der Heiligen ist voller Beispiele für den Weg der zweiten Bekehrung. Irgendwann gab es für jeden von ihnen einen Zeitpunkt, an dem der entscheidende Schritt getan werden mußte. Auch wenn der

Heilige schon lange auf den Wegen der Nachfolge gegangen war, wurde erst die Stunde der zweiten Bekehrung zum Beginn des wahren Lebens mit Gott.

Franz von Assisi

Jahrelang wußte Franziskus nicht, welcher Donna er sein Leben geben sollte. An der Spitze der reichen Bürgersöhne machte er die Gassen Assisis unsicher, zog von Festgelage zu Festgelage, trieb Allotria und verschwendete das Geld seines Vaters mit vollen Händen, bis daß er zu seiner »ersten Bekehrung« fand, die in der sog. Dreigefährtenlegende berichtet ist:

Schon längst war er ein Wohltäter der Armen, doch von jetzt an beschloß er noch fester in seinem Herzen, keinem Bedürftigen, der ihn um Gottes Willen bittet, etwas abzuschlagen [...]. So hatte ihn die göttliche Gnade umgewandelt, obschon er noch weltliche Kleider trug. Darum wünschte er sich manchmal, in irgendeiner fremden Stadt zu sein, unbekannt, wo er mit einem Bettler das Kleid tauschen und versuchen könnte, um der Liebe Gottes willen Almosen für sich zu erbitten.

Es geschah aber, daß er gerade damals eine Wallfahrt nach Rom machte. Als er in die Kirche des heiligen Petrus kam, beobachtete er, wie knauserig manche Leute mit ihren Geldspenden waren. Da sagte er sich: 'Wenn man doch den Fürsten der Apostel hochherzig verehren muß, warum geben dann diese Leute nur kärgliche Spenden in der Kirche, wo sein Leib ruht?' Und so packte er in heiligem Eifer nach der Börse und zog sie heraus: sie war mit Geld gefüllt. Er warf es durch die Öffnung des Altares; es gab einen solchen Lärm, daß die Leute ringsum über eine so riesige Spende sich höchstlich verwunderten.

Er ging hinaus vor das Portal der Kirche, wo viele Arme um Almosen bettelten. Von einem armen Mann lieh er sich dort heimlich dessen Lumpen aus, legte seine Kleider ab, zog das Lumpengewand an, gesellte sich den Armen auf den Stufen der Kirche zu und bettelte in provenzalischer Mundart um Almosen. Er liebte es nämlich, Französisch zu sprechen, obschon er es nicht richtig beherrschte.

Danach zog er die Lumpen wieder aus, die eigenen Kleider an, kehrte nach Assisi zurück und flehte demütig zu Gott, er möge ihm seinen Weg zeigen. Niemandem enthüllte er sein Geheimnis; bei niemandem holte er sich Rat in dieser Sache - außer bei Gott allein, der schon begonnen hatte, ihm seinen Weg zu zeigen. Nur mit dem Bischof von Assisi besprach er sich bisweilen.

Denn damals war bei niemandem die wahre Armut, die er mehr ersehnte als alles in der Welt: in ihr wollte er leben und sterben.«

Deutlicher kann es nicht gesagt werden:»Danach zog er die Lumpen wieder aus, die eigenen Kleider an und kehrte nach Assisi zurück.« Auch als er seine Kleider zu Füßen seines Vaters legte und auf allen Besitz verzichtete, kam es für Franziskus nicht zu einer zweiten Bekehrung, sondern viel Geringeres wurde für ihn und seinen Weg der Nachfolge entscheidend: das Küssen eines Aussätzigen. Über diese Stunde der zweiten Bekehrung heißt es in der Dreigefährtenlegende:

Eines Tages, da er in glühendes Beten vor Gott vertieft war, kam ihm die Antwort: 'Franz, was du bisher fleischlich (=instinktiv, naturhaft) geliebt und erstrebt hast, das mußt du verachten und hassen, wenn du meinen Willen erkennen willst. Hast du erst einmal damit begonnen, so wird dir hinfort unerträglich und bitter sein, was dir bisher liebwert und süß erschien; und aus dem, was dich vorher schaudern machte, wirst du tiefes Glück und unermeßlichen Frieden schöpfen.'

So im Herrn gestärkt, begegnete er auf einem Ritt nahe bei Assisi einem Aussätzigen. Bisher hatte er vor solchen Leprösen einen mächtigen Ekel empfunden. Aber siehe, nun stieg er, sich Gewalt antuend, vom Pferde, reichte dem Aussätzigen einen Gulden und küßte ihm die Hand. Auch jener gab ihm den Kuß des Friedens. Dann stieg Franz wieder zu Pferd und ritt seines Weges weiter. Von da an begann er, immer mehr sich zu verachten, bis er zuletzt durch Gottes Gnade zum vollen Sieg über das eigene Ich gelangte. Wenige Tage später nahm er eine große Summe Geldes und ging zum Siechenhaus. Nachdem er alle Aussätzigen um sich versammelt hatte, reichte er einem jeden seine Gabe und küßte ihm die Hand.

Und als er von dannen ging, war wirklich in Süße für ihn verwandelt, was ihm bisher bitter gedünkt hatte: Aussätzige zu sehen und anzurühren. Denn widerwärtig war ihm früher deren Anblick gewesen, daß er nichts von ihnen sehen und noch weniger ihrer Behausung nahekommen wollte. Und wenn es doch einmal geschah, daß er an einem solchen Haus vorbeikam oder einen Aussätzigen erblickte, wandte er das Gesicht ab und hielt sich die Nase zu - auch wenn er sich von Mitleid bewegen ließ, ihnen durch eine Mittelsperson Almosen zukommen zu lassen. Aber durch die Gnade Gottes wurde er so vertraut und gut Freund mit den Aussätzigen, daß er unter ihnen lebte und ihnen demütig diente, wie er selbst in seinem Testament bezeugt hat.

Also nicht das Aufgeben des Besitzes und aller Ansprüche auf Reichtum und Ehre waren für Franziskus der Anlaß,»den ersten Schritt zu tun«, sondern die Überwindung seines Ekels gegenüber Aussätzigen!

»Mehr als die Liebe trieb mich eine knechtische Angst, den Schleier zu nehmen.« Mit diesen Worten beschreibt Teresa die Stimmung zur Stunde ihres Klostereintritts, als sie am Allerseelentag des Jahres 1535 am frühen Morgen von zu Hause ausriß und im Karmelitinnenkloster Santa Maria de la Encarnación um Aufnahme bat. »Jeder meiner Knochen schien sich vom anderen zu lösen«, es war eine »wahre Schlacht«, die sie in ihrem Herzen ausgefochten hatte. Sie geht mit ihrem himmlischen Bräutigam eine »Vernunftehe« (M. Auclair) ein, denn schlimmer als das Fegefeuer konnten die Leiden und Plagen eines Klosterlebens wohl nicht sein, während ihr in der »Welt« doch die Hölle drohte.

Typisch für Teresa ist schon gleich, daß sie sich für das Kloster entschied, in dem eine ihrer Freundinnen lebte. In den nächsten Jahren »schien es mir am besten, mit dem großen Haufen zu gehen, denn ich zählte mich zu den Schlechtesten«. Sie bewohnte ein gut eingerichtetes zweistöckiges Appartement und in den »locutorios«, den Sprechzimmern, gab sie sich mit den anderen vornehmen Nonnen ein Stelldichein und ließ sich durch das Sprechgitter mit Klatsch und Süßigkeiten versorgen. Sie wurde die »Vorzeigeschwester« des Klosters, immer umschwärmt und verehrt. Man sagte ihr, der Aufenthalt im Sprechzimmer wäre Pflicht, und auch ihr Beichtvater fand nichts dahinter. Doch immer lauter wurden Stimmen in ihr, die sie tadelten, und eine ältere verwandte Nonne warnte sie mehrmals, »doch weit entfernt, ihr zu glauben, war ich vielmehr ungehalten über sie und meinte, sie nehme ohne Grund ein Ärgernis.«

Teresa verzettelte sich und stolperte von Zeitvertreib zu Zeitvertreib, fühlte sich geteilt und zerrissen, »als ginge jeder Teil seine eigenen Wege«. Nur mit Mühe und Not konnte sie sich zum Gottesdienst und Gebet überwinden. Teresa war keine schlechte Ordensfrau; sie legte sich harte Bußwerke auf, pflegte eine an scheußlichen Geschwüren leidende Mitschwester, flickte zur Nacht heimlich die Umhänge der ärmeren Nonnen. Doch sie hatte zu viele Kompromisse geschlossen und blieb sich selbst und ihrem Weg untreu.

Vor allem im Gebet spürte sie, daß sie die Freundschaft mit Jesus nicht eingehen wollte: »Jahrelang beschäftigte mich das Verlangen, die Gebetsstunde möchte vorbei sein. Ich lauschte mehr auf das Schlagen der Uhren als auf gute Gedanken [...]. Ich sehnte mich nach Leben, denn ich sah sehr wohl, daß ich nicht lebte, sondern mit einem Todesschatten kämpfte. Doch ich fand niemanden, der mir Leben gab, und ich selbst konnte es mir nicht geben.« Der Herr selbst erschien ihr während einer Unterhaltung, von der Teresa berichtete:

Der Herr wollte mich davon überzeugen, daß solche Freundschaften unpassend für mich wären; zugleich wollte er mich warnen und mich in meiner so großen Blindheit erleuchten. Es erschien vor mir Christus mit einem sehr ernsten Antlitz und gab mir zu verstehen, daß ich ihn so verdrieße mit meinem Verhalten. Ich sah ihn mit den Augen der Seele, und zwar viel deutlicher, als ich ihn mit leiblichen Augen hätte sehen können. Seine Gestalt blieb mir so tief eingeprägt, daß es mir jetzt nach mehr als 26 Jahren noch immer ist, als sähe ich ihn gegenwärtig. Ich war darüber sehr erschrocken und bestürzt und wollte mit der Person, mit der ich mich unterhielt, nicht mehr verkehren.

Dies hatte auf Teresa keine nachhaltige Wirkung, obwohl es ihr schien, daß die Vision von Gott und nicht bloße Einbildung gewesen sei: »Weil aber diese Erkenntnis nicht nach meinem Geschmack war, suchte ich mich ihrer zu entschlagen.« Noch eine andere Warnung ließ ihr der Herr zukommen:

Ein andermal unterhielt ich mich mit derselben Person. Wir sahen mit anderen Anwesenden, wie etwas auf uns zukam, das einer großen Kröte glich, sich aber viel schneller bewegte, als es diesen Tieren eigen ist. Ich kann nicht begreifen, wie sich so ein abscheuliches Tier mitten am Tag dort aufhalten konnte, wo sonst niemals ein solches gesehen wurde, und woher es kam. Der Eindruck, den dieses Vorkommnis auf mich machte, läßt mich vermuten, daß es nicht ohne geheime Bedeutung gewesen sei. Es ist mir auch ebenso wie die erwähnte Vision niemals aus dem Sinn gekommen. O großer Gott, mit welcher Sorgfalt und Liebe hast du mich doch auf alle mögliche Weise gewarnt, und wie wenig Nutzen habe ich daraus gezogen.

Teresa hatte neben Christus »viele Reichtümer«, doch sie bekennt in aller Aufrichtigkeit: »Ich fand weder Freude an Gott noch an der Welt«, und: »Ich schämte mich, Gott eine besondere Freundschaft, wie sie das Gebet ist, zu schenken. Da meine Sünden zunahmen, bewirkte dies, daß ich allen Geschmack und jede Freude an der Tugend verlor.« Teresa verzettelte sich in Kontakte, Gespräche, doch sie machte plötzlich die Erfahrung: »Ich hatte viele Freunde, die mir zum Fallen halfen, beim Aufstehen jedoch war ich ganz allein, so daß ich staunte, daß ich nicht für immer liegen blieb.« Teresa war betrübt über ihre geringen Fortschritte:

Ich sah, wie wenig ich mich besserte. Weder die gefaßten Vorsätze noch der Schmerz, den ich empfunden, waren wirksam genug, mich vor dem Rückfall zu bewahren, wenn ich mich wieder in der Gelegenheit dazu befand. Meine Tränen kamen mir trügerisch vor, und ich glaubte, die neue Schuld würde ob der erkannten großen Gnade, die mir der Herr durch diese Tränen und durch eine so große Reue verliehen hatte, nur umso größer sein. Ich trachtete dann, bald zu beichten, und tat meines Erachtens alles, was in meinen Kräften stand, um mich wieder mit Gott zu versöhnen. Das ganze Unheil kam aber daher, daß ich das Böse nicht mit der Wurzel ausrottete und die Gelegenheit nicht meiden wollte.

Pater Juan de Pradanos, ein junger, aber strenger Jesuit, verschärfte die Forderungen ihres früheren Beichtvaters; er unterwarf sie strengen Geboten der Askese und legte ihr auf, »einige Freundschaften, die Gott nicht kränkten«, zum Opfer zu bringen. Aber Teresa wandte gleich ein, daß diese Freundschaften alle rein von Sünde seien; man dürfte doch nicht undankbar sein, um dem Herrn zu gefallen... Der Pater gab ihr nun den Rat, häufig das »Veni creator« zu sprechen. Wie sie eines Tages die Worte des Hymnus betete, hörte sie die Stimme des Herrn: »Fortan ist es mein Wille, daß du nicht mehr mit Menschen, sondern mit Engeln redest.«

Der Wille des Herrn sollte sich im Jahre 1554 erfüllen. Teresa war ungefähr vierzig Jahre alt. Als sie das Oratorium durchschritt, erblickte sie die Büste eines Schmerzensmanns, die man dort hingestellt hatte: »Es war eine so ergreifende Darstellung des mit Wunden bedeckten Christus, daß ich schon beim ersten Anblick völlig erschüttert war, weil ich die Leiden, die er für uns erduldet hatte, mitempfand. Mein Herz verging vor Gewissensbissen, als ich daran dachte, mit welcher Undankbarkeit ich diese Wunden gelohnt hatte. Ich sank weinend vor ihm in die Knie und flehte ihn an, mir ein für allemal die Kraft zu verleihen, daß ich ihn fortan nicht mehr kränkte.«

Schon oft war ihr der Herr begegnet, aber jeder Anflug der Reue war bisher schnell wieder vergangen: »Was mir fehlte, war offenbar, daß ich nicht seiner Majestät mein volles Vertrauen schenken und dafür das Vertrauen in mich selbst verlieren konnte.« Doch in dieser Stunde dringt Jesus in das »harte Herz« ein; sie entdeckt, daß seine Liebe »alle irdischen Genüsse, alle Freuden übertrifft«, und sie macht viele Fortschritte:

Seit jenem Tage, an dem es dem Herrn gefallen hatte, seine Magd in einem Augenblick - länger kam es mir nicht vor - in eine andre zu verwandeln, hatte ich Mut genug, um Gottes willen alles zu verlassen. Es war darum kein Befehl des Beichtvaters mehr nötig, besagte Freundschaften aufzugeben. Er hatte es nämlich vorher nicht gewagt, dies entschieden von mir zu verlangen, weil er gesehen hat, daß ich noch allzu sehr daran hing. Wahrscheinlich wollte er zuwarten, bis der Herr selbst alles bewirke, wie es in der Tat auch geschah. Zuvor meinte ich, mich nicht so weit überwinden zu können, denn ich hatte es schon versucht, aber so viel Schwierigkeit dabei gefunden, daß ich den Kampf gegen diese Neigung als etwas, das mir doch nicht unrecht schien, wieder aufgab. Jetzt aber machte der Herr mich davon frei und gab mir Kraft, zu vollbringen, was ich vorher nicht vermochte. Ich teilte dies meinem

Beichtvater mit und gab alle Freundschaften in der mir von ihm angegebenen Weise auf. Als jene, mit denen ich umging, diese entschiedene Änderung an mir gewahrten, schöpften auch sie großen Nutzen daraus. Gott sei in Ewigkeit dafür gepriesen. Er gab mir in einem Augenblick die Freiheit, die ich in vielen Jahren trotz aller Anstrengung nicht erreichen konnte, ja selbst dann nicht, wenn ich mir oft große Gewalt antat, daß ich meine Gesundheit nicht wenig dadurch gefährdete. Als dies aber durch den geschah, der allmächtig und der wahre Herr über alles ist, verursachte es mir gar keine Schwierigkeit.

Man hatte Teresa die »Confessiones« des hl. Augustinus gegeben, die gerade in einer spanischen Übersetzung erschienen waren. Teresa sieht sich in ihm wieder: »Als ich zu der Stelle kam, wo er von seiner Bekehrung erzählt, und las, wie er die Stimme im Obstgarten hört, ergriff mich das so sehr, daß man hätte meinen können, ich selber sei es, die der Herr rufe.«

In dieser zweiten Erschütterung überwand Teresa endgültig »einen so tödlichen Tod«. »Sie hat sich verändert«, meinten ihre Mitschwestern, doch Teresa sagte nur: »Von nun an beginnt ein neues Buch, ich meine ein neues Leben. Bisher war von meinem Leben die Rede. Jetzt lebt Gott in mir...« In ihrer Freude fühlte sie sich so gestärkt, daß sie ihre »irdischen Bindungen« löste, ohne darüber Bedauern zu empfinden. Es war ihr nun möglich, »den Schritt zu tun«. Darüber wurde Teresa kein Menschenverächter: Die zahlreichen Klostergründungen und Briefe ließen sie immer wieder unter die Menschen gehen und Freundschaften schließen, aber in ihrer zweiten Bekehrung hatte sie den Freund gefunden, den sie bisher an den Rand ihres Lebens gedrängt hatte.

Franz von Sales

In die erste Zeit seines Lebens mit Gott gehört die Freundschaft mit Johanna Franziska von Chantal, die nach dem Tod ihres Mannes Haus und Kinder zurückließ und ein Leben der Hingabe an Gott begann. Sie lernte Franz von Sales kennen und wählte ihn zu ihrem Seelenführer. Sie hatte um die göttliche Zustimmung dazu gebetet und sie auch erhalten. Franz bekennt nun, daß sein Herz »tausendmal des Tages« bei ihr sei, die Briefe werden immer häufiger und sprechen eine deutliche Sprache: »Für meine Seele war es ein großes Gut, immer mehr Liebe für Sie zu haben.« In ihrer Freundschaft ist es unmöglich, »das Mein und Dein zu trennen«, und der Bischof hält die Kinder der Johanna Franziska von Chantal für »die meinen, weil sie die Ihren sind.«

Doch unter dem Eindruck der Schriften der Teresa von Avila, die Johanna Franziska von Chantal ihm gegeben hatte, wurde von Franz das letzte Opfer seines Lebens verlangt. Kurz vor seinem Tod verlangte er von Johanna die Loslösung von ihrer immer stärker werdenden Seelengemeinschaft. Obwohl Johanna sich mit all ihren Kräften dagegen sträubte, ging Franz auf die Tragödie, die sich in ihrer Seele abspielte, nicht ein: »Wann wird dieser unerwartete Schlag bis auf den Grund treffen, wann wird die Eigenliebe nicht mehr nach Beisammensein, nach Kundgebungen und äußeren Zeichen verlangen, sondern voll gesättigt bleiben von der unveränderlichen und unwandelbaren Gewißheit, die Gott auf immer gibt?«

Franz von Sales gelangte auf diesem Weg zu seiner letzten Vollendung, auch wenn es ihm das Letzte abverlangte zu schreiben: »Denken Sie nicht mehr an die Freundschaft, noch an die Einheit, die Gott zwischen uns machte.« Obwohl die Einheit von Gott selber geschaffen war, hinderte sie ihn - wie Franz von Sales wenigstens meinte - daran, »den Schritt zu tun« und in radikaler Freiheit und Losgelöstheit für Gott dazusein.

Therese von Lisieux

Auch das Leben der Kleinen Therese zeigt, daß die Freude der Nachfolge durchbricht, wenn man sich ganz und ohne Vorbehalt auf Gott einläßt. Therese erfährt ihre große Bekehrung an dem Weihnachtsfest, als sie das erste Mal ihre Empfindsamkeit überwinden konnte. Es ist die Heilige Nacht 1887, die für Therese zur Gnade ihrer »vollständigen Bekehrung« wurde. Der Anlaß ist so unscheinbar und beinahe lächerlich, daß man in der Darstellung sehr behutsam sein muß, um ihn selbst in keiner Weise ungebührlich zu vergrößern und auszuschmücken. In ihm spiegelt sich ein Wesenszug unserer Heiligen wider, nämlich das Göttliche im Alltäglich-Banalen zu empfangen und zu begreifen.

Vater Martin kam mit seinen Töchtern aus der Weihnachtsmesse. Die französische Sitte kennt weder Christbaum noch Bescherung - man beschenkt einander erst zu Neujahr -, nur die Kinder finden ihre Schuhe mit Süßigkeiten und kleinen Gaben gefüllt. Therese war eigentlich über das Alter hinaus, aber für sie konnten sich die Großen von dieser kleinen Festlichkeit nicht trennen, »was den Beweis erbringt, daß sie mich noch als Baby behandelten«. Vielleicht geschah es auch heimlich ihrem Vater zuliebe, daß Therese ihre Schuhe immer noch in den Kamin stellte, denn »Papa freute sich stets an meinem Spaß und an meinen Jubelrufen, wenn ich eine Gabe nach der andern aus den verzauberten Schuhen zog, und sein Vergnügen steigerte das meine«.

Aber in dieser Weihnacht war der Vater verstimmt, und während die Mädchen die Mäntel ablegten, sagte er mit hörbarem Überdruß zu Céline: »Diese Überraschung ist wirklich kindisch, zu kindisch für ein so großes Mädchen wie Therese - ich hoffe, es ist das letztemal.«

Céline kannte die Schwester gut genug, um einen Tränenstrom der Enttäuschung und Kränkung zu erwarten. »Bleib heroben«, flüsterte sie ihr zu, »komm erst herunter, wenn du dich beruhigt hast, du weinst sonst zu sehr, während du die Sachen auspackst!« Aber - »Therese war nicht mehr dieselbe - Jesus hatte ihr Herz gewandelt.«

Therese schluckte Tränen und Enttäuschung herunter und sprang die Treppe hinab, als wäre nichts geschehen. Sie kniete am Kamin, »vergnügt wie eine Königin«. Céline traute ihren Augen nicht. Nach zehn Jahren hatte Therese ihre Empfindsamkeit überwunden und wurde frei - für Gott, wie sie schreibt: »In dieser lichtstrahlenden Nacht begann mein dritter Lebensabschnitt, der schönste von allen, der am reichsten mit himmlischen Gnaden erfüllte [...]. In einem Augenblick hatte Jesus vollbracht, was mir in zehnjähriger Anstrengung nicht gelungen war, er begnügte sich mit meinem guten Willen, an dem es mir nie fehlte.«

Eine kleine Sache und ein geringfügiger Anlaß: das ist alles! - und doch von entscheidender Bedeutung auf ihrem Weg mit Gott. Es ist eine neue Lektion, ein neuer Baustein für die spätere geistliche »Lehre« Thereses: Nicht das gebannte Ernstnehmen der eigenen Sorgen und Enttäuschungen, sondern das entschlossene Absehen von sich selber ist es, das befreit und auch erlöst. Auffallend ist, daß diese »Bekehrung« sich bis hinein in den Lebensalltag auswirkt: »Die Stunden meiner Lehrerin genügten nicht mehr, ich machte mich allein an besondere Studien, und in wenigen Monaten erwarb ich mehr Kenntnisse als in allen meinen Schuljahren.«

Mit dieser Bekehrung sind nicht alle Schwierigkeiten im Leben der Heiligen überwunden, vielmehr war ein Anfang gesetzt worden. Nach vielen Jahren, kurz vor ihrem Tod, wird Therese auf die Frage, ob sie jemals Schwierigkeiten gekannt hätte, lebhaft bekennen: »Und ob! ... Ich habe jeden Tag zu kämpfen gehabt, jeden Tag meines Lebens!« Mit dem Ablegen der krankhaften Empfindlichkeit war noch nicht die natürliche besiegt, die während ihres ganzen Lebens zu ihr gehörte; aber den entscheidenden Schritt ihres Lebens hatte sie getan.

3. »Ein Bindfaden genügt«

Gerade das Leben der Heiligen zeigt, daß es in der zweiten Bekehrung nicht um Verzichte geht, Verzicht auf Besitz (Franz von Assisi) und vornehme Herkunft (Johanna Franziska von Chantal), Eintritt in ein kontemplatives Kloster (Teresa von

Avila), ein hohes geistliches Leben in jungen Jahren (Therese von Lisieux), sondern viel kleinere, sogar eher unscheinbarere, gleichsam »harmlose« Dinge werden eingefordert, also Dinge, die durchaus nicht als »Sünde« erscheinen und dennoch von Gott entfernen können: eine Seelenfreundschaft (Franz von Sales, Johanna Franziska von Chantal), geistliche Freundschaften (Teresa von Avila), Ekel vor einem Aussätzigen (Franz von Assisi), ja bei der größten französischen Mystikerin der Neuzeit ging es um das Essen einer Quarkspeise, die sie meinte, nicht essen zu dürfen, weil es ihrer Gesundheit schaden könnte...

Auffällig ist also, daß es bei der zweiten Bekehrung nicht um große, weltbewegende Aktionen und Bekehrungserlebnisse geht (Klostereintritt, Verteilen des Besitzes an Arme, große mystische Visionen), sondern um ganz einfache, fast banale Anlässe. Es sind »Kleinigkeiten«, die stark genug sind, den Menschen an sich zu fesseln. Wie Johannes vom Kreuz schreibt, genügt ein kleiner Bindfaden, daß der Vogel nicht fliegen kann.

VII. Geistliche Begleitung

Durch die Taufe hat der Christ das neue Leben in Gott empfangen; dennoch kann er in neue Abhängigkeiten gelangen, die dieses neue Leben verdecken. Ferner steht jeder auf seinem ihm eigenen Weg zu Gott vor der Schwierigkeit, daß er zum einen das ganze Christentum zu verwirklichen hat, andererseits aber nur eine der vielen Möglichkeiten ergreifen kann.

Hier wird die geistliche Begleitung eine unersetzliche Hilfe sein, damit der einzelne offen bleibt für den Ruf Gottes und auf dem Weg der Nachfolge nicht in die Irre geht. Der geistliche Begleiter muß sein Wissen und seine Erfahrung so in den Dienst des anderen stellen, daß dieser den Weg zu Jesus findet. Hier gehören seelisches, psychologisches Einfühlungsvermögen wie auch geistliches Gespür für die Haltung des anderen vor Gott zusammen. Was am anderen »dem Fleisch nach« verstanden wird, muß erweitert und vertieft werden zu einem Verstehen »dem Geist nach« (2 Kor 5,16), wie Ignatius in seinem Exerzitienbüchlein sagt: »Jene geistlichen Übungen vorlegen, die dem Bedürfnis einer derartig bewegten Seele angepaßt und angeglichen sind.«

Wer in die geistliche Begleitung eintritt, für den ist jene innere Haltung bestimmend, die Ignatius von Loyola Gelassenheit und Gleichmut (»lndifferenz«) nennt (wobei auffällig ist, daß Ignatius in seinem Exerzitienbuch nicht das Substantiv, sondern die Verbform gewählt hat: Indifferenz ist kein einmal erreichter Zustand, sondern muß immer neu eingeübt werden: man muß »sich indifferent machen«!). In der Indifferenz geht es um die Fähigkeit, »gleichmütig« zu werden, wo dies im Hinblick auf Gottes Willen, der letztlich einzig bestimmend ist, nötig wird, und sich immer wieder von neuem bewegen zu lassen, verfügbar zu sein. Aber wer könnte schon sagen, er habe gar keine vorgefaßten Pläne oder Wünsche? Nur zu schnell sind Dinge, welche Weg sein sollen, mehr oder weniger schon selbst zum Ziel geworden. Das je neue Übersteigen der Dinge auf Gott hin und das vorläufige Offensein bedeuten Unsicherheit gegenüber allem, was man festgelegt sehen möchte, um sicher zu sein, um zu wissen, wo man dran ist.

1. Unmittelbarkeit zu Gott

Wesentlich für die geistliche Begleitung ist der Wechsel von Gebet und Gespräch. Der einzelne ist tief hineingenommen in die Begegnung mit Jesus, zu der der geistliche Begleiter einzig und allein hinführen wird: »... innerhalb solcher geistlicher

Übungen ist es beim Suchen des göttlichen Willens mehr angemessen und viel besser, daß der Schöpfer und Herr selber Sich Seiner Ihm hingegebenen Seele mitteile, sie zu Seiner Liebe und Seinem Lobpreis entflamme und sie zu dem Weg bereit mache, auf dem sie Ihm künftig dienen kann. Auf diese Weise soll derjenige, der die Übungen vorlegt, weder zu der einen noch zu der anderen Seite sich wenden und hinneigen, sondern mehr wie eine Waage in der Mitte stehend, unmittelbar den Schöpfer mit Seinem Geschöpf und das Geschöpf mit seinem Schöpfer und Herrn wirken lassen« (Ignatius von Loyola, Exerzitienbuch).

Geistliche Begleitung ist unter das Wort von Mt 23,8-10 genommen: »Ihr sollt euch nicht Rabbi nennen lassen, denn einer ist euer Meister, ihr aber seid alle Brüder. Ihr sollt niemand euren Vater heißen auf Erden; denn einer ist euer Vater, der im Himmel ist. Und ihr sollt euch nicht Lehrer nennen lassen; denn einer ist euer Lehrer, Christus.« Nur im abgeleiteten, bezogenen Sinn ist geistliche Begleitung möglich, eher indirekt als direkt, eher als Wegweisung denn als Leitung. Somit ist die geistliche Begleitung weniger eine Technik; sie ist vielmehr ein Dienst, ein brüderlicher Dienst.

Dieser Dienst ist unersetzlich, denn unser Leben bedarf der Deutung durch einen anderen. Weil manches hinter Masken und Rollen verborgen ist, gibt es keine Ich-Begegnung ohne qualifizierte Du-Begegnung. Sich der eigenen Wahrheit stellen oder in Frage gestellt werden, das tut meist sehr weh und ist nicht immer leicht zu verkraften; doch Jesu Verheißung lautet auch hier: Die Wahrheit wird euch zur Freiheit führen.

2. Mehr als ein Freund

Unter allen menschlichen Beziehungen ist die aus der geistlichen Begleitung erwachsende sicherlich eine der höchsten überhaupt. Bestimmend und bedeutsam für sie ist nicht die Quantität, sondern die Qualität der Beziehung. Häufigkeit der Kontakte, Anzahl der Briefe und Gespräche sind hier nicht maßgebend. Wie sehr die Qualität der Begegnung für die geistliche Begleitung maßgebend ist, haben die Alten vielfach dargelegt und beschrieben. Im Buddhistischen nennt man den Begleiter den »schönen Freund«. Die Griechen schufen den Begriff »kalogeros - schöner Greis«. Bei den alten Kelten gilt der geistliche Begleiter als »Ananchara - Freund meiner Seele«, für Dante ist er (nämlich Vergil) »mehr als ein Vater«, und für Kierkegaard ist er sogar »mehr als ein Freund«.

Den brüderlichen, sogar freundschaftlichen Dienst im Begleitungsgespräch veranschaulicht eine chassidische Erzählung auf folgende Weise: Von einem Rabbi wird berichtet, daß jeder, der mit ihm spricht, sich bekehrt. Er wird gefragt, wie dies zu erklären sei, und gibt zur Antwort: »An jeden, mit dem ich spreche, binde ich mich an und steige mit ihm in die Tiefe (seiner Schuld). Dann kehre ich mich zu Gott - und sogleich bekehrt sich auch der andere; denn er ist ja an mich angebunden.« Was Christus im Werk seiner Entäußerung und Erniedrigung getan hat, das ist auch vom geistlichen Begleiter als Dienst zu verrichten. Geistliche Begleitung setzt keine Freundschaft voraus, wohl aber Liebe und Wohlwollen. Während in der Freundschaft direkter Umgang und Gegenseitigkeit gesucht werden, man gerne beieinander ist, dauerhafte Kontakte pflegt und regelmäßig miteinander umgeht, Zeiten und Orte, Erfahrungen und Einsichten austauscht, ist die geistliche Begleitung demgegenüber offener und weiter; sie setzt nicht unmittelbar Sympathie und regelmäßige Zeiten der Begegnung voraus.

3. Dienst im Glauben

Die geistliche Begleitung ist nicht so sehr ein freundschaftlicher Dienst, sondern ein Dienst im Heiligen Geist, der die eigentliche Mitte geistlicher Begleitung ist und das Verhältnis zwischen Begleiter und Begleitetem der Beziehung zu Christus unterordnet. Der Nähe zu Christus kann hier menschliche Nähe sogar entgegenstehen, so daß durch sie Seelsorge und geistliche Begleitung unter Familienangehörigen oft erschwert wird, da eine starke affektive Unabhängigkeit gefordert ist.

Die geistliche Begleitung hat eine »geistliche Mitte«, nämlich das Wirken des Geistes und die Nähe zu Christus; dennoch sind vom geistlichen Begleiter auch menschliche Fähigkeiten verlangt, die zum Gelingen der Begleitung unerläßlich sind. Teresa von Avila weist darauf hin, wenn sie die Vorzugswahl trifft: Bei der Entscheidung zwischen einem frommen, aber nicht sehr klugen, und einem klugen, aber nicht sehr frommen Beichtvater, ist der kluge dem frommen vorzuziehen. Der Grund für diese Entscheidung ist einleuchtend, denn in der geistlichen Begleitung sucht Teresa nicht die persönliche Spiritualität und geistliche Tiefe ihres Begleiters, sondern die Erfahrung und den Reichtum der kirchlichen Tradition, die vom Theologen vertreten wurde.

Damit ist die Frage nach der Sachkompetenz des Begleiters gestellt. Sollte er z.B. verheiratet sein, wenn er Verheiratete führen will, und selbst Kinder haben, wenn er Eltern geistlich begleiten soll? All dies und anderes mehr wird an Sachkompetenz nicht unbedingt erforderlich sein. Dies aus dem einzigen Grund, weil kein Begleiter den anderen nach seinem »Bild und Gleichnis« führen wird; er wird ihm vielmehr Hilfe dafür anbieten, daß der um Rat Fragende sich in seinen eigenen Erfahrungen zurechtfinden kann. Nicht die Erfahrungen des Begleiters sind maßgebend, sondern die Erfahrungen des Begleiteten.

Der geistliche Begleiter sollte nicht einmal zu etwas raten, worin er selbst Erfahrungen hat. Ratschläge machen den anderen eher abhängig und lassen ihn gerade nicht sich selbst erfahren und finden. So ist es Aufgabe des Begleiters, den anderen in Kontakt mit dessen eigener Erfahrung zu bringen, ihn für Weisungen des Geistes zu öffnen, ihm zu eigenem Urteil und zu eigener Entscheidung zu verhelfen. Sigmund Freud konnte den Abstand wahren, da er an die heilenden Kräfte der menschlichen Seele glaubte; wieviel leichter sollte es einem Begleiter fallen, der an die heilenden Auswirkungen des unmittelbaren Kontaktes mit Gott glaubt! Zu einer klaren Haltung kann die Mahnung S. Freuds an seine Schüler führen:

> *Ich kann den Kollegen nicht dringend genug empfehlen, sich während der psychoanalytischen Behandlung den Chirurgen zum Vorbild zu nehmen, der alle seine Affekte und selbst sein menschliches Mitleid beiseitedrängt und seinen geistigen Kräften ein einziges Ziel setzt: die Operation so kunstgerecht als möglich zu vollziehen [...]. Die Rechtfertigung dieser vom Analytiker zu fordernden Gefühlskälte liegt darin, daß sie für beide Teile die vorteilhaftesten Bedingungen schafft, für den Arzt wünschenswerte Schonung seines eigenen Affektlebens, für den Kranken das größte Ausmaß von Hilfeleistung, das uns heute möglich ist. Ein alter Chirurg hatte zu seinem Wahlspruch die Worte genommen: je le pensai, Dieu le guérit. Mit etwas Ähnlichem sollte der Analytiker sich zufriedenstellen.*

Aufgabe des Begleiters ist es, Hilfestellung zu geben, damit der Geführte, dem der Dienst gilt, »hörend« wird auf die Führung des Geistes. Hier sollte er ihm zum Beispiel Leitbilder anbieten, daß er seinen eigenen Weg finden kann; er sollte phantasievoll ein Spektrum von Möglichkeiten eröffnen, unter denen der andere eine Formgebung finden kann, die der eigenen Gestalt entspricht oder wenigstens nahekommt; er sollte das kritische Bewußtsein stärken und schärfen für Einflüsse, die nicht ganz in dem Anruf Gottes aufgehen. Solches verlangt ein besonderes Feingefühl; der Begleiter muß »zwischen den Zeilen lesen« können, um das Unausgesprochene zu hören oder das Sich-Verbergende zu sehen.

Martin Buber gibt hierfür ein markantes Beispiel. In seiner ersten Lebenshälfte war er gelegentlich von einer großen religiösen Begeisterung ergriffen. An einem Morgen überkam ihn ein solch religiöses Erleben. Im Verlauf des Vormittags hatte er aber einen ratsuchenden jungen Mann zu empfangen. Martin Buber sagt, daß er mit ihm entgegenkommend und aufmerksam gesprochen habe, wie er das im Umgang mit Menschen zu tun pflegte. Er »unterließ nur, die Fragen zu erraten«, die »der andere nicht stellte«. Einige Zeit später wurde Buber mitgeteilt, sein junger Besucher sei voller Verzweiflung gewesen, habe aber nicht die Worte gefunden, sich auszusprechen. Inzwischen war er im Krieg gefallen. Das löste bei Buber eine

Veränderung aus. Er spürte nicht mehr einer religiösen Begeisterung nach, sondern blieb gegenwärtig und offen für den Anspruch seines Alltags: »Wenn das Religion ist, so ist sie einfach alles, das schlicht gelebte Alles [...]. Du mit diesem deinem sterblichen Stück Leben bist gemeint, dieser Augenblick ist davon nicht herausgenommen...« Gegenwärtigkeit und Offenheit für den Anspruch des Augenblicks, das wird bereichernd beitragen zum Gelingen eines geistlichen Gesprächs.

4. Kriterien

Wie ist ein geistliches Gespräch zu führen? Damit in der geistlichen Begleitung eine Begegnung möglich wird, sind Ehrlichkeit und Lebenswahrhaftigkeit vorausgesetzt. Im Gespräch zwischen Begleiter und Begleitetem ist nicht eine fromme Ideologie gefragt, auch nicht eine Bestandsaufnahme von Erfolg oder Mißerfolg, nicht einmal das Erreichen eines bestimmten Zieles bzw. gefaßten Vorsatzes. Einzig entscheidend und wesentlich für ein geistliches Gespräch ist, daß der Lebensprozeß des einzelnen zur Sprache gebracht und von Gott her gedeutet wird - und hier gibt es ja kein Ziel! Folgende Kriterien sind hierbei ausschlaggebend:

Suche nach Gott: Die Regel Benedikts nennt die schon angeführten Grundfragen, die der Novizenmeister stellen soll, nämlich ob der Novize »wahrhaft Gott sucht« (si vere Deum quaerit) und ob er »den wahren Gott sucht« (si verum Deum quaerit). Die Suche nach Gott ist also entscheidend für das geistliche Gespräch; sie bleibt der einzige Gegenstand, der in der Begegnung der geistlichen Begleitung von ausschlaggebender Bedeutung ist.

Offenheit: Wenn der Begleitete sich bei dem Gedanken entdeckt: »Wenn das oder das herauskommt, wie wird der Begleiter dann von mir denken?«, dann soll er dies als Zeichen dafür ansehen, den Begleiter besser zu wechseln. Mangelnde Offenheit und Verdeckungsmaßnahmen führen das geistliche Gespräch ad absurdum, »man macht sich was vor«. Die Offenheit bleibt deshalb konstitutiv für das geistliche Gespräch, weil nur sie es ermöglicht, rechtzeitig Prozesse des eigenen Lebens anzugehen: Wenn Dinge zu lange hinausgeschoben werden, können sie einen überfallen und bedecken - wie eine anfangs kleine Falte des Teppichs immer weitergeschoben wird, bis die Falte so groß geworden ist, daß sie alles unter sich bedecken kann.

Fordern: »Tua res agitur! - Um deine eigene Sache geht es!« Der Begleiter soll nicht »geschont« werden, sondern darf mit den Fragen und Nöten des Begleiteten belastet werden.

Docilitas: Wer ein Gespräch oder einen Rat sucht, soll sich auch etwas »sagen« lassen. Dies meint nicht, daß er in allem blind gehorchen soll; doch eine Führung durch den Begleiter muß bereitwillig akzeptiert werden.

Freiheit: Der Begleitete besitzt in der Begleitung eine letzte und unveräußerbare Freiheit, die er nicht durch falsche Anhänglichkeit an den Begleiter preisgeben soll. Er darf wählerisch sein (Teresa von Avila hat an die 30 Beichtväter gewechselt!).

An die Freiheit des Begleiteten erinnert Ignatius von Loyola in seinen Geistlichen Übungen, wenn er den Rat gibt, daß »der, der die geistlichen Übungen gibt« (den »Meister« kennt Ignatius nicht), sich nicht einmische in die inneren Bewegungen und Motivationen des Exerzitanten. »Denn wiewohl wir außerhalb der Übungen erlaubter- und verdienstlicherweise alle diejenigen, die wahrscheinlich die Fähigkeit haben, dazu bewegen [...], Ordensleben und jede Weise evangelischer Vollkommenheit zu erwählen, so ist es doch in diesen geistlichen Übungen beim Suchen des göttlichen Willens angebrachter und viel besser, daß der Schöpfer und Herr selbst sich seiner frommen Seele mitteilt.«

Der Führung des Heiligen Geistes kommt in der geistlichen Begleitung unwidersprochen die erste und eigentliche Rolle zu. Der Begleiter kann zwar zeigen, wie die Stimme Gottes vernommen und deutlich verstanden werden soll, doch darf er dabei diese Stimme nicht selber übertönen. Diese Weisung geben vor allem die Starzen im christlichen Osten. Sie findet sich auch im Leben vieler Heiliger, die den Weg ihrer Heiligkeit und Nachfolge ohne einen »Meister« gefunden haben, wie z.B. Benedikt von Nursia, Bernhard von Clairvaux, Franz von Assisi, Ignatius von Loyola, Franz von Sales, Therese von Lisieux u.a.m.

Desto mehr einer im geistlichen Leben voranschreitet, wird - wie Ignatius hervorhebt - der Heilige Geist selbst die Führung übernehmen. Aus dem Führer und Meister wird dann ein Begleiter, der dem Begleiteten hilft, auf die Stimmen im eigenen Innern zu hören und zu lauschen. Hier wird deutlich, worin die eigentliche Aufgabe geistlicher Begleitung besteht: sie soll konfrontieren, aber mehr noch inspirieren!

In einer Zeit, wo viele andere um Rat und Hilfe bitten, fragt man sich, ob sie nicht deshalb so ratlos geworden sind, weil sie den Kontakt zu ihrem innersten Ich verloren haben. Von dem Gespür und dem Hören auf die Stimmen im eigenen Innern kann kein Begleiter einen anderen befreien, er kann nur immer neu auf sie hinweisen, wie ein Brief von R.M. Rilke an einen jungen Dichter zeigt: »Sie fragen, ob Ihre Verse gut sind. Sie fragen mich. Sie haben vorher andere gefragt. Sie senden sie an Zeitschriften. Sie vergleichen sie mit anderen Gedichten, und Sie beunruhigen sich, wenn gewisse Redaktionen Ihre Versuche ablehnen. Nun [...] bitte ich Sie, das alles aufzugeben. Sie sehen nach außen, und das vor allem dürften Sie jetzt nicht tun. Niemand kann Ihnen raten und helfen, niemand. Es gibt nur ein einziges

Mittel. Gehen Sie in sich. Erforschen Sie den Grund, der Sie schreiben heißt; prüfen Sie, ob er in der tiefsten Stelle Ihres Herzens seine Wurzeln ausstreckt...«

5. Geistliche Vaterschaft

Alle jene, die durch ihre geistliche Weisung andere für das Leben mit Gott »gezeugt« haben, werden in der christlichen Glaubensüberlieferung schon von Anfang an als »Vater« (bzw. als »Mutter«) bezeichnet. Die geistliche Vaterschaft ist eine ganz besondere und eigene Art von »Freundschaft« unter Glaubenden. Auch wenn sie nicht unmittelbar eine Freundschaft darstellt, ist sie ihr im Wesen doch sehr verwandt, denn sie beruht auf einer ganz innigen und einzigartigen Begegnung von Glaubenden.

Die Bezeichnung »Vater« und »Sohn« ist nicht abhängig vom Alter der Betreffenden, sondern will die *Beziehung* der beiden Menschen zueinander ausdrücken; deshalb gibt es auch geistliche »Mütter« und »Töchter«. Wie Christus uns für das göttliche Leben gezeugt hat, so gibt der geistliche Vater seinem »Sohn« das geistliche Leben weiter, auf daß er in das Heilswerk Christi eintritt. Durch sein eigenes Leben im Glauben verkörpert der geistliche Vater sichtbar und erfahrbar, was der ihm Anvertraute werden will, und führt ihn so in die Begegnung mit Gott, den einzig wahren »Abba, Vater«. So wird auf dem Weg der geistlichen Vaterschaft die Vaterschaft Gottes erfahrbar.

Bezeichnungen wie z.B. »Kirchenvater, Altvater, Wüstenvater, Mönchsvater« sind nicht naheliegend. Im Neuen Testament wird das Wort »Abba« ausschließlich in der Anrede Gottes gebraucht, nie aber für einen Menschen: Der Glaubende soll keinen anderen als seinen »Vater« bezeichnen, wohl aber in der Kraft des Geistes, der die Gabe der Kindschaft schenkt, Gott selbst als seinen »Vater« anrufen. In Mt 23,8 heißt es sogar: »Ihr sollt euch nicht Meister nennen lassen, denn nur einer ist euer Meister: Christus. Ihr alle aber seid Brüder. Laßt euch nicht Vater nennen, denn einer ist euer Vater, der im Himmel.« Nicht anders erklärt es Irenäus (gest. 202): »Der Vater des Menschengeschlechts ist das Wort Gottes.«

Das neue Verständnis der geistlichen Vaterschaft entspricht insofern dem biblischen, als es um eine Vaterschaft *im Glauben* geht. Aufgrund der »Zeugung in Jesus Christus« durch das Evangelium versteht sich der Apostel Paulus als der »Vater« (1 Kor 4,15) seiner im Herrn »geliebten Kinder« (1 Kor 4,14); er erleidet »Geburtsschmerzen« für seine Kinder, bis Christus in ihnen Gestalt gewinnt (Gal 4,19). Timotheus und Titus sind für ihn nicht nur Mitarbeiter, sondern »echte Söhne im Glauben« (1 Tim 1,2.18; 2 Tim 2,1; 1 Kor 4,17; Tit 1,4). Deshalb läßt sich sagen:

Die Frohbotschaft Christi verkündigen, d.h. Leben im Glauben mitteilen, ist gleichbedeutend mit »Vater« sein. Der Sinn der geistlichen Vaterschaft ist also die Zeugung im Glauben wie auch die Weitergabe des neuen und wahren Lebens im Glauben. Der geistliche Vater führt den ihm anvertrauten Menschen zur Vollgestalt seines Lebens, das nur in Gott zu finden ist.

Jede Vaterschaft im Glauben leitet sich ab von der Vaterschaft Gottes. Gott allein ist »Vater«, nämlich seines geliebten Sohnes. Wie Gott nicht erst Vater geworden ist, sondern es schon von Anfang an ist, so auch der Sohn, der Einziggeborene. Der Menschensohn darf selbst insofern als »Vater« bezeichnet werden, als er uns in der Taufe zum neuen Leben gezeugt hat. Wer nun beansprucht, im Leben des Glaubens »Vater« eines anderen zu sein, ist es einzig als »Sohn im Sohne«, der sein »Vater« ist, denn dieser hat den geistlichen Vater für das neue Leben in Gott gezeugt.

Der geistliche Vater steht nicht für sich, sondern dient der Berufung der anderen. In seinem Dienst erweist er sich als Sohn des »Vaters« Christus, der in der Menschwerdung zum Bruder und Vater aller Menschen geworden ist. So begegnet der Glaubende in der konkreten Gestalt des geistlichen Vaters auch Christus, und die Liebe zu Christus findet ihren konkreten Ausdruck in der Liebe zum geistlichen Vater, vor allem aber in der Offenheit gegenüber dem geistlichen Vater.

Der geistliche Vater muß nicht auch der Beichtvater sein; wohl aber muß er aus dem Heiligen Geist leben. Denn erst in der eigenen inneren Begegnung mit Gott wird er zu einem geistlichen Vater. Darin liegt die unersetzliche Bedeutung der geistlichen Vaterschaft, denn die Kirche kann auf dieses Zeugnis eines Lebens aus dem Heiligen Geist nie verzichten; sie würde in Routine erstarren, sobald sie nicht mehr unter der Führung des Heiligen Geistes steht. So bedarf es des geistlichen Vaters, damit das geistliche Leben in der Kirche lebendig bleibt.

Die geistliche Vaterschaft ist kein institutionelles Amt, sondern gründet in einem Charisma. Diese Geistesgabe ist an kein Geschlecht und auch nicht an ein bestimmtes Lebensalter gebunden. Die »Autorität« des geistlichen Vaters liegt keineswegs in einer äußeren Kompetenz und Fertigkeit, sondern darin, daß ein Mensch sich als *Vater* im Glauben erweist, weil er andere für das Leben in Gott »zeugt«. Dies geschieht nicht mit äußeren Gaben und erworbenen Fähigkeiten (im Rahmen einer Institution oder Beauftragung), vielmehr gründet die »Kompetenz« des geistlichen Vaters einzig darin, daß er sich von innen her täglich dem Herrn angleicht und in ihm lebt.

Aufgrund dieser »Kompetenz« erweist sich der geistliche Vater als ein *Arzt*. In diesem Dienst nimmt er die Stellung ein, welche die Tradition den Schutzengeln zuspricht. Ausgeübt wird dieser Dienst in Ehrfurcht vor Gott und dem Nächsten, voller Achtung vor der Erfahrung und dem Erfassen des Nächsten, vor allem vor seinem eigenen Weg des Reifens und Wachsens vor Gott. Die wichtigste Tugend des geistlichen Vaters ist die Geduld und Sanftmut, denn voller Liebe läßt er dem anderen Raum, er selbst zu werden. Ohne ihn zu überfordern, darf dieser er selbst sein - mit seinen eigenen Wünschen, Vorstellungen und Sehnsüchten, aber auch mit seinen Grenzen und Schwachheiten; er darf sich sehen und zeigen, wie er ist, und erfährt sich gerade darin als angenommen. Die Tugend der Sanftmut veranschaulicht Evagrios an der Gestalt des Mose, von dem er sagt:

Sage mir doch, warum hat die Schrift, als sie Moses preisen wollte, alle Wunderzeichen beiseite gelassen und einzig der Sanftmut gedacht? Denn sie sagt nicht, daß Moses Ägypten mit den zwölf Plagen züchtigte und das werte Volk aus ihm herausführte. Und sie sagt nicht, daß Moses als erster von Gott das Gesetz empfing und daß er die Einsichten der vergangenen Welten erlangte. Und sie sagt nicht, daß er mit dem Stab das Schilfmeer teilte und dem dürstenden Volk aus dem Felsen Wasser hervorquellen ließ. Sondern sie sagt, daß er ganz allein in der Wüste im Angesichte Gottes stand, als dieser Israel vernichten wollte, und bat, mit den Söhnen seines Volkes ausgelöscht zu werden. Menschenliebe und Verbrechen stellte er vor Gott hin, indem er sprach: 'Vergib ihnen, oder streiche mich aus dem Buch, das du geschrieben hast.' Dies sprach der Sanftmütige! Gott aber zog es vor, denen zu vergeben, die gesündigt hatten, anstatt dem Moses ein Unrecht zu tun.

Von dieser Tugend der Sanftmut spricht auch Jesus, indem er von sich selbst sagt: »Lernt von mir, denn ich bin sanftmütig und demütig von Herzen« (Mt 11,29).

Der geistliche Vater setzt sich von den ihm anvertrauten Menschen nicht ab, sondern sieht sich in ihren Dienst genommen; er mag nicht über sie urteilen, vielmehr wünscht er, mit allen gerettet zu werden. Symeon der Neue Theologe erzählt hierzu: »Ich sah einen, der sich so eifrig um das Heil seiner Brüder kümmerte und dieses wünschte, daß er sehr oft unter Tränen aus seiner ganzen Seele zu dem menschenfreundlichen Gott betete, entweder er möge auch sie retten oder auch ihn mit ihnen verurteilen. Das tat er, weil er in seiner Einstellung der Nachfolge Gottes gar nicht wollte, daß er gerettet werde, wenn er dort von ihnen getrennt wäre.«

Eine geistliche Vaterschaft hat auch ihre Grenzen. Eine davon ist die Grenze des Todes. André Louf schreibt hierzu:

Man kann im Leben nur einen Vater haben. Daran kann man geradezu erkennen, ob diese Beziehung echt war. Sie ist weder dazu bestimmt, ewig zu dauern, noch sich in gleicher Weise zu wiederholen. Es wäre auch ganz überflüssig, wenn diese Beziehung wahrhaft zu einer spirituellen Geburt geführt hat, zu dem entscheidenden Hinüberwechseln in das Leben mit Gott. Kommt der Tag, an dem dieser 'Vater' aus dem Blickfeld verschwindet, braucht man keinen anderen mehr zu suchen. Dann gilt es, Trauerarbeit zu leisten wie jedes Kind, das seinen Vater verliert, und einen neuen Anfang zu machen: aus der Erinnerung und einer heimlichen Liebe heraus weiterleben, aus dem Geist heraus, zu dessen Entdeckung in der Tiefe des eigenen Herzens einem dieser 'Vater' verholfen hat. Von nun an 'lehrt alles' (1 Joh 2,27) der Geist, und der genügt.

Zusammenfassend läßt sich sagen: Nicht jeder wird die »geistliche Vaterschaft« im eigentlichen Sinn des Wortes erleben; es ist ein Geschenk, wenn sie einem zuteil wird. Gleichfalls darf keiner sich selber für einen solchen »Vater« halten, besonders dann nicht, wenn man mit dem jeweiligen Menschen befreundet ist. Es gibt aber viele Varianten der geistlichen Vaterschaft, weil wir auf vielerlei Weise dazu berufen sind, anderen auf ihrem Glaubensweg »Vater« oder »Mutter« zu sein.

VIII. Gebet des Lebens

»Die Gnade unserer Berufung hängt vom Gebet ab!« Mit diesem Wort des heiligen Vinzenz von Paul ist gesagt, daß es ohne Gebet kein Leben mit Gott gibt - aber auch keinen Dienst am Menschen, denn »getrennt von Mir könnt ihr nichts vollbringen« (Joh 15,5).

Was so notwendig ist wie die Luft zum Atmen, ist zugleich auch das Schwerste, das im Leben mit Gott einzuüben ist. So heißt es beim Mönchsvater Agathon von der Not und der Schwierigkeit im christlichen Beten:

Einmal fragten ihn die Brüder und sprachen: Welche Tugend verlangt im frommen Wandel die größte Anstrengung? - Er erwiderte ihnen: Verzeiht mir, aber ich denke, es gibt keine größere Mühe als das Beten zu Gott. Überall, wo der Mensch beten will, wollen ihn die Widersacher des Heils abhalten. Denn sie wissen, daß ihnen von keiner Seite her mehr Behinderung droht als vom Gebet zu Gott. Was immer für einen Wandel der Mensch sich wählt, wenn er dabei aushält, dann gewinnt er Ruhe. Das Beten aber verlangt Kampf bis zum letzten Atemzug.

Die Schwierigkeit mit dem Gebet ist nicht zu überwinden, sie bleibt ein Leben lang. Darum, so glauben die Mönchsväter, kann das Beten nicht dem Zufall überlassen bleiben und hin und wieder vollzogen werden. Das Gebet verlangt nach einer Ordnung, und zwar zunächst die der Stille und Abgeschiedenheit: Die Mönche gingen in die Einsamkeit, um sich dort den Schwierigkeiten des Gebets zu stellen, denn sie wußten, daß das Gebet nicht unter allen Bedingungen möglich oder gleich möglich ist. Desto mehr stellt sich für den, der mitten in der Welt leben muß, die Frage, wie er im Alltag den Weg des Gebets finden und einüben kann.

Zudem verlangt das Gebet eine Ordnung des ganzen Menschen in allen seinen Lebensbereichen und -vollzügen; deshalb muß der Mensch sein ganzes Leben immer mehr vor Gott ordnen, um im Gebet Fortschritte machen zu können und die Nähe Gottes zu erfahren (darum unterwerfen die Mönche ihr Leben auch einer »Regel«).

Mit diesen ihren Erfahrungen zeigen die Mönche Wesentliches für die Ordnung des Betens im Alltagsleben eines Christen: Es ist für das Gebet nicht gleichgültig, wie der Mensch mit seinen Mitmenschen zusammenlebt, ob er sich dem Neid, dem Zorn, der Habsucht überläßt, ob er alles sagt, was ihm auf die Zunge kommt. Es ist nicht gleichgültig für das Gebet, wie er schläft, wie er ißt, wie er sich erholt. Vor allem, so wissen die Mönchsväter, ist die Sünde das Haupthindernis für das Gebet. Sie trennt von Gott, sie macht den Menschen blind.

Die Ordnung des Betens empfängt aus dem Alltagsleben die entscheidenden Kriterien dafür, wie und was überhaupt zu beten ist. Weil nach einem Wort von Origenes das »kleine Gebet«, nämlich die einzelnen Gebetszeiten, Ausdruck des »großen Gebetes«, das heißt unseres Lebens, sein soll, gilt es, bei der Wahl der Gebete immer wieder die rechten und mit dem eigenen Leben übereinstimmenden Gebete zu wählen. Es sollen nicht irgendwelche Gebete »absolviert«, sondern die Gebete zu Wort gebracht werden, die Ausdruck des Lebens und der augenblicklichen Situation sind. Dazu gehören die Gebete, in die der Beter sich »hineinleben« möchte; es sind »Zielgebete«. Wenn das Gebet von Charles de Foucauld gesprochen wird: »Mach mit mir, was du willst!«, hat der Beter vielleicht noch nicht die volle Bereitschaft zur Hingabe, kann aber auf dieses Ziel hin beten, um sich so immer mehr in sie hineinzuleben. Das Wachstum im Gebet besteht darin, Gott auf immer einfachere, natürlichere und darum tiefere Weise zu begegnen. Hier bleibt das Gebet »Mittel«, es ist nicht Ziel. Der letzte und alles entscheidende Prüfstein wörtlichen Betens ist, ob es die Kraft hat, das Leben des Beters auf Gott hin zu öffnen und ihm näher zu bringen.

1. Unverfügbarkeit

Aus der inneren Einheit von Gebet und Leben, von »kleinem« und »großem« Gebet, ergeben sich wichtige Hilfen für die Gestaltung des Gebetes im Alltag. Was zunächst die Weise des Betens betrifft: sie ist recht gewählt, sobald sie hilft, intensiver in der Gegenwart Gottes zu leben. Dem dienen alle geistlichen Übungen, die Ignatius von Loyola in seinem Exerzitienbuch näher bestimmt mit den Worten: »So wie Spazierengehen, Marschieren und Laufen körperliche Übungen sind, gleicherweise nennt man geistliche Übungen jede Art, die Seele vorzubereiten und dazu bereit zu machen, alle ungeordneten Neigungen von sich zu entfernen, und nachdem sie abgelegt sind, den göttlichen Willen zu suchen und zu finden in der Ordnung des eigenen Lebens zum Heil der Seele.«

Geistliche Übungen sind mehr als das bloße Absolvieren eines - geistlichen - Programms. Keine Gebetsübung leitet sich aus einer Pflicht her, sondern aus der Verheißung, die mit der Übung verbunden ist, so daß eine geistliche Übung insofern sinnvoll ist, als mit ihr auch gute Erfahrungen und Verheißungen verbunden sind wie Freude, Freiheit, Trost und neues Leben. Geistliche Übung sind ein Akt der Hoffnung, daß nämlich ähnliche, neue und heilende Erfahrungen möglich werden, sich wiederholen und vertiefen können. Ebenso gilt, daß keine Übung eingehalten bzw. eingeübt werden soll, wenn sie bloß unter dem Druck von Autorität und Pflicht steht.

Der Erfahrungsweg einer geistlichen Übung baut auf bereits gemachten (eigenen oder durch die Tradition vermittelten) Erfahrungen auf und appelliert an die Sehnsucht nach Wachstum im Glauben und in der Liebe zu Gott und zum Menschen. Für einen solchen Weg wird das Grundgesetz gelten: Sich nicht übernehmen, aber alle Mittel und Chancen nützen, die zu einem weiteren Schritt auf dem Weg der Freude im Glauben drängen.

Hoffnung und Freude im Gebet wachsen, wenn ihnen Zeit gelassen wird, wenn der Beter sich genügend Zeit für das Gebet nimmt. Das bringt eine gewisse Unverfügbarkeit des Beters mit sich, denn wer nicht nur zu bestimmten Zeiten und Stunden, sondern in Gottes Gegenwart lebt, ist nicht zu »verplanen«. Hier eröffnet das Gebet den Weg zu einem Leben, das nicht über sich bestimmen läßt. Ist der Beter momentan für andere »nicht zu sprechen«, dann nicht, weil er für die anderen nicht mehr zur Verfügung stehen will, sondern weil er Gottes Gegenwart sucht - und zwar sie allein.

Jesus verließ seine Apostel immer wieder, um in das Gebet mit dem Vater einzutreten. Er hat diese Verbundenheit mit dem Vater nicht bloß aufrechterhalten, um seiner Aufgabe der Verkündigung des Gottesreiches gerecht zu werden; vielmehr ist seine Verbundenheit mit dem Vater der Kern seiner Sendung.

Das Gebet und die Stunden des Alleinseins mit Gott sind keine heilsamen Kunstgriffe, um »auf dem Damm« zu bleiben, »geistliche Batterien« aufzuladen und Energie für den apostolischen Dienst zu sammeln. Vielmehr ist jedes Gebet apostolisch ausgerichtet; es dient dem Mitmenschen, auch wenn der Beter allein bei Gott ist. Das Gebet gilt nicht als eine Weise, statt mit Menschen nun mit Gott geschäftig umzugehen, sondern die Nähe zum menschenfreundlichen Gott bedeutet zugleich Nähe zu den Menschen. Deshalb kommt die Unverfügbarkeit des Beters nicht aus einer Verachtung der Mitmenschen, sondern aus einer Liebe zu ihnen.

Mit der Unverfügbarkeit des Gebetes eng verbunden ist seine Absichtslosigkeit. In der jüdischen Überlieferung wird von einem Mann berichtet, der ein Viehhirte war und der nicht zu beten wußte:

Jeden Tag aber pflegte er zu sprechen: Herr der Welt! Offen und kund ist's vor dir, daß wenn du Vieh hättest und du es mir zum Hüten gäbest - für alle hüte ich um Lohn -, für dich würde ich's umsonst tun, denn ich liebe dich. Einst ging ein Gelehrter seines Weges und traf den Hirten, der also betete. Sprach er zu ihm: Narr, bete nicht also. Sprach der Hirte zu ihm: Wie denn soll ich beten? Sogleich lehrte ihn der Gelehrte die Ordnung der Segenssprüche, 'das Rufen des Sch^ema' und das Gebet, damit er nicht ferner spreche, was er zu sprechen gewohnt war. Nachdem der Gelehrte fortgegangen war, vergaß jener alles, was er ihn gelehrt hatte, und betete nicht; auch was er zu

sprechen gewohnt war, fürchtete er sich zu sprechen, da jener Gerechte es
ihm verwehrt hatte. Dem Gelehrten aber schien im Traum der Nacht, daß
man zu ihm sprach: Wenn du nicht sagst, daß er sprechen solle, was er zu
sprechen gewohnt war, bevor du zu ihm gekommen bist, und wenn du nicht
hingehst, dann wisse, daß Böses dich treffen wird, denn geraubt hast du mir
einen von der kommenden Welt. Sogleich ging er hin und sprach zu ihm: Was
betest du? Sprach er zu ihm: Nichts, denn vergessen habe ich, was du mich
gelehrt hast, und verboten hast du mir zu sprechen: 'Wenn du Vieh hättest...'
Sprach zu ihm der Gelehrte: Das und das kam mir in dem Traum. Sprich,
was du zu sprechen gewohnt warst... Darum denke der Mensch gute Gedan-
ken zum Heiligen hin, gesegnet sei Er.

Das Gebet dieses einfachen Bauern war nicht deshalb gut, weil er es oft und ge-
wohnheitsmäßig verrichtet hat, sondern weil es in Einfachheit und Absichtslosigkeit geschehen war; er dachte wirklich »gute Gedanken zum Heiligen hin«: »für
dich würde ich's umsonst tun, denn ich liebe dich!« Wer diese Absichtslosigkeit
nicht hat, dem helfen kein Eifer, keine guten Wünsche, kein noch so großes Maß
an Arbeit und Einsatz für Gott. Erst wer umsonst gibt, empfängt auch alles umsonst!

Es bedarf im Gebet der Geduld und des Mutes, Gott »ausreden« zu lassen, wie
Karl Rahner in seinen »Gebeten des Lebens« niedergeschrieben hat:

Von meinen Gebeten will ich zu dir reden, Herr. Und wenn es mir sonst
scheinen will, daß du wenig achtest auf das, was meine Gebete dir sagen
wollen, dann horch doch dieses eine Mal auf meine Worte. Ich wundere mich
nicht, daß meine Gebete noch so weit von dir zu Boden fallen. Ich höre ja
selbst oft nicht auf das, was ich bete. Mein Beten ist mir so oft eigentlich nur
eine 'Aufgabe', ein 'Pensum', das ich erledige, danach ich froh bin, wenn ich
es hinter mir habe. Und darum bin ich beim Beten bei meiner 'Aufgabe', statt
betend bei dir zu sein. Wenn ich bete, dann ist mir, als fielen alle meine Worte
in eine dunkle Tiefe, aus der kein Echo zurückkommt, das melden würde, daß
meine Gebete den Grund deines Herzens gefunden haben. Herr, ein Leben
lang beten, reden, ohne eine Antwort zu hören, ist das nicht zuviel für mich?
Verstehst du, daß ich dir immer wieder davonlaufe und mit Menschen und
Dingen rede und handle, die mir Antwort geben? [...] Oder hörst du doch
meinem Wort aufmerksam zu, hörst vielleicht ein Leben lang zu, bis ich mich
ganz dir gesagt habe, mein ganzes Leben herausgesagt habe? Schweigst du
gerade, weil du stille lauschend zuhörst, bis ich wirklich fertig bin, um mir
dann dein Wort zu sagen?

Unverfügbarkeit und Absichtslosigkeit des Gebetes besagen gleichermaßen, daß
die Beziehung zu Gott in der Stunde des Gebets nicht machbar ist. Wie jede

menschliche Beziehung, ist auch die im Gebet gesuchte Beziehung zu Gott reines Geschenk.

2. Sehnsucht

Wer Gott ein Leben lang »ausreden« läßt und nicht müde wird, auf ihn schweigend zu hören, hat eine nicht erlöschende Sehnsucht nach Gott und der Gemeinschaft mit ihm. Benedikt weiß darum und macht seinen Novizen gleich zu Beginn ihres Noviziates deutlich: »Ihr seid nicht ins Kloster gekommen, um große Gotteserfahrungen zu machen, sondern um Gott täglich neu zu suchen.«

Wer beten lernen will, muß alles vergessen, was er getan hat oder vorhat zu tun. Nur eines ist für ihn wichtig: eine einfache, tiefe Sehnsucht nach Gott, die die innere Mitte christlichen Betens ist. Deshalb gibt die »Wolke des Nichtwissens« dem Beter nur diesen einen Rat: »Willst Du Deine Sehnsucht in ein Wort fassen, das Du leicht behalten kannst, ziehe ein kurzes Wort einem langen vor [...]. Nimm dieses Wort so tief in Dich hinein, daß es nicht verklingt, was auch kommen mag [...]. Benutze es, um in die Wolke des Dunkels über dir zu stoßen. Alle Zerstreuungen wehre damit ab und bringe sie unter die Wolke des Vergessens.« Dieses Wort der Sehnsucht läßt der Zerstreuung und störenden Gedanken Herr werden und hilft, das eigene Leben auf Gott hin zu sammeln; man betet nicht mehr »etwas«, sondern »sich« selbst. Die Kraft sehnsüchtigen Betens zeigt das Lebensbeispiel des heiligen Philipp Neri, der oft den ganzen Tag lang eines dieser Gebete verrichtete:

Ich möchte Dir dienen, und ich finde den Weg nicht.
Ich möchte das Gute tun, und ich finde den Weg nicht.
Ich möchte Dich finden und ich finde den Weg nicht.
Ich kenne Dich noch nicht, mein Jesus, weil ich Dich nicht
suche.
Ich suche Dich und finde Dich nicht;
komm zu mir, mein Jesus!
Zerschneide meine Fesseln, wenn Du mich haben willst,
mein Jesus.
Jesus, sei mir Jesus.

Solche Gebetsworte sind wie »Schwimmwesten«, die im oft reißenden Lebensstrom über Wasser halten (gleiches gilt vom Herzensgebet, das im Atemrhythmus innerlich gesprochen wird: »Herr Jesus Christus, Sohn des lebendigen Gottes, erbarme dich meiner«), und sie schenken Kraft, wenn das eigene Leben zur Last geworden ist und durch vergangene Erlebnisse niedergedrückt wird. »Nicht Schmerz tötet, sondern unablässiges Erinnern«, sagt ein Wort aus Ruanda; in dieser Erfahrung können Worte der Hoffnung rettende Kraft geben und in eine neue Zukunft blicken lassen.

Weil christliches Gebet aus der Sehnsucht des Herzens kommt, wird jene Gebetsweise am zuträglichsten sein, die dem Verlangen nach Gott entspricht und die unsere eigenen Empfindungen zum Ausdruck bringt. Es bedarf keiner großen Gefühlsergüsse und auch nicht langer, ermüdender Gebetszeiten; viel mehr vermag vielleicht ein kurzes Gebet (Stoßgebet), das tagsüber wiederholt wird. Daß ein solches Wort Kraft besitzt, zeigt ein Beispiel aus dem Leben: Wer in einer Familie lebt und eine schwere Arbeit zu erledigen hat, der kommt zuweilen völlig erschöpft nach Hause. Und wenn da einer fragen würde: »Liebst du mich?«, würde er die Antwort bekommen: »Ja, ganz gewiß!« Fragt der andere dann weiter: »Liebst du mich wirklich jetzt in diesem Augenblick?«, müßte er ehrlicherweise vielleicht gestehen: »Nein, ich fühle nichts als Rückenschmerzen und meinen erschöpften Körper.« Trotzdem hat er recht, wenn er sagt: »Ich habe dich gern«, denn er weiß, trotz seiner Erschöpfung ist seine Liebe in ihm lebendig…

Als Christus sagte: »Wenn ihr mich liebt, haltet meine Gebote«, meinte er nicht: »Wenn ihr mich liebt, werdet ihr von einer Gemütserregung in die andere fallen, von einer Verzückung zur nächsten.« Er sagte: »Wenn ihr meinen Worten Glauben schenkt, so lebt danach.« Dies aber ist keine Sache des Gefühls, sondern von ungebrochener Treue und Sehnsucht.

3. Wissen, was ich will

Die Sehnsucht des Herzens sucht ihren Ausdruck in den Haltungen, die der Beter vor Gott im Gebet einnimmt. In der Körperhaltung des Betenden zeigt sich sein Suchen und Fragen nach Gott, wie Ignatius in den Geistlichen Übungen betont: »In die Betrachtung eintreten, bald kniend, bald auf der Erde ausgestreckt, bald auf dem Rücken mit dem Gesicht nach oben, bald sitzend, bald stehend, indem ich stets auf der Suche nach dem bin, was ich will.« Und weiter: »Wir werden auf zwei Dinge achten: Das erste ist, wenn ich kniend das finde, was ich will, werde ich nicht weitergehen, und wenn ausgestreckt, ebenso, usw. Das zweite: Bei dem Punkt, bei dem ich finde, was ich will, dort werde ich ruhig verweilen, ohne ängstliche Sorge zu haben, weiterzugehen, bis ich befriedigt bin.« Dreimal heißt es: »id quod volo«, »Wissen, was ich will«. Damit ist nicht eine Verstandeserkenntnis gemeint, sondern eine »innere Erkenntnis« dessen, was Gott von mir will und was er mir eingibt. Carlo M. Martini übersetzt den Begriff »id quod volo« mit dem Wort: »*Die rechte*

Gebetsverfassung finden«. Auf sie kommt es im geistlichen Leben entscheidend an, damit es seine innere Lebendigkeit behält, wie der Mailänder Kardinal schreibt:

Die Gebetsverfassung ist nicht ein künstlich herbeigeführter Zustand, auch dann nicht, wenn er gut ist. Ich lese zum Beispiel die Schriften der heiligen Teresa von Avila oder des heiligen Johannes vom Kreuz oder eine Seite von der heiligen Therese vom Kinde Jesu oder in einem Buch von Ladislaus Boros oder Carlo Carretto. Ich fühle mich irgendwie angeregt, ich gehe zum Gebet, und es scheint mir, ich bete. Das ist etwas Gutes, wie gesagt, aber es ist ein induzierter Zustand, das heißt ein auf dem Weg der Nachahmung, der Assimilation herbeigeführter Zustand. Er dauert gewöhnlich eine Stunde, einen Tag, zwei Tage, aber er ist nicht unsere eigene Gebetsverfassung. Im Gegenteil, er kann diese überdecken oder sogar verhüllen, denn es ist bequemer, die Verfassung eines anderen zu übernehmen wie ein Kleid, als unserer eigenen Verfassung zum Durchbruch zu verhelfen. Eine künstlich herbeigeführte Verfassung, auch wenn sie gut ist, bedeutet weiter nichts, als daß man im Gebet ausharrt, drei, vier, fünf Stunden lang oder auch die ganze Nacht. Das kann ein Weg sein; aber er ist nicht die eigentliche Gebetsverfassung, sondern eben ein induzierter Zustand: Da ich sehe, daß so viele in diesem Zustand sind, versetze auch ich mich darein, und schließlich bin ich zufrieden, ich habe etwas gefunden, aber vielleicht scheint es nur so. Die Gebetsverfassung ist etwas viel Subtileres, Persönlicheres, Delikateres. Sie dauert nicht notwendig lange. Der heilige Ignatius von Loyola, der sich auf diese Dinge verstand, sagte, ihm genüge eine Viertelstunde, um Gott zu finden. Das heißt, er verstand es, sich zu sammeln [...] und in schwierigen Situationen, die sein inneres Gleichgewicht bedrohten, in Gott seine Gelassenheit und Sinn und Bedeutung dessen, was ihm widerfuhr, zu finden. Mit anderen Worten, es fiel ihm leicht, in die Gebetsverfassung einzutreten. Man kann dieses Eintreten somit nicht gewaltsam erreichen, indem man drei, vier oder mehr Stunden betet. Jedenfalls ist es keine automatisch wirkende Methode, als könne man durch stundenlanges Beten zu einem heroischen Beter werden und sich deshalb vom weiteren Suchen dispensieren.

Wer nicht in seiner eigenen Gebetsverfassung ist, sondern unter dem Einfluß von etwas anderem betet, das ihn begeistert hat (ein Buch, eine Predigt, Exerzitien), wird schließlich vermutlich eine innere Leere erfahren; er kommt nicht »auf den Geschmack«. Ganz anders wird dies sein bei einem, der die rechte Gebetsverfassung gefunden hat: Er will in seinem geistlichen Leben nichts erzwingen, keinem anderen nacheifern und auch nichts bemänteln; vielmehr stellt er sich so vor Gott in aller Demut, wie er wirklich ist: mit seinen starken und auch schwachen Seiten.

Wer also die rechte Gebetsverfassung sucht, dem gilt der Rat: Bete so, wie du kannst, und versuche nicht so zu beten, wie du es nicht kannst!

4. Im Schweigen Gottes

Die grundlegende christliche Gebetsverfassung ist die der Freude und Zuversicht, denn diese werden dem Beter immer wieder geschenkt aus der Erfahrung der Nähe des Herrn: »Freut euch im Herrn zu jeder Zeit! Noch einmal sage ich: Freut euch! Eure Güte werde allen Menschen bekannt. Der Herr ist nahe« (Phil 4,4-5), und der Psalmendichter preist Gott mit den Worten: »Mein Herz und mein Leib freuen sich dem lebendigen Gott entgegen« (Ps 84,3).

Aber unser Herz freut sich nicht immer an Gottes Nähe. In Augenblicken, in denen Gottes Ferne und Abwesenheit erfahren werden, scheitern alle Versuche, die Freude neu zu beleben. Der lebendige und vertraute Gott wird nicht mehr gesehen; er scheint tot zu sein. Dann liest der Beter die Bibel, aber sie schweigt, sie sagt ihm nichts mehr; die stille Zeit wird zur lästigen Pflichtübung und bleibt ohne »Erfolg«; die Feier der Eucharistie läßt unbeteiligt, Gottes Worte schmecken fad oder bitter, nichts zeugt mehr von Gottes Güte und Liebe. Eine solche Zeit der Dunkelheit kann lange dauern (Therese von Lisieux wurde von ihr bis in den Tod hinein begleitet), sie wird je nach dem geistlichen Zustand eines Menschen von verschiedener Intensität sein. Das Leben der Heiligen zeigt, daß einer je näher bei Gott ist, er umso mehr von Gottes überhellem Licht geblendet sein kann.

In der neunten Regel zur »Unterscheidung der Geister« gibt Ignatius von Loyola drei Hauptgründe an, warum ein Christ in Zeiten der Dunkelheit und Verlassenheit geführt wird. Diese drei Gründe enthalten wesentliche Erklärungsmöglichkeiten, warum Menschen von Gott in Zustände der Trostlosigkeit und Verlassenheit geführt werden können:
Erster Grund: »Drei Hauptgründe sind es, warum wir uns trostlos finden: Der erste ist: Weil wir lau, träge oder nachlässig in unseren geistlichen Übungen sind; und so entfernt sich wegen unserer Fehler die geistliche Tröstung von uns.« Freudlosigkeit und Leere können sich einstellen, wenn wir gegen Gottes Willen gehandelt, Sünde und Schuld auf uns geladen haben. »Als ich es verschweigen wollte, wurde ich krank und elend [...], meine Zunge verdorrte wie in den Gluten des Sommers« (Ps 32,3.4).

Ferner kann sich eine Zeit der Trostlosigkeit einstellen, wenn einer lau und träge im geistlichen Leben gewesen ist, sich zu wenig für die Mitmenschen einsetzt und zu sehr um sich selber kreist.

Schließlich mag die Trockenheit darin ihren Grund haben, daß einer »nachlässig« lebt. Wer viel ausgibt, muß auch viel einnehmen. Er bedarf der persönlichen Zeit der Stille und des Umgangs mit der Schrift. Wer ständig austeilt, ohne immer wieder aufzutanken, wird sich früher oder später verausgabt fühlen. Aber an Unterernährung kann auch jener leiden, der nicht genug austeilt. Wer einnimmt, muß viel ausgeben, sonst kann er auch das noch verlieren, was er besessen hat: »Wer viel hat (wer viel weitergibt), der wird noch mehr bekommen, so daß er mehr als genug haben wird. Wer aber wenig hat (wenig weitergibt), dem wird auch noch das wenige weggenommen werden, das er hat« (Mt 13,12). Manche sind ausgetrocknet, nicht weil sie »ausgelaugt« sind, sondern sie sind ausgelaugt, weil sie inaktiv sind; ihre Unterernährung ist nicht die Folge ihrer Leere, sondern deren Ursache! Minderwertigkeitsgefühle und mangelnde Selbstannahme sind beispielsweise solche Ursachen für ein Leben in ständiger »Unterernährung«.

Zweiter Grund: Zu dem zweiten Grund, warum sich Menschen in einem Zustand der Trostlosigkeit befinden, schreibt Ignatius: »Der zweite: Um uns zu prüfen, für wieviel wir taugen und wie weit wir uns in seinem Dienst und Lobpreis ohne solchen Sold an Tröstungen und gesteigerten Gnaden länger einsetzen.«

Eine solche Erfahrung der Prüfung durch Gott wird für den Beter eine Zeit der Treue und des Vertrauens sein. Der Zustand der Dürre wird zur Prüfung dessen, was einer meint, sich im geistlichen Leben schon angeeignet zu haben. Wenn im geistlichen Leben zu sehr aus zweiter Hand gelebt wurde, kann es in Zeiten der geistlichen Trockenheit zu einer Krise kommen, denn vorgekaute Nahrung verliert rasch die Würze, da sie Schonkost ist. In der Zeit der Prüfung wird der einzelne neu lernen, aus erster Hand, aus den wirklichen, eigenen Quellen zu leben.

Dritter Grund: Ignatius gibt noch einen weiteren Grund an, warum Gott einen Menschen in die Zeit der Trockenheit und der »dunklen Nacht« führen kann: »Der dritte: Um uns wahre Kenntnis und Einsicht zu geben, damit wir innerlich verspüren, daß es nicht bei uns liegt, gesteigerte Andacht, intensive Liebe, Tränen oder irgendeine andere geistliche Tröstung herbeizubringen oder zu haben, sondern daß alles letztlich Gabe und Gnade Gottes, unseres Herrn, ist; und damit wir uns nicht in fremder Sache einnisten, indem wir unseren Verstand zu irgendeinem Hochmut oder eitlem Ruhm erheben und die Andacht oder die anderen Eigenschaften der geistlichen Tröstung uns zuschreiben.«

Geistliche Durststrecken stellen sich nicht selten unmittelbar nach Zeiten reicher Glaubenserfahrung ein: nach Exerzitien, guten Vorträgen und Predigten. Gründe für diese Trockenheit können Überfütterung oder Überanstrengung sein: Wenn ein Priester an einem Tag mehrere Predigten oder verschiedene Seelsorgsgespräche in reichem Umfang hält, dann ist er am Abend vermutlich restlos verausgabt. Überanstrengung und Überfütterung werden verstärkt durch Routine oder auch Mißachtung des Körpers. In einem Bild: Sicher kann ein guter Pianist auch aus einem alten Instrument noch etwas herausholen. Doch selbst der beste Pianist bringt nichts mehr zum Erklingen, wenn das Klavier verstimmt ist. Wer mit seinem Körper Raubbau treibt, muß damit rechnen, eines Tages seinen Preis dafür zahlen zu müssen.

Doch noch ein letztes ist mit dem dritten Grund gemeint, den Ignatius in seiner neunten Unterscheidungsregel anführt: »damit wir uns nicht in fremder Sache einnisten«. Wer selber »gesteigerte Andacht, intensive Liebe, Tränen oder irgendeine andere geistliche Tröstung« herbeibringen oder haben möchte, fügt zuviel an Gottfremdem hinzu. Wie die vollkommenste Schallplatte jene ist, die man beim Spielen gar nicht mithört, wird nur der für Gott ganz offen und empfänglich sein, der der »Melodie Gottes« (Ignatius von Antiochien) nicht zuviel an eigenen Tönen hinzufügt, wer also »reinen Herzens« ist, denn nur mit reinem Herzen wird Gott geschaut (Mt 5,8).

Die Gebetszeit läßt uns »reinen Herzens« auf Jesus schauen. Wer ihn betrachtet, kommt von sich selber los und wird in seinem Leben jene Wandlung erfahren, die allein von Gott zu wirken vermag: »Wir alle spiegeln mit unverhülltem Angesicht die Herrlichkeit des Herrn wider und werden so in sein eigenes Bild verwandelt, von Herrlichkeit zu Herrlichkeit, durch den Geist des Herrn« (2 Kor 3,18). Ganz auf den Herrn ausgerichtet, vollzieht sich in uns eine tiefe Verwandlung, die wir mit (asketischen) Anstrengungen allein nie zu erreichen vermögen. Wer sich jedoch nicht »in fremder Sache« einnistet, hat gelernt, von sich selbst abzusehen; er sagt nicht mehr »Ich«, sondern »Du«, wie das »Lied vom Du« zu singen weiß:

Wo ich gehe - Du!
Wo ich stehe - Du!
Nur Du, wieder Du, immer Du!
Du, Du, Du!
Ergeht's mir gut - Du!
Wenn's weh mir tut - Du!
Nur Du, wieder Du, immer Du!
Du, Du, Du!
Himmel - Du, Erde - Du,
Oben - Du, unten - Du,
Wohin ich mich wende, an jedem Ende
Nur Du, wieder Du, immer Du!
Du, Du, Du!

5. *Vacare Deo - Geistliche Lesung*

In der geistlichen Tradition der Kirche wird auf dem Weg des geistlichen Lebens besonders eine Übung des Gebets empfohlen, nämlich die geistliche Lesung (»lectio divina«). Das lateinische Wort »lectio« ist kein eindeutiger Begriff; es kann sowohl den Akt des Lesens wie den gelesenen Text bezeichnen. In diesem letzten Sinn muß der Terminus »Lectio divina«, Geistliche Lesung, verstanden werden: gemeint ist der von Gott inspirierte Text, nämlich die Heilige Schrift.

Das Studium der Bibel (vacare lectioni) ist bei den Vätern eins mit der Begegnung mit Gott (vacare Deo): Wer leer und offen ist für das Wort der Heiligen Schrift, ist innerlich frei und leer für Gott, denn wer die Bibel öffnet, begegnet Gott im Wort der Heiligen Schrift. Der Beter sucht die Einsamkeit nicht um ihrer selbst willen. Abgeschiedenheit und Stille sind keine Zeiten der Leere und des Nirwana, sondern bereiten den Beter für die Begegnung mit Gott. Statt auf sich selbst zurückzufallen, sucht der Glaubende in der Einsamkeit die Offenheit für den Ruf Gottes, der im Lesen der Heiligen Schrift an ihn ergeht.

Die Begegnung mit Gott im Wort der Heiligen Schrift wird häufig vom Gebet unterbrochen, wie Hieronymus und Pelagius betonen; denn durch das betende Lesen wird der Leser vom bloßen Zur-Kenntnis-Nehmen des Textes weitergeführt zum Hören und Vernehmen des Willens Gottes, der sich im Text kundgibt. Pelagius ist der erste christliche Autor, der darauf hinweist, man müsse sich zu Beginn des Tages drei Stunden der Lesung widmen. Er begründet diese Übung mit den gleichen Überlegungen, mit denen Tertullian und Hieronymus das Stundengebet rechtfertigen, und schreibt in einem Brief an Demetrias über die Notwendigkeit der geistlichen Lesung am Morgen: »Mußt du nicht 'das Gesetz des Herrn Tag und Nacht meditieren' (Ps 1,2), obwohl du dich alle Zeit deines Lebens dem Werk Gottes widmen mußt und absolut keine Stunde ohne geistlichen Fortschritt verstreichen darf? Und doch muß es eine Anzahl bestimmter und geregelter Stunden geben, in denen du dich leer machst für Gott und ihm, wie durch Gesetzeskraft, eine ungeteilte geistige Aufmerksamkeit widmest. Am besten ist es, für diese Tätigkeit die Morgenstunden, d.h. den besten Teil des Tages, zu reservieren. So übt sich die Seele bis zur dritten Stunde in dem geistlichen Kampf, den sie täglich durchstehen muß.«

Während des Tages soll Demetrias die Früchte der geistlichen Lesung in die Tat umsetzen. In einem solchen Vollzug wird deutlich, daß die Lesung lehrt, wie im Lebensalltag gehandelt werden soll, und daß sie zugleich dieses Handeln korrigiert. Pelagius möchte, daß »das Gesetz des Herrn Tag und Nacht«, also auch außerhalb der Stunden der Lesung, »meditiert« wird. Durch die »Meditation« wird die morgendliche Lesung auf den ganzen Tag ausgedehnt, wie Augustinus in seiner Schrift »De opere monachorum« deutlich darlegt: Wer mit Gott den ganzen Tag über verbunden sein möchte, muß für einige Zeit am Tag sich der geistlichen Lesung widmen. Caesarius führt dies weiter aus, wenn er sagt: Im Augenblick, wo die gemeinsame Lesung bei der Arbeit oder im Refektorium beendet ist, darf die *meditatio* des Herzens nicht aufhören; sie erst bringt die Lesung zur vollen Frucht und Reife.

In den weiteren Überlegungen zeigt Pelagius, wie die drei Gott vorbehaltenen Stunden verlaufen und wie sich *lectio* und *oratio* abwechseln. Gleich einem Mahl muß die Zeit der *lectio* der Seele soviel Sättigung bieten, »wie sie für den ganzen Tag braucht«.

Weil die Geistliche Lesung die tägliche Nahrung für den Alltag ist, haben viele geistliche Schriftsteller die Übung der Lesung bedacht. Ursprünglich bezeichnete der Ausdruck »lectio divina«, wie schon hervorgehoben, keine Tätigkeit, sondern den Text selbst; der Begriff wird hier synonym mit »Heiliger Schrift« (sacra pagina). Das Eigenschaftswort »divina« bezieht sich auf das, »was von Gott kommt«. Bis ins Mittelalter blieb die »lectio divina« ein Studium der Heiligen Schrift, das in das Alltagsleben des einzelnen integriert und unmittelbar auf die »Gotteserfahrung« hingeordnet war. Der hl. Cyprian sagt hierzu: »Wenn du liest, ist es Gott, der spricht; wenn du betest, sprichst du mit Gott«, und Isaak von Stella betont: »Christus sei für euch das inwendig und äußerlich geschriebene Buch: in ihm lest es; von ihm lernt daraus; was hier geschrieben ist, übertragt auf ihn als ein Beispiel inwendig für euer Herz und äußerlich für euren Leib. In eurem Leib stellt den anderen sein Leben zum Ablesen vor.«

Der wichtigste Autor zur Geistlichen Lesung ist der *Kartäuser Guigo*. Für ihn beinhaltet sie ein Zweifaches: Wer tiefer in den gelesenen Text eindringt, dringt zugleich in sich selber und in sein eigenes Leben ein; er erinnert sich und entdeckt die Spur dessen, was er in sich trägt, er wird - lesend - innerlich. Indem der Leser aber in der Meditation die Schrift bittet, daß sie ihn selber auslegt, und er sich auf diese Weise besser verstehen lernt, dringt er zugleich tiefer in den Text ein. Wie vollzieht sich das Verstehen und Eindringen in den Text? Guigo der Kartäuser unterscheidet folgende Etappen auf dem geistlichen Weg der Schriftbetrachtung:

LECTIO: *»Die Lesung erforscht«* - sie bietet die Grundlage und liefert den Stoff (äußeres Tun): Ich lese den Text aufmerksam und ehrfurchtsvoll.

MEDITATIO: *»Die Meditation findet«* - sie vertieft und zeigt, ohne es selber in den Griff zu bekommen (inneres Tun): Mit Hilfe des Verstandes suche ich nach der Erkenntnis der verborgenen Wahrheit und eigne mir den Text an.

ORATIO: »Das Gebet erbittet« - nämlich den Geschmack an dem Gelesenen und Verstandenen (Verlangen): Ich erbitte von Gott die wahre Erkenntnis und Freude am Text.

CONTEMPLATIO: »Die Kontemplation schmeckt« - die Süße des Textes und seiner Wahrheit (effctus): Gott selbst bewirkt, daß ich von dem Text angesprochen und betroffen bin und Geschmack an ihm finde.

Nach der *lectio* läßt der Leser in der *meditatio* den gelesenen Text auf sich wirken; er liest nicht weiter, sondern läßt sich von dem Wort in die Stille seines Herzens führen. Es ist keine leere, sondern eine erfüllte Stille, ein Schweigen in der Gegenwart Gottes, auf dessen Wort der Leser nun hört. In der *oratio* versucht der Mensch, diesem Wort Gottes zu antworten.

Die Antwort in der *oratio* führt den Leser weiter in die *contemplatio*, die vom Leser nicht aus eigener Kraft vollzogen wird, sondern Geschenk Gottes ist. In ihr wird der Leser so von Gott angerührt, daß seine eigenen Gedanken und Worte verklingen und von Gott in ein tiefes Schweigen geführt werden. Keiner kann sich in der *contemplatio* Gottes bemächtigen. Auch Schweigen und Gebet sind zur Stunde der *contemplatio* keine Methode, um Gott besser erfahren zu können, vielmehr hat nun Gottes Wirken den Leser so erfüllt, daß er ganz von seinem Wort angerührt wird.

Es ist einsichtig, daß der Beter sich nur auf die ersten drei Stufen der geistlichen Lesung vorbereiten kann; die vierte wird von Gott selbst gewährt. Doch dies führt den Beter in keine rein abwartende Passivität, er bleibt kein unbeteiligter Zuschauer, sondern das Ineinander von Wort Gottes und Antwort des Menschen läßt beide, Gott und Beter, in gleicher Weise agieren. Guigo betont, daß alle vier Stufen im Vollzug der Geistlichen Lesung aufeinander bezogen und als innere Einheit zu verstehen sind: »Lesung ohne Meditation ist trocken, Meditation ohne Lesung ein zielloses Schweben; Gebet ohne Meditation ist lau, während Meditation ohne Gebet zu nichts führt und Kontemplation ohne Gebet nur als ein kleines Wunder vom Himmel fällt.« Der Zielpunkt des Betens ist nicht »Ich«, sondern »Du«. Im Hören und Schauen auf den Herrn findet der Beter zum Schweigen, er bewahrt alles in seinem Herzen (vgl. Lk 2,19) und ist bereit, mit dem eigenen Leben auf den Ruf des Herrn zu antworten.

Leider ist im christlichen Lebensalltag meist eine *sakramentale Engführung* festzustellen: Häufig werden die Sakramente empfangen, doch nur selten kommt es zu einer tiefen und fruchtbaren Beschäftigung mit den Heiligen Schriften. Doch ist es verkehrt, die durch den Geist gewirkte Vergegenwärtigung Gottes einzig beim Sakrament anzusetzen und nicht auch beim Wort des Evangeliums. Origenes deutet auf die Stelle, wo dem Propheten Ezechiel und dem Seher der Apokalypse befohlen wird, das Wort zu essen, denn »was könnte für die Seele nährender sein als das Wort?« Deshalb rät er den Gläubigen: »Ihr, die ihr den heiligen Geheimnissen beiwohnen durftet, wißt es: Wenn man euch den Leib des Herrn reicht, so hütet ihr ihn mit aller Sorgfalt und Verehrung, damit kein Krümelchen auf die Erde fällt. Wenn ihr aber so große Sorgfalt anwendet, seinen Leib zu bewahren - und ihr tut es mit Recht -, wie könnt ihr dann glauben, es sei eine geringere Schuld, das Wort Gottes zu vernachlässigen als seinen Leib?« Ob nicht gerade die Geistliche Lesung eine Weise sein kann, daß »kein Krümelchen« vom Wort Gottes achtlos und übersehen auf die Erde fällt?

6. Kleine Gebetsschule

Die Überlegungen zum Gebet des Lebens lassen sich zusammenfassen in einer kleinen Gebetsschule, die folgende Hilfen für das Gebet des Alltags gibt:

1) Willst du beten, so ordne dein Leben!
Die alten Ordensregeln sind in ihrem tiefsten Wesen die Gebetsmethoden der Orden. Sie sind nicht eine Verkehrsregelung des äußeren Lebens einer Gemeinschaft, sondern eine innere Gebetserfahrung. Deshalb spricht Benedikt von Nursia in seiner Regel verhältnismäßig wenig vom Gebet, ist doch alles, was er in seiner Regel sagt, auf das Gebet hingeordnet: das Schweigen, das Sprechen, die Einsamkeit, die Klausur, die Demut, die Art des Essens und Schlafens, die Gemeinschaft, die Armut, die Lesung, die Betrachtung und die Gelübde. Weil Leben und Gebet eine Einheit sind, lernt nicht jener beten, der sich Gebetsmethoden und fromme Bücher aneignet, sondern wer bereit ist, sein ganzes Leben auf Gott hin umzustellen bzw. »umzukehren«.

2) Stelle dich im Gebet in die Gegenwart Gottes!
Wesentlich im Gebet ist, in Gott zu verweilen: »Dieses Wandeln in Gottes Gegenwart bedeutet, daß du mit der Überzeugung lebst, Er sieht alles, was in dir ist, und Er kennt dich besser, als du dich selbst kennst. Das Wissen, daß Gott dein inneres Sein schaut, darf nicht mit irgendeiner visuellen Vorstellung verbunden sein, sondern ist eine einfache Überzeugung oder ein einfaches Gespür« (Theophan der Klausner). Bevor ich bete, betet Christus schon in mir! Dessen habe ich mir am Beginn jedes Gebetes eigens bewußt zu machen, weshalb es im Exerzitienbuch heißt: »Vor dem Eintreten in das Gebet komme der Geist ein wenig zur Ruhe; man setze sich oder gehe umher, wie es jeweils besser erscheint, wobei man erwägt, wohin ich gehe und mit welchem Ziel.«

3) Sei im Gebet aufrichtig und lebenswahrhaftig!
Es nützt nichts, sich und Gott im Gebet etwas vorzumachen oder gar den Frommen zu spielen. Rabbi Menachem Mendel von Kozk sprach: »Wenn ein Mensch ein Gesicht macht vor einem Gesicht, das kein Gesicht ist, das ist Götzendienst«. Vor dem Antlitz Gottes gilt, was der Pfarrer von Ars sagt: »Der Mensch ist soviel wert, wie er vor Gott wert ist, nicht mehr und nicht weniger!« Vor Gott gibt es keinen Hochleistungssport, sondern nur aufrichtiges und ehrliches Stehen und Dienen.

In der Gemeinde Levi Jizchaks war ein Vorbeter heiser geworden. Er fragte ihn: »Wie kommt es, daß Ihr heiser seid?« »Das ist«, antwortete er, »weil ich eben vor dem Pult gebetet habe.« »Ganz recht«, sagte der Rabbi, »wenn man vor dem Pult betet, wird man heiser; aber wenn man vor dem lebendigen Gott betet, wird man nicht heiser.« Heiserkeit ist ein Symptom der Entfremdung. Wer sich vor Gott auf das hohe Podest stellt, verkündet nicht Gott, sondern sich selber; er will eine gute Figur machen, überanstrengt sich und schließlich wird es ihm die Stimme verschlagen, d.h. das eigene Beten kann ihm fremd werden, weil es nicht mehr zu ihm paßt.

4) Jedes Gebet hat seinen Ort und seine Zeit!
Manchem wird das Beten allein schon dadurch möglich, daß er den rechten Ort zum Gebet gefunden hat. Nach Möglichkeit soll dieser Ort des Gebetes nicht häufig gewechselt werden, denn er hat seine Auswirkung auf das Gebet: Es ist etwas anderes, ob ich im Verborgenen des eigenen Zimmers bete oder in der Kirche, und wieder etwas anderes, ob ich in der ersten Bank der Kirche bete oder in der »letzten« (vgl. Lk 18,13).

Hierbei gibt es drei Kriterien, die hilfreich sein können, um sich dann am rechten Ort im Gebet zu sammeln: Suche möglichst eine feste Zeit (Gewohnheit hilft), eine ruhige Zeit und eine wertvolle Zeit, die du gerne hast, aber die du auch gerne hingeben möchtest (also keine »Abfallzeit«). Die Zeit ist nicht ohne Bedeutung für das Gebet. So ist es nicht gleichgültig für den nächsten Tag, wie man den Abend verbringt. Benedikt weiß darum, wenn er darauf hinweist, daß z.B. für die Lesung der Komplet nicht alle Bücher gleich geeignet sind. Auch Ignatius rät in seinen geistlichen Übungen, den nächsten Tag am Abend vorher zu beginnen, und die Kirche läßt die großen Feste am Vorabend mit der Vesper ihren Anfang nehmen. Denn der Tag wird aus der Nacht geboren, er bereitet sich in ihr vor, so daß die Nacht und der Schlaf zum neuen Tag hinzugehören.

5) Strukturiere dein Gebet - bereite es gut vor und nach!
Es kann eine große Hilfe sein, wenn die Übungen der Beliebigkeit des Übenden entzogen und unabhängig von seiner augenblicklichen Gestimmtheit sind.

Pablo Casals schreibt in seinen Lebenserinnerungen: »Die letzten achtzig Jahre habe ich jeden Morgen auf dieselbe Weise begonnen, nicht etwa mechanisch, aus bloßer Routine, sondern weil es wesentlich ist für meinen Alltag: Ich gehe ans Klavier und spiele zwei Präludien und zwei Fugen von Bach. Anders kann ich es mir gar nicht vorstellen. Es ist so etwas wie ein Haussegen, aber es bedeutet mir noch mehr: die immer neue Wiederentdeckung einer Welt, der anzugehören ich mich freue. Durchdrungen von dem Bewußtsein, hier dem Wunder des Lebens selbst zu begegnen, erlebe ich staunend das schier Unglaubliche: ein Mensch zu sein. Diese Musik ist niemals dieselbe für mich, niemals! Jeden Tag ist sie wieder neu, phantastisch, unerhört...«

In einer solchen Übung, wie Pablo Casals sie beschreibt, wird ein »Raum« geschaffen, der den Übenden in der Bewegung des Lebendigen hält. Dieser Raum der inneren Stille, der Grundvoraussetzung für das Beten ist, kann eine sehr unterschiedliche Gestalt annehmen, nämlich die des Schweigens, des Rosenkranzgebetes, des Jesusgebetes oder des Stundengebetes; entscheidend ist, daß der Beter sich regelmäßig in dieses Übungsgeschehen hineinbegeben, ganz gleich, ob es seiner momentanen Stimmungslage entspricht oder nicht.

Philipp Neri spricht von diesem »Raum der Stille« am Beginn des Gebetes, wenn er rät, jedes Gebet mit einer Bitte um den Heiligen Geist zu beginnen, »denn wir wissen nicht, wie wir beten sollen«; der Heilige sagt von sich, er habe kein Gebet ohne diese Bitte um den Heiligen Geist begonnen.

Doch nicht nur vor dem Gebet, auch nachher ist ein solcher »Raum der Stille« vonnöten. Ist das Gebet verrichtet, soll man nicht gleich wieder aufstehen, um sich einer anderen Tätigkeit zuzuwenden, sondern Ignatius von Loyola rät: »Zum Schluß ist ein Zwiegespräch zu halten; (ich) soll überlegen, was ich den drei göttlichen Personen oder dem menschgewordenen Ewigen Wort oder Unserer Mutter und Herrin sagen soll; entsprechend dem, was jeder in sich verspürt [...] dann ein Vaterunser beten.« Nach diesem Zwiegespräch soll der Beter in Stille bedenken, was gut und schlecht am Vollzug des Gebetes gewesen ist, damit er beim nächsten Gebet umso eifriger und offener vor Gott hintritt. So wird der Raum der Vorbereitung und Nachbereitung im Gebet nochmals zu einer Hilfe, um besser in das Gebet hineinzufinden.

6) Laß den ganzen Menschen beten!
Das hebräische Wort »kavanah« ist nicht leicht zu übersetzen, es läßt sich umschreiben mit den Worten »Ausrichtung«, »Aufmerksamkeit«, »Konzentration«, »Andacht«, »Innerlichkeit«. Es besagt das zwanglose Ausschütten des eigenen Herzens vor Gott. Dieses freie Gebet ist eine der tiefsten und schönsten Weisen des

Austausches mit Gott, es geschieht »von Herz zu Herz« und setzt den ganzen Menschen in Bewegung, läßt alles sich ergießen: Wollen, Erinnern, Denken, Hoffen, Fühlen, Träumen. Dies alles gehört mit hinein in das Loblied vor Gott.

7) Zerstreuungen müssen nicht zerstreuen!
Wer einen unruhigen und ungeordneten Alltag hat, wird zur Stunde des Gebetes der gleichen Unruhe in sich begegnen. Wer also im Gebet meist zerstreut und unkonzentriert ist, muß sich fragen, ob er nicht in seinem täglichen Tun gesammelter zu leben hat: dann wird die Ordnung des Alltags zum gesammelten Gebet finden lassen.

Hindern Gedanken und Leidenschaften am Beten, bleibt nichts anderes übrig, als das Gebet zu lassen und erst mit den auftauchenden Zerstreuungen umzugehen. Wilhelm von St. Thierry schildert recht anschaulich, wie gerade, wenn er zu beten anfängt, eine Flut von Gedanken auf ihn einströmt. Er unterdrückt diese Gedanken nicht, um andächtig beten zu können, sondern wendet sich ihnen ganz bewußt zu. Er versucht, ihnen auf den Grund zu gehen, da er überzeugt ist, nur so die Störung beseitigen zu können. Er schreibt:

So lasse ich also meine Gabe vor dem Altar liegen, und voll Ungeduld mit mir selbst gehe ich mir selbst auf den Grund. Ich begehre auf gegen mich selbst, zünde die Lampe des Wortes Gottes an und betrete mit grimmigem und erbittertem Geist entschlossen das finstere Gebäude meines Bewußtseins, um endlich zu klären, woher diese Finsternis, dieses abscheuliche Dunkel stammt, das mich vom Licht meines Herzens trennt. Da fliegt mir auch schon ein übler Mückenschwarm in die Augen und bringt es fast fertig, mich aus der Wohnung meines eigenen Bewußtseins zu vertreiben. Aber ich bin fest entschlossen, mir Eintritt zu verschaffen, denn schließlich steht mir hier das Hausrecht zu. Da stürzt sich eine Flut von Gedanken auf mich, völlig undiszipliniert und bunt und verworren, und das Herz des Menschen kann sie unmöglich sichten und klären, dieses Herz, das sie doch selbst hervorgebracht hat. Ich bleibe indes hartnäckig und setze mich auf einen Stuhl, wie wenn ich über sie zu Gericht sitzen wollte. Ich befehle ihnen, sich vor mir aufzustellen, damit ich das Gesicht und die Bedeutung eines jeden einzelnen sehen kann, um jedem seinen geziemenden Platz in meinem Haus zuzuweisen«.

Weil hinter Gedanken auch Gefühle stecken, wendet sich Wilhelm von St. Thierry nun ihnen zu. Erst wenn die Emotionen von Eifersucht, Zorn, Haß und Ärger abgelöst werden von der Liebe, kommen die Gedanken zur Ruhe und lassen den Blick für Gott frei werden: »Alles andere ist ausgeschlossen, und ich kann mich mit dir, o Wahrheit, einschließen und mich verbergen im Schatten deines Angesichts. Ich kann offener und vertrauter mit dir sprechen. Ich kann dir alle Abgründe meines Bewußtseins aufdecken.«

Die Beschäftigung mit den auftauchenden Gedanken und Stimmungen ist kein Selbstzweck. Denn die Emotionen und die Gedankenfetzen sind von großer Bedeutung für die Beurteilung des eigenen geistlichen Lebens; sie haben die gleiche Funktion wie die Träume und geben wertvolle Hinweise und Hilfen, wie I. Hausherr, einer der besten Kenner des alten Mönchtums, sagt: Die Zerstreuungen sind »eine Art von Wachträumen über das, was uns beschäftigt.« Deshalb können wir sie nicht einfach als »lästig« bzw. »unandächtig« abtun und unterdrücken, sondern müssen uns zuweilen ausdrücklich ihnen zuwenden. Diese Beschäftigung mit den anscheinend oft so gottfernen Zerstreuungen läßt mit dem ganzen Leben vor Gott treten und dient somit auch einem besseren, sogar tieferen Gebet.

8) Kriterium für die Echtheit christlichen Betens ist der Friede!
Wer sich auf den Weg zu Gott begibt, will auch eine Bestätigung dafür sehen, daß er auf dem rechten Weg zu Gott ist. Als Zeichen für die Echtheit des eigenen Bemühens darf der große Friede gelten, der sich immer mehr im Innern des Herzens ausbreitet.

Weitere Kriterien für die Echtheit des Betens sind die Erfahrungen von Lebensfreude und Lebensintensität, vor allem aber Hingabe und Liebe zum Mitmenschen. Die frohe Botschaft Jesu setzt die Beziehung zu Gott mit der Beziehung zu den Brüdern gleich. Wer seinen Bruder liebt, liebt Gott. Wie einer seine Mitmenschen behandelt, so verhält er sich vermutlich auch gegenüber Gott. Wer seinen Bruder haßt, haßt Gott. Fürchtet er sich vor den Menschen, so fürchtet er sich ebenfalls vor Gott: Mißachtet er einen Mitmenschen, indem er sich ihm überlegen fühlt, ist auch dies eine Geringschätzung Gottes. Wer Mitmenschen ausnützt oder betrügt, wird vermutlich ebenso Gott seinen eigenen Zielen unterordnen.

Jeder liebt Gott mit einem menschlichen Herzen. Wir besitzen nicht zwei Herzen; ein reines, unbeflecktes, edles, um Gott zu lieben, und ein anderes, schwaches, das durch menschliche Erfahrung mißtrauisch und verbittert ist.

Deshalb findet jede Veränderung in menschlichen Beziehungen das ihr entsprechende Echo in der Begegnung mit Gott. Wer wissen möchte, wie er zu Gott steht, der kann zunächst seine menschlichen Beziehungen überprüfen; sie dürfen ihm als »Thermometer« seiner Beziehung zu Gott gelten, wie die Altväter der Wüste betonen: »Alles, was du aus Rache gegen einen Bruder tust, der dich beleidigt hat, wird in der Stunde des Gebets in deinem Herzen auftauchen«, wie auch umgekehrt: »Wenn sich ein Mensch in seinem Gebet nicht an seine Handlung erinnert, bemüht er sich mit seinem Beten ins Leere.« Gott läßt sich nicht als Fluchtweg mißbrauchen (was zugleich als Bürgschaft dafür gilt, daß das von Gott geformte Bild nicht etwa eine Flucht vor der Wirklichkeit ist). Wird das Gebet aufrichtig und lebenswahrhaftig vollzogen, kann es nicht besser und schlechter als das Leben, als unser Alltag sein.

9) *Kein Gebet ohne Umkehr!*

Beten vor dem lebendigen Gott gleicht einer kopernikanischen Revolution. Entweder ist der Hunger nach Gott die Sonne, um die sich alles ordnet, oder Gott ist ein Gegenstand unter und neben anderen, der an dem sehr überfüllten Himmel des Lebens kreist. Das Gebet ist nicht etwas Zusätzliches im Tagesablauf oder irgendeine Technik geistlichen Lebens, sondern Ausdruck der eigenen Lebenshingabe an Gott. So befruchten und vertiefen sich Gebet und Leben gegenseitig: Die Sehnsucht nach Gott drängt zum Gebet, und das Gebet vertieft die Sehnsucht nach Gott.

Ohne diese unmittelbare Wechselwirkung würde das Gebet eher einer Symptombehandlung gleichen. Dies meint im medizinischen Bereich, daß für den Patienten viel gemacht wird, er ist umgeben mit einer Fülle von Betreuungen. Der Patient erfährt sich durchgehend als Empfangender, schließlich vielleicht sogar so sehr, daß er nicht mehr gesund werden, sondern gesund *gemacht* werden will. Die große Verbreitung der Psychopharmaka hat diese Erwartung vollends unterstützt: Nach einem übermäßigen Alkoholkonsum nimmt man lieber eine Tablette, als zu überlegen, ob man vielleicht besser seinen Lebenswandel ändern sollte.

Doch die Begegnung mit Jesus ist keine magische Therapie, keine wundervolle Heilung, in der einer gesund *gemacht* wird. Vielmehr fragt er: »Willst du gesund werden?« Jesus ruft den Wandlungswillen des Menschen mit Energie und Entschiedenheit auf: »Wandelt euch! Bemüht euch! Bittet! Klopft an! Sucht! Müht euch! Seid immer bereit!«

Ausdruck der Sehnsucht nach Umkehr und Wandlung ist das »Vorbereitungsgebet«, in dem der Beter Gott sagt, »was ich will und von ihm ersehne« (id quod volo). Ohne dieses Wollen bliebe das Gebet leer, es würde am Beter wie auch an Gott vorbeibeten und nichts »nützen«. Das Johannesevangelium erinnert hier, gleichsam als Mahnung für jene, die beten, aber nicht umkehren wollen: »Ihr wolltet eine kleine Weile fröhlich sein in seinem Licht«, aber ihr wolltet euch nicht zum Licht kehren (vgl. Joh 5,35).

IX. Sakrament des Alltags

Die Feier der Eucharistie ist nach Aussage des Zweiten Vatikanischen Konzils »der Höhepunkt, dem das Tun der Kirche zustrebt, und zugleich die Quelle, aus der all ihre Kraft strömt«. Wenn im Folgenden die Eucharistie in ihrer Bedeutung für das geistliche Leben im Alltag bedacht wird, bekommen die Überlegungen allein schon deswegen ein besonderes Gewicht, weil die Mitfeier der Eucharistie meist gerade nicht als »Höhepunkt und Quelle« des christlichen Lebensalltags erfahren wird; sie scheint meilenweit von ihm entfernt zu sein, da sie ihn nur in geringem Maß befruchtet. Der Frankfurter Pfarrer Lothar Zenetti schrieb hierzu unter der Überschrift »Inkonsequent«:

> *Frag hundert Katholiken,*
> *was das wichtigste ist*
> *in der Kirche.*
> > *Sie werden antworten:*
> > *Die Messe.*
>
> *Frag hundert Katholiken,*
> *was das wichtigste ist*
> *in der Messe.*
> > *Sie werden antworten:*
> > *Die Wandlung.*
>
> *Sag hundert Katholiken,*
> *daß das wichtigste in der Kirche*
> *die Wandlung ist.*
> > *Sie werden empört sein:*
> > *Nein, alles soll bleiben, wie es ist!*

Veränderungen in der Kirche, im Leben der Gemeinde, im Gottesdienst können Widerstand, ja Empörung auslösen. Wenn in unserem Text die eucharistische Wandlung und unsere eigene Wandlung unmittelbar miteinander verbunden sind, so ist das eine Verfremdung, die berechtigt ist, denn wir sollen anders aus dem Gottesdienst herauskommen, als wir hineingegangen sind: »Wer Gott begegnet ist, muß auf einem anderen Weg heimkehren, als er gekommen ist« (Ch. de Foucauld).

Wer von dem Brot ißt und von dem Wein trinkt, ist hineingenommen in die Gemeinschaft mit Christus, die den ichsüchtigen Menschen verwandelt und aufnimmt in die Kommunion der Liebe zu seinen Brüdern und Schwestern.

1. Alltägliches

Die bittere Wirklichkeit des Alltags bestätigt nur zu oft das Vorurteil von der Übermacht der Verhältnisse: Das Aufopfern der eigenen Interessen im Interesse anderer ist rührend, aber folgenlos. Mit Idealen kann offenbar diesen Verhältnissen nicht beigekommen werden, sogar dann nicht, wenn einer lebt »gehorsam bis zum Tod, bis zum Tod am Kreuz« (Phil 2,8).

Doch setzen Ostern und Auferstehung Jesu dieses Vorurteil von der Übermacht der Verhältnisse außer Kraft. Alles, was auf der Welt an Leid und Not erlebt wird, dauert nur noch »drei Tage«, denn nicht die Verhältnisse sind stärker, sondern die Liebe. Seit Christus aber aus Liebe sein Leben hingab für seine Freunde (vgl. Joh 15,13), ist das neue Heil für den Glaubenden alles andere als harmlos: Daß alles schon erlöst und geheilt ist, wird sich meist nur unter Leiden und Kreuz durchsetzen können in einer Verwandlung dessen, was noch nicht gut ist.

In der Eucharistie ist dem Glaubenden das Vermächtnis der rettenden und Heil schenkenden Liebe anvertraut. Sie fordert ihn auf, statt an die Übermacht der Verhältnisse nun an die den Tod überwindende Kraft der Hingabe Jesu zu glauben und in allen Problemen des Lebens und der Welt das Danken zu lernen, d.h. Eucharistie zu feiern, ja Eucharistie zu sein. Die Danksagung des Lebens geschieht nicht mit irgendwelchen Kostbarkeiten des Lebens; sie würden den Blick von der Armut und Armseligkeit dieser Erde abwenden. Vielmehr vollzieht sich der Dank vor Gott recht einfach, nämlich mit Brot und Wein, dem Alltäglichen, Unbeachteten, weil Selbstverständlichen. Ein einfaches Stück Wirklichkeit kann Träger des Lebensgeheimnisses sein, Ort der Offenbarung der Liebe Gottes. Diese Einfachheit der Zeichen ist ein wichtiger Hinweis für christliches Welt- und Lebensverständnis: Es gibt kein Lebensereignis, nichts Alltägliches, das nicht zum Träger der Liebe Gottes werden kann. Gott kündet sich mit Sturm an, wird aber dem Propheten im Säuseln des Windes spürbar. Er erscheint nicht über den Zedern des Libanon, sondern vor einem Dornbusch legt Mose die Sandalen zum Gebet ab. Die »Materie« der Begegnung mit Gott ist so einfach wie Brot und Wein. Jede Begegnung, jedes Erlebnis, jedes Wort, jedes Gefühl, jeder Gedanke, jede Geste - all das gehört in den »göttlichen Bereich«; »in allen Dingen« kann Gott gesucht und gefunden werden.

Doch das Kleine lebt von einer großen Verheißung, es steht in der Spannung des »schon« und »noch nicht«. Geschenkte Gegenwart Gottes und noch ausstehende

Nähe des Herrn gehören hier zusammen. Die Feier der Eucharistie vollzieht sich in der Spannung von Dankbarkeit und Geduld: *Dankbarkeit*, weil wir »schon empfangen haben, worum wir bitten«, und *Geduld*, bis die eucharistische Gabe zu ihrer himmlischen Gestalt und ihrer eschatologischen Süße gekommen ist.

Weil die Eucharistie alle Zeitdimensionen christlichen Lebens und alle seine Bereiche und alltäglichen Erfahrungen umfaßt, gilt sie mit Recht als *der* Vollzug im Leben des Glaubens. Zudem stellt sie eine Zusammenfassung der christlichen Spiritualität dar. An erster Stelle dadurch, daß sie den Blick auf die Liebe Gottes lenkt, wie sie uns in Jesus nahegekommen ist; dann dadurch, daß in ihr alle wichtigen geistlichen Vollzüge ausgeübt werden: Die Eucharistie versteht sich als Dankopfer; sie fordert im Bußritus zur Gewissenserforschung und zum Sündenbekenntnis auf, sie ist Schriftlesung und Hören auf das Wort, sie schließt in der Fürbitte alle Nöte der Menschen mit ein, sie verkündet den Leben schaffenden Tod als Gesetz des Lebens, feiert in der Verwandlung den Wegcharakter allen Lebens, fordert zu Vereinigung und Kommunion auf und sendet schließlich aus, um das Evangelium durch Wort und Werk an andere weiterzugeben (E. Walter). Wer die Eucharistie bewußt mitfeiert, hat alle Vollzüge des geistlichen Lebens »in nuce« gelebt. So erweist sich die Feier in vielfacher Hinsicht als »Sakrament des Alltags«, als »Höhepunkt und Quelle« christlichen Lebens.

2. Neue Zeit

Durch die Feier der Eucharistie erscheint nicht nur das Leben in einem neuen und anderen Licht, auch die Zeit und ihre Erfahrung werden »verwandelt« und erhalten durch Jesus einen neuen inneren Sinn.

Dies wird zunächst und vor allem in der Feier des Sonntags sichtbar, wie der Exeget *Norbert Lohfink* in seinen Überlegungen zum Sabbat herausstellt: In sechs Tagen hat Gott das Werk der Schöpfung vollbracht, doch am siebten Tag hat er nicht geschaffen, sondern geruht und tief geatmet (Gen 2,3f.; Ex 31,17). Das Werk der Befreiung seines Volkes aus Ägypten wurde von Gott dadurch vollendet, daß er Israel in sein Land geführt hat, dem er den Ehrennamen »die Ruhe« zuteilt (Dtn 12,9). Damit gab er seinem Volk den Rhythmus von sechs Werk-Tagen und einem siebten Tag der Ruhe und des Ausruhens, damit in seiner immer wiederkehrenden Erfahrung auf die sechs Tage der Gestaltung der Welt und des Miterlebens des Wirkens Gottes in der eigenen Geschichte ein Tag der Ruhe folgt, an dem Anteil gegeben wird an Gottes Ruhe und Gottes Freiheit genossen werden kann (Ex 20,11 und Dtn 5,12-15).

Durch die Feier des Sabbats unterschied sich Israel von den anderen Völkern. In Mesopotamien gab es viele Feste und Tabutage, aber es gab keine dem Sabbat entspechende rhythmische Arbeitsruhe. Der Sabbat der Juden machte sichtbar, daß sie anders waren, und provozierte die Frage nach dem Warum.

Wer Gott in allen Dingen seines Lebens sucht, wird in der Feier des Sonntags eine andere Zeitauffassung leben, als sie heute üblich ist. Für die heutige Gesellschaft wird der Sonntag (das »Wochenende«) immer mehr zu einem Ort ersehnter Kreativität. Die meisten erfahren ihre Berufsarbeit nicht als »kreativ«, sie leben auf jene »freie« Zeit hin, in der sie endlich schaffen und sich sinnvoll einsetzen können für Familie, Haus und Garten: Endlich können sie wirklich arbeiten! Ganz anders muß das biblische Verständnis eines freien Tages empfunden werden, an dem Gott nach wahrlich sechs kreativen Tagen seine Kreativität einstellt, ausruht und nur noch atmet. Diese göttliche »Ruhe« empfängt, wer sich in der Eucharistie der göttlichen Gelassenheit übergibt und sich im Alltag in sie hineinnehmen läßt.

3. Größere Ehre Gottes

Nach biblischem Verständnis sind Sabbat (und Sonntag) nicht eine Zeit der Gottesbegegnung, wie sie in der Einsamkeit der Wüste erfahren wurde. Auch unterscheidet sich ein solcher Tag von den sonstigen großen Festtagen, an denen Israel die gewohnte Umgebung verließ und sich auf Wallfahrt begab. Vielmehr wurde und wird der Sabbat dort gefeiert, wo man wohnt, und zwar gemeinsam mit denen, die mit einem wohnen. Dabei vollzog und vollzieht er sich nicht in Form von Familienbesuchen und gemeinsamen Spaziergängen, sondern in einer »heiligen Versammlung«, gemäß der Weisung der Heiligen Schrift: »Sechs Tage lang sollst du deine Arbeit tun. Am siebenten Tag ist volle Arbeitsruhe, ist heilige Versammlung, da soll keiner von euch irgendeine Arbeit tun. Es ist ein Ruhetag, Jahwe geweiht, an allen euren Orten« (Lev 23,3).

Norbert Lohfink hat des öfteren dargelegt, daß schon beim alttestamentlichen Sabbat der Sinn einer solchen »Versammlung« darin besteht, Gott zu loben und ihm für seine Wohltaten in Schöpfung und Geschichte zu danken. Nicht anders verhält es sich bei der christlichen Feier des Sonntags: Die »Eucharistia« ist, wie der Begriff sagt, eine Danksagung. Doch weiß eine christliche Gemeinde von heute überhaupt noch, wofür sie Gott zu loben und ihm zu danken hat?

Im Wortgottesdienst der frühchristlichen Gemeinden wurden in feierlicher Form gerade solche Texte verlesen, die von Gottes Heilshandeln in der Geschichte erzählen. Erwählung und Führung des Volkes Israel, Sendung, Tod und Auferweckung Jesu von Nazareth - aber auch die letzten Ereignisse in der Gegenwart führten die

Gemeinde zu Lob und Dank gegenüber Gott. Rechnet der Christ heute nicht viel zu wenig damit, daß Gott noch immer in der Geschichte handelt? Ist er - theologisch betrachtet - überhaupt in der Lage, von heutigen Geschichtstaten Gottes zu sprechen und eine Bewegung, die durch die Christenheit geht, als »Werk Gottes« zu deuten?

In der Urkirche war dies anders; sie lebte aus dem Bewußtsein, daß Gott mit seiner Gemeinde und mit jedem einzelnen in ihr eine Geschichte aufnimmt und sie auf ihrem Weg führt. Die Apostelgeschichte erzählt mehrfach (Apg 4,23-31; 11,1-28; 12,11-17; 14, 27f.; 15,1-35; 21,18-20) geradezu modellartig, wie in der Versammlung der Christen Geschehnisse der Gegenwart theologisch als Taten Gottes gedeutet und Anlaß zum Gotteslob werden.

Aufgabe der Christen ist es, im Einklang mit Gottes Willen zu handeln und zu wirken, aber auch, Gott zu loben und zu ehren: durch den Lobpreis auf Gottes Heilshandeln in der Vergangenheit wie auch in der Gegenwart. Wenn in der Eucharistiefeier Gottes Heilstaten (der Vergangenheit) aufgezählt und gefeiert werden, ist das die »Ehre Gottes«; wenn dabei jedoch auch Gottes augenblickliches Heilswirken in der gegenwärtigen, konkreten Geschichte der Versammelten zum Lobe Gottes ausgesprochen wird, so wäre das »die größere Ehre Gottes«. Jeder Sonntag ist eine solche »Ehren-Rettung«: Gottes Wirken wird aus dem Alltäglichen und Selbstverständlichen herausgeholt und ist Anlaß zu erneutem Lob. Weil die Gemeinde in allen Dingen Gott wirken sieht, dankt sie in der Eucharistie nicht nur für seine früheren, sondern auch für seine gegenwärtigen Heilstaten; umgekehrt enthält jede Eucharistie die Aufforderung, im Alltag von heute nach Gottes Heilshandeln zu suchen und zu fragen.

4. Zeichen der Freundschaft

Die Gemeinschaft, die Israel in der Feier des Sabbats erfahren hat, ist zum Zeichen der Freundschaft und des Sich-Verstehens geworden. Dies wird in einer Begebenheit aus der Geschichte Israels deutlich.

Das Land Israel, das Volk der Juden, war in seiner jahrtausendealten Geschichte immer wieder von übermächtigen Gegnern umgeben, aber nicht immer hat es ihnen so trotzen können wie heute. Im März 597 vor Christus fiel Jerusalem unter dem Ansturm der babylonischen Truppen. Der erst 18jährige König Jojachin wird gefangengenommen und muß fast vierzig Jahre als Deportierter in babylonischer Gefangenschaft verbringen. Erst als der babylonische König Nebukadnezar stirbt, erläßt sein Nachfolger zum Regierungsantritt eine Amnestie. Darüber berichtet das 2. Buch der Könige: »Im 37. Jahr nach der Deportation des Jojachin von Juda, am

27. Tag des 12. Monats, begnadigte der König von Babel den König Jojachin von Juda. Er befreite ihn aus dem Kerker, redete freundlich mit ihm [...], er durfte seine Gefängniskleider ablegen und ständig an der königlichen Tafel essen, sein ganzes Leben lang« (25,27-29).

Der neue König zieht also einen Strich unter die Vergangenheit, söhnt sich mit dem früheren Gegner aus und befreit ihn. Und wie drückt sich das aus, wie wird das nach außen sichtbar? »Er durfte beständig an der königlichen Tafel essen, sein ganzes Leben lang.«

Das gemeinsame Mahl ist das Zeichen der Versöhnung, der neuen Gemeinschaft. Darin wird sichtbar, was für den ganzen alten Orient gilt und sich vielfach belegen läßt: Miteinander essen heißt, miteinander vertraut sein. Jemanden an seinen Tisch einladen heißt, ihn als Freund in den Kreis derer holen, die vom gleichen Brot essen wie der Hausherr. Das äußere Zeichen des gemeinsamen Essens ist Ausdruck der inneren Gemeinschaft und Zuneigung. »Komm an meinen Tisch« heißt: »Komm, ich bin dir gut, ich vertraue dir.« - Das gilt im ganzen Orient!

Für den gläubigen Juden war die gemeinsame Mahlzeit also nicht nur eine Sache menschlicher Geselligkeit, sondern ein Zusammenschluß unter Gottes Augen und mit Gottes Gaben, äußeres Zeichen für die innere Wirklichkeit: Beschenktwerden von Gott mit Nahrung, mit Freundschaft, mit Leben. Dieser gleiche Gedanke soll und kann auch für eine christliche Mahlfeier bestimmend sein: Hier ist Gott selber Geber und Gabe zugleich, und wer an seinem Mahl teilhat, ist nicht nur mit Gott vertraut (von daher erklärt sich das Tischgebet!), sondern auch mit dem Mitmenschen, der an dem Mahl partizipiert. Christliche Mahlfeier ist Einübung in die Freundschaft mit Gott und mit den Menschen.

5. Altar der Familie

Im Judentum ist der Unterschied zwischen dem Haus als Wohnort der Familie und der Synagoge als Versammlungsort der Familien vor Gott nie sehr groß gewesen. Die vielen Berakot im jüdisch-religiösen Familienalltag und das Geschehen in der Synagoge stehen in einem inneren Zusammenhang, denn in der jüdischen Glaubensgemeinschaft gilt jede Familie als eine religiöse Gemeinschaft. Die religiösen Bräuche und Vorschriften, die für die Gemeinde gelten, werden in das häusliche Leben übernommen und verleihen ihm ein besonderes Gepräge, so daß das Haus ein kleines Heiligtum ist, jeder Tisch in gleicher Weise ein Altar.

Nach dem Wort aus dem Buch Exodus: »Ihr aber sollt mir als ein Reich von Priestern und als ein heiliges Volk gehören« (Ex 19,6), hat jeder Israelit im Volk teil an der Aufgabe des Priesters, in der Familie aber besonders der Vater. Er hat die Kinder in der Tora zu unterweisen und ihnen von Gott zu »erzählen«. Vor allem hat er durch sein Leben Zeugnis abzugeben von der Liebe und Einzigkeit Gottes. Seine besondere Aufgabe ist es, seine Kinder zu segnen und am Freitagabend für sie den Segenswunsch zu sprechen. Dies ist ein priesterlicher Dienst, den er leistet, weil er in seiner Familie die Ordnung Gottes abbilden, seine Frau und seine Kinder von Gott her verstehen und lieben und alle Lebensbereiche seiner Familie in ihren konkreten Strukturen und Problemen dem Anruf und Willen Gottes öffnen will.

Das jüdische Haus und seine Familien sind der Entstehungsort der christlichen Ecclesia. Paulus und die junge Gemeinde mußten nicht erst Hausgemeinden gründen, sondern konnten die vorhandenen Hausgemeinden für die Botschaft Jesu öffnen (allerdings bedeutet dieses Öffnen, wie Mk 3,31-35 zeigt, immer auch eine zusätzliche Intensivierung der häuslichen Situation, denn diese ist ja unmittelbar betroffen durch das Hereinbrechen der Gottesherrschaft). So haben Strukturen des jüdischen Familienverständnisses die christliche Gemeinde und Gemeinschaft geprägt. Für die Frage nach der Beziehung von Leben und Sakrament heißt dies: Die Grundstruktur der Freundschaft und des Miteinander-Vertraut-Seins, das Eingebunden-Sein der Liturgie in häusliche und familiäre Prozesse, die Verantwortung einzelner für das Öffnen der Gemeinde und der Gemeinschaft für den Willen Gottes und die Aufgabe, Segen für andere zu sein - alle diese Strukturelemente des Sakraments befruchten den Alltag und das Leben in der Welt, so daß das Sakrament im wörtlichen Sinn einen »Sitz im Leben« erhält. Die Feier der Eucharistie gibt dem alltäglichen Leben Sinn, Weihe und Vertiefung von Gott her.

6. Gemeinschaft im Glauben

Christliche Gemeinschaft ist keineswegs um ihrer selbst willen da, sie kann sich auch nicht mit sich selbst begnügen, sondern steht unter Gottes Anruf zum Aufbruch, zum je neuen »Exodus« in die Zukunft, die Gott seinem Volk auf dem Weg eröffnet. Dies zeigt sich zunächst in der jüdischen Feier. Sie ist stets als Fest des Aufbruchs verstanden worden. Wer dieses Fest feiert, identifiziert sich mit dem »Ur-Sprung«, in dem die Grenzen zwischen damals und heute aufgehoben sind. So heißt es im jüdischen Ritual der Passahfeier: »In jedem Geschlecht ist der Mensch verpflichtet, sich vorzustellen, er selbst sei aus Ägypten ausgezogen«, und Ex 13,9 kommentiert dies mit den Worten: »Denn mit starker Hand hat Jahwe dich aus Ägypten herausgeführt.«

Das Passahmahl setzt den befreienden Auszug überall gegenwärtig; wo das Mahl gehalten wird, da weiß man sich gegenwärtig von Gott aus der Knechtschaft herausgeführt. - Jesus führt durch seinen Tod und seine Auferstehung die Geschichte zwischen Gott und Israel einen entscheidenden Schritt weiter in die Erfüllung; auch die Knechtschaft des Todes ist besiegt, und zwar für alle Menschen, hier und jetzt.

Der Aufbruch geschieht in eine neue Zukunft hinein, aber auch in eine neue Existenzweise, die vom Wort und Lebensvollzug Jesu geprägt ist. Jesu Existenz ist »Pro-Existenz« und »Ko-Existenz«, Dasein für die anderen und in Gemeinschaft mit ihnen. Deshalb leben die Christen eucharistisch, nicht allein in der Feier des Herrenmahles, sondern auch im Leben und Teilen mit den Schwestern und Brüdern, mag der »Nächste« auch der Fremdeste unter den Fremden sein. Von den ersten Christen heißt es in der Apostelgeschichte: »Keiner unter ihnen mußte Not leiden; denn alle, die Grundstücke oder Häuser besaßen, verkauften sie, brachten das Geld zu den Aposteln und legten es ihnen zu Füßen. Davon wurde jedem zugeteilt, soviel er brauchte« (Apg 4,34 f). Das gemeinschaftliche Teilen ist für die ersten Christen die logische und unmittelbare Konsequenz ihrer Teilnahme an der Eucharistia vor Gott. Deshalb verwirklicht der Christ, der an der Eucharistie teilnimmt, den Auftrag des Herrn, wenn er »arm mit dem armen Jesus« ist und »gemeinsame Sache« macht mit den Armen.

Aber nicht nur Exodus und Proexistenz sind die beiden Kennzeichen christlicher Gemeinschaft, die aus der Teilnahme an der Eucharistie erwachsen, vielmehr ist sie auch eine Besinnung auf die wahre Mitte christlicher Gemeinschaft. Augustinus sagt: »frui Deo et se invicem in Deo«: sich Gottes freuen und des Miteinanders in Gott. Gewiß, Eucharistie ist Gemeinschaftsmahl; aber die erste Bezeichnung, die sie in apostolischer Zeit erhalten hat, ist nicht »Brudermahl«, sondern »Herrenmahl« (1 Kor 11,20) - und Paulus verweist, als es dabei gar sehr an Brüderlichkeit mangelte, nachdrücklich auf den Opfertod des Herrn.

Gemeinschaft ist unter Christen keine gruppendynamische Größe, sondern Geschenk des Herrn: »Die Kirche bewirkt die Eucharistie, und die Eucharistie verwirklicht die Kirche« (H. de Lubac). Weil Gemeinschaft im Glauben aus der Lebenshingabe des Herrn entspringt, kann das Da- und Mitsein von Jesu Schicksal und Los mitgeprägt werden; es kann oft glanzlos sein und ein hohes Maß an innerer Offenheit verlangen. Eucharistisches Leben ist für Jesus die Entscheidung für den »letzten Platz«, eine einzige »Karriere nach unten«. Wer sein Schicksal teilt, wird auch bereit sein, ggf. »Schuhabstreifer« oder »Blitzableiter« zu sein, sich »hinauskomplimentieren« lassen zu können, wie es der Herr erfahren hat, als er allmählich nirgends mehr »ankam«, am allerwenigsten in seiner Vaterstadt (Lk 4,24).

Es gehört zur Reife eines Christen, der an der Eucharistie teilhat, daß er nicht »aus den Wolken gefallen ist«, wenn er wie der »letzte Dreck« (1 Kor 4,13) behandelt wird oder der mühseligste Dienst mit Undank vergolten wird.

Ferner werden Menschen, die ihre Gemeinschaft »eucharistisch« verstehen, nicht als die Fordernden, sondern als die Dankenden und Empfangenden in das gemeinsame Leben mit anderen eintreten. Wie auch sonst im christlichen Leben, beginnt in der christlichen Gemeinde alles mit dem Danken. Nur wer für das Geringe dankt, empfängt das Große. Keiner kann wissen, wie es um die Gemeinschaft bestellt ist, sie ist ja ein Geschenk des Herrn, dessen Gedanken nicht unsere Gedanken und dessen Wege nicht unsere Wege sind. Deshalb braucht der Christ nicht ständig den Puls seines geistlichen Lebens zu fühlen oder im Leben der Gemeinschaft fortgesetzt ihre Temperatur zu messen. Je dankbarer wir täglich empfangen, was uns gegeben ist, desto gewisser und gleichmäßiger wird die Gemeinschaft von Tag zu Tag zunehmen. Unzählige Male ist eine Gemeinschaft zerbrochen, weil sie aus einem Wunschbild oder Ideal heraus lebte. Wunschbilder verhindern Gemeinschaft, denn sie stellen die einzelnen als Fordernde in den Kreis der Gemeinschaft: der einzelne steht dann gleichsam als lebendiger Vorwurf im Kreis der Mitmenschen.

Ganz anders das eucharistische Verständnis einer christlichen Gemeinschaft, die nach einem Wort von Papst Leo dem Großen aus der Dankbarkeit lebt und genährt wird: »Wir gehen in das über, was wir empfangen.« Gleiches will Augustinus, der Bischof in dem drittklassigen Provinzstädtchen Hippo, seinen Fischern verkünden: »Euer Geheimnis ist auf den Altar gelegt: seid, was ihr seht, und empfangt, was ihr seid: Empfangt den Leib Christi, und: Seid der Leib Christi!«

Es bleibt nicht beim reinen Empfangen; die Gabe wird zur Aufgabe, wie Augustinus im »Gottesstaat« betont: »Gott will nicht Opfer geschlachteter Tiere, er will das Opfer geöffneter Herzen. Das wahre Opfer ist darum alles, was wir tun, um in heiliger Gemeinschaft Gott anzuhangen.« Damit erinnert der heilige Augustinus an das Pauluswort: »Ist das Brot, das wir brechen, nicht Gemeinschaft (Teilhabe) am Leib Christi? Ein Brot ist es, darum sind wir viele ein Leib; denn wir alle haben teil an dem einen Brot« (1 Kor 10,16f.). »Leib« meint im ersten Satz zunächst den eucharistischen Leib, im zweiten Satzteil hingegen uns selbst, die Gemeinschaft der Feiernden, die Kirche. Der eucharistische Leib nährt und baut den kirchlichen Leib auf. Durch das Essen des einen Brotes empfangen wir, was wir sind, und werden, was wir empfangen. Christus ist mit der Kirche im Vollsinn »Christus«, und nur mit der Kirche findet der Glaubende zum »ganzen Christus« (totus Christus), wie Augustinus betont. »Bis Er kommt« (1 Kor 11,26), schafft die Eucharistie eine Gemeinschaft, die Geschenk des Herrn ist, das wir in jeder Eucharistiefeier täglich neu erbitten und empfangen.

7. In Fülle

Freundschaft, Familie und Gemeinschaft sind Grundbezüge christlichen Daseins, die im Leben wie in der Feier der Eucharistie je neu eingeübt und vom Glauben durchdrungen werden müssen. Doch nicht nur sie, sogar die ganze Wirklichkeit, wie sie im Alltag erfahren wird, kann neu gesehen und durch die Eucharistie vertieft werden.

Täglich und alltäglich
Bei der Priesterweihe fragt der Bischof: »Seid ihr bereit, euch mit Christus, unserem Hohepriester, täglich enger zu verbinden und mit ihm Opfergabe zur Ehre Gottes und zum Heil der Menschen zu werden?« Mit dieser Bereitschaft wird jeder Tag zu einem neuen Anfang, jeder Tag ist erster Tag und jeder Tag ein Leben: »Heute, das ist der erste Tag vom Rest meines Lebens.«

Freilich ist es gerade christlicher Umgang mit der Zeit, daß Zeit da ist und zur Verfügung steht: »Der Teufel weiß, daß er wenig Zeit hat« (Apk 12,12), was in einer etwas freien Auslegung heißen kann, daß wir teuflisch leben, wenn wir feststellen, daß wir keine Zeit haben. Wenn die Hektik uns so übermannt, daß die Schöpfung zum Betrieb entartet, dann beherrscht die Diabolik unseren Tag und nicht die sakramentale Symbolik - jene Symbolik, die auf den Sabbat der Schöpfung rück- und vorverweist, die den Tag zur Opferhandlung macht.

Sauerteig
Die Feier der Eucharistie ist Einübung in den Ernst der »Stunde«, in der sich die gläubige Existenz des Christen zu bewähren hat. Zeugnis einer solchen Bewährung ist das Lebensschicksal des gefangenen A. Delp, der schreibt:

Wider das Zeugnis der Steine, an die unser Fuß gestoßen, wider das Zeugnis der Ketten, die uns binden, im Wort bleiben, unerschüttert und unermüdlich stehenbleiben: das ist die große Antwort, die ein Mensch Gott geben kann. Und nach der Gott jeden Menschen fragen wird. Es wird keinem geschenkt, der wach und erwachsen vor Gott dem Herrn gelten soll. Hundertfältig stellt Gott heute diese Frage. Daß wir fähig seien, die Antwort zu geben. Die Tugend der Unermüdlichkeit ist anstrengend. Aber sie erst macht den Menschen gottesfähig und öffnet ihm auch die Augen für die eigentliche Wirklichkeit Gottes.

Wenn der Glaube schwankt, die Hoffnung zerbricht, die Liebe erkaltet, die Anbetung erstarrt, der Zweifel nagt, der Kleinmut sich über alles Leben breitet, der Haß und die Anmaßung den inneren Atem würgen: dann ist das Leben auf den Tod verwundet. Dann ist es Zeit, umzukehren und den Geist von innen her neu bauen und schaffen zu lassen. Wehe dem Menschen, der dann allein bleibt und nichts weiß von der inneren Nähe des Geistes. Der Mensch allein verzagt und versagt.

Die »Tugend der Unermüdlichkeit« ist eine eucharistische Grundhaltung. Denn das christliche Zeugnis von Gott ist hineingenommen und gleichsam aufgehoben in eine gottlose und gottferne Zeit. Den inneren Bezug von Glaube und Welt veranschaulicht Jesus mit dem Bild des Sauerteigs: Ein Sauerteig, für sich allein genommen, ist sinnlos, ist sauer, ein ungenießbares Konzentrat. Vom Sauerteig allein kann man nicht leben! Und umgekehrt ist das ungesäuerte Brot nur mit Widerwillen genießbar: es ist fad, geschmacklos, ohne Würze, es ist schwer, klumpt zusammen. Wirkliches Brot, von dem man leben kann und das Lebensfreude spendet, wird erst erhalten, wenn der ganze Teig vom Sauerteig durchwirkt wird.

Dies sagt über die Eucharistie und ihren »Sitz im Leben«: Das Sakrament gehört zum Leben und das Leben zum Sakrament. Und für eine eucharistische Gemeinschaft und christliche Sendung in die Welt bedeutet es: Durch das Sakrament wird das Leben »sakrales«, lebenswertes Leben, und durch das Leben wird das Sakrament zu einem lebenschaffenden Sakrament.

Senfkorn

Christliches Leben steht unter dem Gesetz des Senfkorns. So viel Mut bedarf der Stärkung, so viel Verzweiflung der Tröstung, so viel Härte der milden Hand, so viel Einsamkeit schreit nach dem befreienden Wort, so viel Verlust und Schmerz sucht einen inneren Sinn! Gläubig auf die Fruchtbarkeit der schweigenden Erde harren und die Fülle der kommenden Erde erwarten, das heißt, die Welt verstehen. Gläubig ausharren - nicht, weil man der Erde traut oder dem eigenen Stern oder Temperament oder dem guten Mut, sondern »nur noch, weil wir die Botschaften Gottes vernommen haben« (A. Delp). Die Eucharistie leitet in der Einfachheit der Zeichen von Brot und Wein gerade zu einem solchen Hören der Botschaften Gottes an: »das Weizenkorn muß sterben, sonst bleibt es allein...«

Gewöhnlichkeit

Bleibt das Sakrament der Eucharistie vollends in den Alltag und in das gelebte Leben hineingenommen - täglich und alltäglich -, kann es auch zu einer Gewöhnung kommen, so daß das Sakrament im Bewußtsein der Gläubigen schließlich seine unterscheidende Kraft verliert.

Im Tagebuch Hebbels findet sich hierzu ein inhaltsreicher Satz: »Jede Geliebte wird einmal Hausfrau, jeder Purpur Rock, jede Krone Hut.« Theologisch wäre anzufügen: Jedes Evangelium wird einmal Literatur, jedes Prophetenwort ein Kalenderspruch, Jesu Kreuz ein liturgisches Gerät (H.D. Bastian). Die Aufgabe des einzelnen besteht darin, den Prozeß der Gewohnheitsbildung reversibel zu machen, also von der Hausfrau zur Geliebten und von der Literatur zum Evangelium zurückzukehren. Von selbst geschieht hier gar nichts, die Ehe verschlampt im Alltagstrott und der Bibeltext in der Feiertagsrezitation und die Eucharistie in einem langweiligen und einschläfernden Ritus. Christen werden jeden Sonntag die Eucharistie feiern; doch sie werden in ihrem konkreten Lebensalltag sie erst als Kraftquelle erfahren, wenn sie den beschrieben Prozeß der Gewohnheitsbildung reversibel machen und zur Ursprünglichkeit der Verheißung zurückfinden.

Signum prognosticum

Die mit dem Sakrament der Eucharistie gegebene Verheißung ist verborgen in der Gewöhnlichkeit der allsonntäglichen Feier: Jede Eucharistie ist und bleibt Fragment; doch ist auch in einem Fragment das Ganze verborgen gegenwärtig, wie sich in einer Glasscheibe die ganze Sonne widerzuspiegeln vermag.

Es gilt, sich Tag für Tag immer mehr die Feier der Eucharistie in ihren drei Zeitdimensionen anzueignen: Jede Eucharistie hält die feiernde Gemeinde in der Erinnerung an Gottes erstes Kommen in Israel (signum rememorativum), sie wird wachrütteln für seine Gegenwart hier und jetzt (signum demonstrativum) und dabei den Blick der Gemeinde offen halten für die noch ausstehende Vollendung (signum prognosticum).

Erst in einer eschatologischen Perspektive erhalten die Grundstrukturen einer eucharistischen Gemeinde ihren eigentlichen theologischen Ort. Als Mahl- und Exodus-Gemeinschaft darf die christliche Gemeinde sich nur dann als Jüngergemeinde »für die vielen« verstehen, wenn sie Ausschau hält, bis Er wiederkommt in Herrlichkeit. Die Feier der Eucharistie öffnet die tägliche Arbeit immer wieder für sein Kommen und zeigt, daß »unsere Heimat der Himmel ist« (Phil 3,20). Die Eucharistie führt zu einem neuen Sehen der Welt und des Alltags, und zwar mit Blick auf ihre letzte Vollendung hin.

8. Die Frage nach der Praxis

Die Eucharistie gilt als »Höhepunkt und Quelle« christlichen Lebens, was auch ihre Bedeutung für den Alltag hervorhebt. Doch stellt sich die Frage, wie verhindert werden kann, daß die Mitfeier der Eucharistie im Strom des Alltags und der täglichen Arbeiten untergeht. Wie können im Alltag konkrete Zeiten gesammelter Aufmerksamkeit vor Gott reserviert werden, damit Energiequellen des Glaubens nicht versiegen oder verlorengehen?

Madeleine Delbrêl, die mehr als drei Jahrzehnte als Christin in atheistischer Umgebung gelebt und mit Kommunisten gearbeitet hat, sagt einmal: »Gott schenkt uns jederzeit unsere Möglichkeit zu beten, aber diese entspricht nicht immer unseren Vorstellungen vom Gebet. Wir haben sicher die Zeit, so zu beten, wie Gott will, daß wir beten; vielleicht fehlt sie uns bloß, um nach unserer Vorstellung zu beten.« Dann vergleicht M. Delbrêl die Möglichkeit, wie man in einem beschäftigten städtischen Leben beten kann, mit Ölbohrungen. Sie sagt: Um ausreichend Brennmaterial zu haben, hat man früher Tausende von Quadratkilometern Wald abgeholzt und in weitläufigen Systemen unterirdischer Stollen Kohle abgebaut. Aber um eine Ölschicht zu erreichen, braucht man wenig Grundfläche. Man bohrt schmale senkrechte Schächte in die Tiefe, bis die Energiequellen erschlossen sind. So ist es heute in manchem städtischen Leben: Das Gebet ist nur durch Bohrungen möglich, wobei die Intensität ggf. seine Dauer ersetzt. Solche Bohrungen können nicht improvisiert werden, sondern müssen ihren festen Ort im Alltag haben. Wer ihnen durch die Feier der Eucharistie und die Zeiten des Gebetes einen solchen festen Ort in seinem Leben einräumt, lebt in und aus der Gemeinschaft und Freundschaft mit Gott.

Wie konkret die Feier der Eucharistie das alltägliche Leben des Christen prägt und bestimmt, zeigte Hermann Kardinal Volk auf folgende Weise. Der frühere Dogmatikprofessor in Münster umschrieb bei Vorlesungen das Geheimnis der eucharistischen Feier oft mit den Worten: »Uns kostet es eine Stunde Zeit, Jesus aber hat es das Leben gekostet!« Die Eucharistiefeier ist nicht ein »Verschnaufen« oder Sichzurückziehen in die stille Vertrautheit mit dem Herrn, sondern ruft hinaus in den Dienst der Welt, in dem es »keine größere Liebe gibt als die, die das Leben hingibt für die Freunde« (Joh 15,13). Wer am Lebensopfer Jesu teilhat, wird nicht großartig als Held gefeiert; und er selber wird, wie Maximilian Kolbe, der im KZ für einen jungen Familienvater in den Todeshungerbunker ging, nicht viel sagen. Eintreten in das Opfer Jesu ist selten eine heroische Tat. In der Regel ist es zermürbend und mühsam, wenn die eigene Kraft des Lebens stückchenweise verbraucht wird, z.B. als Mutter für die Kinder, als Vater für die Familie. Diese Hingabe ist eine schweigende, um die wir im Dritten Hochgebet beten: »Stärke uns durch den Leib und das Blut deines Sohnes und erfülle uns mit seinem Heiligen Geist, damit wir ein Leib und ein Geist werden in Christus. Er mache uns auf immer zu einer Gabe, die dir wohlgefällt.« Das ist kein erhebendes Wort: Nach einem aufreibenden Leben als Seelsorger im Pförtnerbüro zusammenzubrechen (wie es bei Kardinal

Döpfner geschehen ist), das hat mit Liturgie scheinbar gar nichts zu tun, und doch darf es in wahrhaftigem Sinn als Kern des eucharistischen Geschehens gelten.

Schließlich ist die Feier der Eucharistie am Sonntag eine wichtige »Erinnerung«, ähnlich wie bei den Juden das Festhalten am Sabbat ein wesentliches Distinktivum.

Zur »Wiederentdeckung des Sonntags« einige Hilfen, wie sie *Heinrich Spaemann* niederschrieb:

1) Den Sonntag am *Vorabend* beginnen. Denn da beginnt seine Heiligung durch Gott.

2) *Ruhe* am Sonntag so aus, als sei die ganze Arbeit getan. Laß auch jeden Gedanken an Arbeit ruhen.

3) Die Stunde im Gotteshaus ist die Einübung in den *ganzen Tag*: 24 Stunden Sonntag feiern!

4) Sich die Welt und den Nächsten *Geschenk* sein lassen, es wieder neu erfahren, daß in der Schöpfungsordnung Gabe vor Aufgabe kommt, und daß jede Aufgabe letztlich in Weitergabe besteht, also nicht im Mehren und Festhalten von Eigenbesitz. Daß einer für den anderen seine Zeit offenhält, um sie mit ihm zu teilen, wie sie ihm geschenkt ist, ist sabbatliches und zeitgerechtes Verhalten.

5) Dem Lobpreis, dem Singen, der Freude und der Bejahung Raum geben und sich für die *Stille* eine Zeit nehmen. Nimm eine Zeit, in der Gott Dir allein genügt! Dies darf als ein Dienst der Stellvertretung gelten, also mit Blick auf die vielen, die meinen, keine Zeit für Gott zu haben, der ihnen die Zeit schenkt.

6) Sabbatgeist ist *Ja-Geist*. Um den Glanz dieses Tages erfahren zu können, bedarf es gewisser Enthaltungen. Nächst dem Verzicht auf unnötige Arbeit ist eine wichtige sabbatliche Übung der radikale Verzicht auf Kritik. - Im Alltag geht jeder vor allem seinen Geschäften nach, wobei ein Zusammenkommen meist zweckorientiert bleibt: Einer braucht den anderen mit bestimmten Fähigkeiten und Funktionen als Hausfrau, Schreiner, Elektriker, Arzt. Am Sonntag jedoch gilt es, sich dem anderen selbstlos und zweckungebunden zuzuwenden.

7) Häufung von Frömmigkeitsübungen als Regel oder unter Zwang ist sabbatwidrig. Die *Freiheit* der Kinder Gottes leben - auch in der Zuwendung zu Gott.

8) Was löscht den Sabbatgeist aus? Ein geistloses oder ein beliebiges Sich-Füttern-Lassen mit den Angeboten der Unterhaltungsindustrie. Ein Sonntag ist nicht dazu da, sich die Zeit zu vertreiben, sondern sie mit *wahrem Leben* zu erfüllen und sich darin einzuüben, sich immerfort als Beschenkter zu verschenken.

9) Die *Wiederkunft des Herrn* erwarten. Unsere Lebenszeit ist nicht da für ein Ding, eine Maschine oder ein anderes Objekt, sondern bringt zum Ausdruck, wie Gott Zeit gemeint hat und warum er uns Leben schenkt: »Deinen Tod, o Herr, verkünden wir, und deine Auferstehung preisen wir, bis du kommst in Herrlichkeit.«

X. Sakrament des Augenblicks

Der Mensch wird in dem Augenblick zu einem Beter, wenn er in und mit seinem ganzen Leben betet. Die Weisung der Heiligen Schrift: »Betet ohne Unterlaß!« deutet Martin Luther so: »Unser Haus, Hof, Acker und alles ist voller Bibel, daß Gott durch seine Wunderwerke nicht allein predigt, sondern auch an unsere Augen klopft, unsere Sinne anrührt und uns gleichsam ins Herz leuchtet, wo wir es haben wollen, wir sollen aufmerken und wahrnehmen.«

Gottes Gegenwart in allen Dingen hat die geistliche Tradition der Kirche immer wieder bedacht. So verlangt z.b. Benedikt vom Cellerar: »Alle Geräte des Klosters und den ganzen Besitz betrachte er wie heilige Altargefäße. Nichts glaube er vernachlässigen zu dürfen.« Dieser Hinweis dürfte eine Anspielung auf einen Text des Propheten Sacharja sein: »An jenem Tag wird auf den Pferdeschellen stehen: Dem Herrn heilig. Die Kochtöpfe im Hause des Herrn werden gebraucht wie die Opferschalen vor dem Altar. Jeder Kochtopf in Jerusalem und Juda wird dem Herrn der Heere geweiht sein« (14,20 f). In der eschatologischen messianischen Endzeit wird alles heilig sein, dann steht alles im Dienst des Herrn. Für Benedikt ist Gott so intensiv überall gegenwärtig, daß diese Gegenwart schon jetzt alles ergreift.

Wie sehr Gottes Gegenwart den Alltag des Glaubenden bestimmt - bis in die ganz gewöhnlichen Vollzüge -, will eine chassidische Erzählung verdeutlichen: »Daß ich zum Maggid fuhr, war nicht, um Lehre von ihm zu hören, nur um zu sehen, wie er die Filzschuhe aufschnürt und wie er sie schnürt.« Schon im Schnüren der Schuhe war der Maggid mit Gott verbunden, und die Art seiner Bewegung spiegelte in allem das Ruhen in Gottes Gegenwart wider. So soll im Folgenden die Rede sein von der Gegenwart Gottes in allen Dingen, aber auch von den »Wandlungen Gottes« (E. Barlach), durch die »der Augenblick nur jeweils ein gewandeltes Fragment der Ewigkeit ist« (R. Bultmann).

1. Der Freund vom Lieben Gott

Wer in die Nachfolge Jesu eintritt und ein Leben in der Kraft des Heiligen Geistes führt, weiß um das Ziel und »das eine Notwendige«, das die Freundschaft des Herrn ist. Von ihr spricht eine kleine Begebenheit, die vom Gebet eines Vierjährigen erzählt wird. Er betete:

»Lieber Gott, mach doch bitte, daß morgen der Schornsteinfeger kommt!« Am nächsten Tag stand der Schornsteinfeger »zufällig« und außerplanmäßig in der Tür. Der kleine Junge fand das aber ganz selbstverständlich: »Ich bin eben der Freund vom Lieben Gott!« In die erstaunten Gesichter der Erwachsenen, die Zeugen seines Abendgebetes gewesen waren, ergänzte er sogleich: »... und ihr seid bloß Leute!« Paulus erzählt im vierten Kapitel des Philipperbriefes, wie er die Freundschaft mit Christus für sich erfahren hat und wie er zu einem »Freund vom Lieben Gott« wurde: »Ich habe mich im Herrn besonders gefreut, daß ihr Eure Sorge für mich wieder einmal entfalten konntet. Ich sage das nicht, weil ich etwa Mangel leide, denn ich habe gelernt, mich in jeder Lage zurechtzufinden. Ich weiß Entbehrungen zu ertragen, ich kann im Überfluß leben. In jedes und alles bin ich eingeweiht - in Sattsein und Hungern, in Überfluß und Entbehrung. Alles vermag ich durch den, der mir Kraft gibt« (Phil 4,12-13).

»In allem komme ich zurecht«, denn in allen Extremen des Lebens, in Hunger und Entbehrung, in Freiheit und Fesseln weiß Paulus um das letzte Ziel seines Lebens, das ihm nicht mehr genommen werden kann, auch nicht durch Fesseln, denn sie ketten ihn nur noch tiefer an den, mit dem er schon verbunden ist. Er hat einen solchen Grad innerer Freiheit erreicht, daß er - um es mit einem aus dem Französischen stammenden Wort zu sagen - »in den Fesseln tanzen« kann. Jesus ist für Paulus der neue Bezugspunkt, in dem alle Fäden seines Lebens zusammenlaufen: Jede Situation ist für den Apostel ein Begegnungsort mit dem auferstandenen Jesus, der ihm in jedem Augenblick seiner Arbeit, seines Apostolates und seiner Verfolgungen entgegenkommt und dessen Antlitz sich in seinem Leben immer mehr enthüllt. Was Paulus erfährt, haben viele Menschen nach ihm in der Nachfolge des Herrn gefunden: die Freundschaft des Herrn, der »in allen Dingen« des Lebens gegenwärtig ist. Was sie alle in ihrem Leben erkannt haben, faßt der heilige Vinzenz Palotti in die Worte: »Suche nach Gott, und du wirst ihn finden. Suche ihn immer, und du wirst ihn überall finden!«

Wer in allen Situationen des Lebens aus dem Wissen um die Gegenwart Gottes leben möchte, braucht jedoch nicht ständig an den Herrn zu denken und den Blick auf ihn zu lenken. Vielmehr muß er vieles tun, ohne daß er an Gott denkt; doch das heißt nicht, daß es ohne Gott getan wird. Das Leben in Gottes Gegenwart bleibt bestehen, auch wenn das Gebet und der ausdrückliche Kontakt mit ihm verlassen werden, wie der Spruch einer bayerischen Wallfahrtskirche sagt: »Sag nicht 'Willkommen', wenn ich komme, noch 'Lebe wohl', wenn ich gehe, denn ich komme nicht erst, wenn ich komme, und gehe nimmer, wenn ich gehe.«

2. Das Ganze im Fragment

»Wenn ihr alles getan habt, dann sagt: Unnütze Knechte sind wir« (Lk 17,10). Dieses Wort Jesu wird im Alltag meist anders erfahren: den ganzen Tag über nur Hektik und am Abend nichts erreicht! Doch das »Unnützsein«, das Jesus meint, ist fern von jeglicher Art von Depressionen und Selbstvorwürfen; es ist auch nicht Anlaß zu immer größerer Leistung, sondern läßt das Eigentliche aufleuchten: Keiner ist gerettet und erlöst durch das, was er tut. Das Tun ist vor Gott keine Legitimation und keine Existenzberechtigung, denn: »Nicht wer sich selbst empfiehlt, ist bewährt, sondern der, den Gott empfiehlt« (2 Kor 10,18). Die Empfehlung Gottes, von der Paulus spricht, führt den Glaubenden zum Anerkennen der eigenen Grenzen und Möglichkeiten und läßt im Leben mit Gott den »kleinen Weg der Vollkommenheit« gehen, über den der heilige Franz von Sales schreibt:

Wenn dein Herz erschrickt bei dem Gedanken, daß du auf die hohe See hinausfahren sollst, dann bleibe auf dem Lande, wo du festen Boden unter den Füßen hast. Laß deinen Platz mit Maria zu Füßen des Herrn sein, und wenn du dich klein fühlst, dann strebe nicht nach großen und leuchtenden Tugenden. Denn es gibt Tugenden, zu denen du hinaufsteigen, und solche, zu denen du hinabsteigen mußt. So steige denn hinab und lerne die Geduld der Demut, die Sanftheit, die Nächstenliebe und das heilige Verstehen unserer Schwachheit.

Es ist nicht immer leicht, sich mit dem kleinen Weg zur Vollkommenheit abzufinden; der eigene Stolz sucht den großen Weg der Visionen, Ekstasen und außerordentlichen Taten der Nachfolge. Doch bei Gott erhält jedes Fragment eines Lebens einen unendlichen Wert, eine Lebenserfahrung, auf die Dietrich Bonhoeffer im KZ kurz vor seinem Tod in dem schon angeführten Wort hinweist:

Das Unvollendete, Fragmentarische unseres Lebens empfinden wir besonders stark. Aber gerade das Fragment kann ja wieder auf eine menschlich nicht mehr zu leistende höhere Vollendung hinweisen [...]. Wenn auch die Gewalt der äußeren Ereignisse unser Leben in Bruchstücke schlägt [...], so soll doch möglichst sichtbar bleiben, wie das Ganze geplant und gedacht war, und mindestens wird immer noch zu erkennen sein, aus welchem Material hier gebaut wurde oder werden sollte.

Aus sich selbst heraus ist der Glaubende nicht in der Lage, das Fragmentarische im eigenen Leben annehmen zu können, doch darf er »das Ganze im Fragment« als Geschenk und aus reiner Gnade von Gott her empfangen. Wer erlöst ist, hat sich seine Freiheit nicht erkämpft, sie ist ihm vielmehr geschenkt; unverdient und »umsonst« ist er befreit zu einem neuen Handeln in der Welt.

3. *Contemplativus in actione*

Die angebotene Freundschaft des Herrn und die Annahme des Fragmentarischen im eigenen Leben sind für den Menschen kein Freibrief, die Dinge laufen zu lassen, sondern er muß auswählen: »Ich habe euch heute vorgelegt das Leben und den Tod [...]. Wähle also das Leben, damit du lebst« (Dtn 30,19). Zu »wählen« hat der einzelne in den großen Entscheidungen seines Lebens, aber auch in den kleinen alltäglichen Gegebenheiten in der Begegnung mit den Mitmenschen, in den Gesprächen, im lebendigen Zeugnis der Arbeit und im alltäglichen Tun des Werktags. Gegen den heiligen Bernhard von Clairvaux hat der heilige Norbert gezeigt, daß die Mühen des Alltags und des Apostolates genauso gut zur Vereinigung mit Gott dienen können wie die passiven Reinigungen und Prüfungen der Kontemplation, und für Thomas von Aquin sind die Gaben des Heiligen Geistes sowohl auf das kontemplative wie auch auf das aktive Leben gerichtet.

Der Weg des Gebetes und der Kontemplation ist nicht schon der »vollkommenere« und »bessere« (vermutlich auch nicht der sicherere) Weg zu Gott. Dies weiß die geistliche Tradition der Kirche auf vielfältige Weise zu bezeugen; einige Beispiele seien kurz angeführt.

1) In einem *frühfranziskanischen Mysterienspiel* wird folgende Begebenheit dargestellt: »Nachdem sie (die Herrin Armut) sehr ruhig und doch mäßig geschlafen hatte, stand sie eilends auf und bat, man möge ihr das Kloster zeigen. Die Brüder führten sie auf einen Hügel, zeigten ihr die ganze Welt, soweit man sehen konnte, und sprachen: Herrin, das ist unser Kloster: die Welt!« Nach diesem Text besteht nicht nur kein Gegensatz zwischen universaler Sendung und klösterlichem Dasein, sondern sogar - mehr oder weniger - eine Identität: Das Kloster ist die Welt, die Welt das Kloster. Nach der franziskanischen Lebensform ist »Kloster« die Form der Kontemplation, die überall möglich und auch gefordert ist. Die Welt ist das Kloster des Franziskaners, also der Ort seines Betens, Meditierens, seines religiösen Lebens.

1225, also ein Jahr vor dem Tod des hl. Franz, fragt man Bruder Jordan von Giano, ob man den Brüdern in Erfurt ein Kloster bauen soll. Er kann darauf weder Ja noch Nein sagen, denn er weiß nicht, was ein Kloster ist. Für Franziskus selber ist die »Zelle« weniger ein Strukturprinzip als ein Lebensprinzip: »Wenn ihr auf Wanderschaft seid, so sei euer Wandel so ehrenwert, als ob ihr in einer Einsiedelei oder in einer Zelle geblieben wäret. Denn wo immer wir auch sind und wandeln, haben wir die Zelle bei uns. Denn Bruder Leib ist unsere Zelle und die Seele ist die Einsiedlerin, die zum Gebet und zur Meditation darin weilt. Wenn daher die Seele nicht in der Ruhe und in der Einsamkeit in ihrer Zelle bleibt, nützt eine religiöse, von Hand gemachte Zelle wenig.« Was mit »Zelle« gemeint ist, ist überall und immer zu leben. Sie ist ein Lebensprinzip, das sich in allen Strukturen und Situationen ausdrükken kann.

2) Ähnliche Gedanken finden sich aber auch in der *ignatianischen Spiritualität*. Als Franz Borja nach dem frühen Tod seiner Gattin im Jahr 1546 schon im geheimen in die Gesellschaft Jesu aufgenommen war, den offenen Eintritt aber bis zur Regelung aller familiären Angelegenheiten aufschieben mußte, erhielt er von Ignatius am 20. September 1548 einen Brief, in dem es heißt: »Ich möchte es für besser halten, insoweit ich mir über Eure Durchlaucht in unserem Herrn ein Urteil bilden kann, wenn Sie die Hälfte der Gebetszeit für das Studium [...] auf die Staatsgeschäfte oder für geistliche Gespräche verwenden. Denn ohne Zweifel ist mehr Tugend und Gnade darin, sich seines Herrn in verschiedenen Geschäften und an verschiedenen Orten freuen zu können, als eben nur an einem (nämlich im Gebet).«

Nach Ignatius soll Franz Borja die Gegenwart Gottes in allen Dingen suchen und finden. Diese Art zu »betrachten« ist leichter, »als wenn wir uns zu geistlichen Gegenständen mehr abstrakter Art erheben wollten, in die wir uns doch nur mit Mühe hineinversetzen können.«

Ignatius geht noch weiter, wenn er sagt, man könne und solle die Arbeit selbst zu dem Gebet machen, »weil auch das Arbeiten ein Gebet ist«. Gebet und Arbeit sind das eine geistliche Tun: »Das Gebetsleben wird gepflegt in der Arbeit«, wie ein früher Gefährte des Ignatius sagt. Aber nicht nur das Gebet befruchtet die Arbeit, sie wird das Gebet zu immer größerer Tiefe und Fruchtbarkeit führen: »So muß also unser Gebetsleben sein: daß es all unser Wirken leite, ehre, ihm innere Gottesfreude und Kraft gebe im Herrn. Unser Arbeiten aber soll das Beten wachsen lassen, ihm Kraft und heilige Frömmigkeit verleihen.« Über das innere Zueinander von Arbeit und Gebet schreibt Ignatius an anderer Stelle:

Es wäre gut, er machte sich einmal klar, daß Gott sich des Menschen nicht nur dann bedient, wenn er betet; sonst wären allerdings alle Gebete zu kurz, wenn sie weniger als 24 Stunden am Tag dauerten, [...] der Mensch muß sich ja, soweit er nur kann, Gott hingeben. In Wirklichkeit aber bedient sich dieser bisweilen anderer Dinge mehr als des Gebets; und manchmal läßt er zu, daß man ihretwegen auf das Gebet verzichtet, und öfter noch, daß man es abkürzt. Gewiß muß man also beten und nicht ablassen; aber in einem vernünftigen Sinn, so wie es die Heiligen und Gottesgelehrten verstanden haben.

Ignatius, obgleich selbst Mystiker und Mann des Gebetes, verpflichtete seine Gefährten nicht zu langen Gebetszeiten oder gar zu der damals selbstverständlichen

Praxis des gemeinsamen Chorgebetes. Er wollte seine Gefährten frei wissen für die jeweils notwendige Arbeit; die zur Verfügung stehende Zeit sollte dafür verwendet werden, in vielfacher Weise tätig zu sein für die Ausbreitung des Reiches Gottes und das Heil der Menschen. Weil Gott in allem wirkt und »sich abmüht«, ist das Handeln beseelt von dem Wissen um die Allgegenwart Gottes, die die einzige und auch ausreichende Triebfeder für alles apostolische Wirken ist. Das ignatianische Ideal ist nicht Kontemplation oder Aktion, sondern die Einheit von beidem in einer auf Tätigkeit ausgerichteten Lebensweise.

Ignatius ist weit davon entfernt, das Gebet zu verdrängen oder gering zu achten. Es fiele ihm nie ein, Zeiten des ausdrücklichen Gebetes zu schmälern, denn er weiß um die Gefahr, unter der Last einer schweren Arbeit zu resignieren oder in bloße Betriebsamkeit und Hektik abzusinken. Das Gebet soll nicht verdrängt werden, sondern eine ganz besondere Gestalt annehmen: Es soll dahin münden, daß alles, was getan wird, sowohl in die Gottesbeziehung hineingenommen wie auch von ihr inspiriert und geprägt wird.

3) Noch ein letztes Beispiel sei angeführt: *Vinzenz von Paul.* Er sagte einmal Folgendes: »Die Kirche hat in ihrer Barmherzigkeit schon genügend Einsiedler, zu viele nutzlose Elemente und mehr noch von denen, die zu ihrer Spaltung beitragen: doch ihr fehlen dringlich Männer, die vom Evangelium erfüllt sind, die die Kirche reinigen...«

Und ferner: »Das apostolische Leben ist wertvoller als die Einsamkeit der Kartause, sonst hätten es auch Johannes der Täufer und Jesus selbst nicht bevorzugt, wie sie es taten, als sie die Wüste verließen, um dem Volke zu predigen: ganz abgesehen davon, daß das apostolische Leben die Betrachtung nicht ausschließt, sondern sie vielmehr beinhaltet und sie benötigt, um besser die ewigen Wahrheiten zu kennen, die es verkündigen muß; und im übrigen ist es dem Nächsten mehr von Nutzen, den wir wie uns selbst lieben und ihm folglich in irgendeiner Weise helfen müssen, was die Einsiedler nicht machen.«

Schließlich faßt er alles zusammen in die Worte: »Unser ganzes Werk besteht in der Tätigkeit. Wie bei Franz [von Sales] ist das Gebet kein Hindernis, sondern geradezu die innere Erfüllung des Tuns. Die Betrachtung ist ein inneres Moment des apostolischen Wirkens selbst, bzw. dieses Wirken drängt sich als Ort der Betrachtung auf, ohne besondere Betrachtungszeiten überflüssig zu machen.«

4. Allein die Liebe genügt

In der Nachfolge und Freundschaft Jesu lernt der einzelne, das Richtige und einzig Notwendige zu erspüren, indem er immer wieder auf Gott hört, d.h. er betet, um sinnvoll und im Einklang mit dem Willen Gottes zu handeln. Für den Christen geht es nicht darum, irgendetwas für Gott zu tun, er soll vielmehr das Richtige tun, nämlich das, was Gott aufträgt. »Ich will einfach das tun, was Dein Finger in mein Herz geritzt hat!«, betet der Gaukler Pamphalon in Leskovs Novelle, und bei Marie Luise Kaschnitz heißt es im Tutzinger Gedichtkreis: »Verlangen wirst Du, daß wir, die Lieblosen dieser Erde, Deine Liebe sind, die Häßlichen Deine Schönheit, die Rastlosen Deine Ruhe, die Wortlosen Deine Rede, die Schweren Dein Flug.«

In einer Welt, die viel stärker vom Materialismus als vom Christentum durchdrungen ist, ist der Beter ein Entdecker: Er zieht sich nicht aus der Welt zurück, vielmehr erklärt er sich vollkommen solidarisch mit ihr; dabei entdeckt er jedoch, daß heute wie auch gestern Gott »vermißt gemeldet« wird von Mensch und Gesellschaft. Wer aber betet, entdeckt, daß er verantwortlich ist für das Wachsen Christi in dieser Welt, denn Er hat keine anderen Füße, um zu den Menschen zu gehen, als die unsrigen, und Er hat keinen anderen Mund, um sein Wort zu verkünden, als unser Wort. Insofern ist der Alltag ein Weg zu Gott, der »kurze Weg zur Vollkommenheit«, über den Kardinal Newman am 27. September 1856 schrieb:

Nach den Worten Heiliger brauchen wir, um vollkommen zu sein, nichts weiter zu tun, als die gewöhnlichen Pflichten des Tages gut zu erfüllen. Ein kurzer Weg zur Vollkommenheit - kurz, nicht weil er leicht zu gehen, sondern weil er zweckdienlich und klar ist. Es gibt keine kurzen, aber sicheren Wege zur Vollkommenheit. Ich glaube, diese Lehre ist von großem praktischen Nutzen für uns. Es ist leicht, von der Vollkommenheit verschwommene Vorstellungen zu haben, die oft genug dazu dienen, über sie zu reden, wenn wir ihr nicht nachstreben wollen. Sobald aber der Mensch ernstlich nach ihr verlangt und sie so zu suchen beginnt, wird ihn nur das befriedigen, was erreichbar und klar vor ihm liegt und ihm eine Richtung weist, sie zu üben. Wir müssen im Auge behalten, was unter Vollkommenheit zu verstehen ist. Sie bedeutet nicht etwas Außerordentliches, etwas Ungewöhnliches oder geradezu besonders Heldenhaftes - nicht alle haben Gelegenheit, Helden oder Martyrer zu werden -; Vollkommenheit bedeutet, was das Wort im gewöhnlichen Sinne besagt. Vollkommen heißen wir etwas, das fehlerlos, vollständig, dauerhaft und gesund ist - wir meinen das Gegenteil von unvollkommen. Da wir sehr gut wissen, was Unvollkommenheit im religiösen Leben ist, zeigt uns der Gegensatz, was Vollkommenheit ist: Der also ist vollkommen, der sein Tagewerk vollkommen vollbringt. Mehr brauchen wir nicht zu tun, um nach Vollkommenheit zu streben. Wir brauchen über den Kreis der täglichen Pflichten nicht hinauszugehen. Im Alltag werden die Grundhaltungen dieses »Weges zur Vollkommenheit« eingeübt, Tugenden, die nicht großartig und außergewöhnlich erscheinen und dennoch unendlich kostbar sind, weil sie auf den Weg mit Gott führen und den Alltag zu einem Zeichen des Heiles und einem »Sakrament der Gottesbegegnung« machen. Einige dieser Alltagstugenden seien im Folgenden beispielhaft für viele andere kurz angeführt.

1) Eine entscheidende Liebestat im eigenen Leben ist zunächst die der *Geduld*: die Geduld mit sich selber, mit dem Nächsten und mit Gott. Um diese Geduld rang Franz Kafka ein Leben lang, dieser sehnsüchtig Suchende und Ungeduldige vor den ihm tragisch verschlossenen Toren des Lebens. Er bezeugt den Wert der Geduld und mißt sich an ihrem Mangel, wenn er sagt: »Es gibt zwei menschliche Hauptsünden, aus welchen sich alle anderen ableiten: Ungeduld und Lässigkeit. Wegen der Ungeduld sind die Menschen aus dem Paradies vertrieben worden; wegen seiner Lässigkeit kehren sie nicht zurück.« Tatsächlich verdirbt Ungeduld alles: Der Mensch hat zwar den Schlüssel zum Paradies, aber er findet in der Hast des Lebens nicht das Schlüsselloch.

Geduld bedeutet nicht Passivität, sondern Wachsein und Stillehalten. Geduldig waren die klugen Jungfrauen im Gleichnis Jesu, die mit gefüllten Öllampen still, aber aufmerksam dem Bräutigam entgegenwachten. Geduld haben heißt: wach sein, um im rechten entscheidenden Augenblick das kostbare Gut ergreifen zu können. Erst aus der Haltung der Geduld ergibt sich das rechte Tun.

2) Mit der Geduld eng verbunden ist die *Treue*. Sie bedeutet, die Gegenwart in das Morgen einbringen. Schnelle Reaktionen (Zorn, Haß) opfern oft das Bleibende zugunsten des schnell Vorübergehenden. In der Geduld überbrückt der Mensch Brüche und Sprünge, die Affekte hervorrufen, und schafft in Treue Wege in das Morgen. Treue und Geduld gelten den anderen, doch nicht zuletzt uns selber, wie Franz von Sales hervorhebt:

> *Zwar sollen wir für die Menschen in Geduld ein großes Verstehen haben. Vergiß aber nicht: auch du bist ein Mensch. Darum mußt du dieses Verstehen in heiliger Güte auch dir selbst entgegenbringen. Du sollst nicht in zornige Ungeduld gegen dich und deine Unvollkommenheiten verfallen. Wohl sollst du tiefes Leid über deine Fehler im Herzen tragen, aber nicht nagenden Kummer voll Unlust und seelischer Selbstzerfleischung. Die solches tun,*

nähren den Zorn in ihrem Herzen - und vielleicht stammt dieser Zorn in sei-
nem tiefsten Grunde aus der Eigenliebe, die bitter empfindet, daß wir solche
unvollkommenen Menschen und so unvollkommen sind.

3) Geduld und Treue lassen sich durchhalten, weil *Hoffnung* besteht. Man sagt gerne: »contra facta non valent argumenta«. Doch dieses Wort läßt sich auch wenden:
»contra spem non valent facta«. Was auch geschieht, der Christ weiß um eine Zukunft selbst dann, wenn andere ihre Hoffnung schon aufgegeben haben. Der Christ
lebt aus dem Erbarmen und aus der Geduld Gottes, der ihn beten läßt: »Gib uns
heute unser tägliches 'Vielleicht'!«: Vielleicht kann ich mich noch ändern! Vielleicht kann der andere doch noch anders sein! Vielleicht gibt es noch einen Ausweg
für mich! - Wer Menschen auszubilden oder geistlich zu begleiten hat, ist - mehr
als andere - auf besondere Weise zu einem solchen Dienst in der Haltung und Zuversicht der Hoffnung berufen. Jedem dieses hoffnungsvolle »Vielleicht« nicht vor-
zuenthalten, kann der erste christliche Samariterdienst sein.

4) Hoffnung und Geduld zeigen sich in der *Treue im Kleinen*, wie Johannes Paul I.
in seinen »Briefen an Persönlichkeiten« zum Ausdruck bringt. In einem sehr persönlich gefaßten Brief des Papstes an Jesus von Nazareth ist diese Konkretheit angesprochen: »Du wolltest, daß man das Gute bis ins Detail ausführt [...] übrigens
hast Du immer darauf geachtet, die Dinge nicht halb zu tun.«

5) Wir sagen: »Der Ton macht die Musik.« So ist im Leben nicht nur das Was
entscheidend, sondern auch das Wie. Hier zeigt Jesus eine aufmerksame *Sorgfalt*
»bis ins Detail«: Nach der Brotvermehrung sollen die Überreste gesammelt werden, damit nichts verderbe (Joh 6,12). Als er die Tochter des Jairus ins Leben zu-
rückgerufen hat, kümmert er sich darum, daß das Mädchen gleich zu essen bekommt. Nicht nur Petrus ist ihm wichtig, sondern auch dessen Schwiegermutter...
Bis ins Detail gibt, wer alles gibt, schreibt Dom Helder Camara:

Das äußerste geben.
Immer mit dem Herzen arbeiten
und mit ganzem Herzen,
ob es sich darum handelt,
ein Raumschiff
zu den Sternen zu führen
oder einen
einfachen Punkt mit dem Bleistift
zu zeichnen.

6) Treue und Geduld bis ins Detail, das gilt auch für den Akt der Selbstannahme. Wer sich und andere ohne Neid und Mißgunst bejahen möchte, dem sagt M.L. King: »Kannst du nicht Baum auf dem Berge sein, so sei ein Gebüsch im Tal, aber sei das beste Gebüsch weit und breit! Kannst du nicht Sonne sein, so sei ein Stern! Kannst du nicht Straße sein, so sei ein Pfad! Sei, was du bist, aber das sei ganz - mit vollem Ja!«

Wer in Geduld und Treue zu sich selber lebt, konzentriert sich auf den nächsten Schritt, er macht sich keine Sorgen um die Zukunft, er läßt seine alle Angst fallen und vertraut sich der Verheißung Gottes an.

In dem modernen Märchen-Roman »Momo« wird erzählt von Beppo, dem Straßenkehrer, der eine sehr lange Straße zu kehren hat. Weil sie so unendlich lang ist, fängt er an, sich zu eilen. Und jedesmal, wenn er aufblickt, sieht er, daß es gar nicht weniger wird. - Er strengt sich an, bekommt es sogar mit der Angst zu tun, gerät außer Puste und kann nicht mehr. Dann aber besinnt er sich und sagt zu sich selbst: »Man darf nie an die ganze Straße auf einmal denken, sondern immer nur an den nächsten Atemzug, an den nächsten Besenstrich«. Langsam bekommt er Freude am Kehren und macht eine bedeutsame Entdeckung, wenn er am Ende bekennt: »Auf einmal merkt man, daß man Schritt für Schritt die ganze Straße gemacht hat. Man hat gar nicht gemerkt wie, und man ist nicht außer Puste.« Das Ja zum nächsten Schritt genügt, um seinem eigenen Leben Eindeutigkeit und Wahrhaftigkeit zu geben.

Die kleinen Schritte der Geduld und Treue zu sich und den anderen sind immer wieder Schritte der Liebe; sie allein genügt. *Klaus Hemmerle* zeigt in einer kleinen Lebensschule den Weg der Liebe; wer sie einübt, wird lieben, wie Er uns geliebt hat:

1) Immer als erster lieben.
Liebe ist so sehr Gottes Wesen, daß ich nur dann liebe, wenn ich wie er grundlos als erster liebe. Liebe findet nur statt, wenn ich anfange und nicht (ab-)warte, bis die Voraussetzungen erfüllt sind. Liebe fängt nur mit Liebe an, denn die Liebe besteht nicht darin, daß wir Gott geliebt haben; er hat uns zuerst geliebt.

2) Immer und alle lieben.
Liebe ist keine Sonderaktion, kein Gipfel sittlicher Anstrengung oder geistlicher Ergriffenheit. Liebe kennt keine Ferien; sie kennt so wenig Unterbrechungen, wie das Leben Unterbrechungen duldet. Liebe ist unteilbar: Solange ich einen von meiner Liebe ausschließe, liebe ich nicht.

3) Liebe bis zum Ende, bis zum letzten.
Liebe kennt kein: Bis hierhin und nicht weiter! Es gibt keine Erkenntnis und keine Erfahrung, welche die Liebe falsifizieren könnte; vielmehr umhüllt die Liebe alles milde, »sie glaubt alles, sie hofft alles, sie duldet alles« (1 Kor 13,7). Die Liebe erwartet nichts, sie benutzt den andern nicht, sondern schenkt einfach, absichtslos. Was das Geschenk einer vorbehaltlosen Liebe im letzten erreicht, ist allein Gottes Sache (aber kein Brosamen Liebe kann verlorengehen, denn Gott selbst ist Liebe), und welche Frucht die Liebe bringt, darf getrost dem Urteil und der Freiheit Gottes überlassen sein, dem die Liebe gilt.

4) Nicht Liebe haben, sondern Liebe sein. Es geht nicht darum, zu leben und Eigenschaften zu haben und unter ihnen auch die Eigenschaft Liebe; geliebt wird, wo die Liebe alles in sich verwandelt, wo sie der Rhythmus, der Gang, die Mitte des Lebens und Wesens von allem wird: dann liebt der Mensch wie Gott liebt, wie Jesus liebt.

Im Blick auf die Grundhaltungen, die den Alltag zu einem Gebet des Lebens werden lassen, erweisen sich die kleinen und alltäglichen Dinge und Wege des Lebens als ein »Weg der Vollkommenheit«; auf ihm erhält vor Gott alles einen Ewigkeitswert: Keine Liebestat ist vergebens, keine Treue vergessen, kein Zeichen der Hoffnung übersehen und keine Tat in Geduld verloren. Jedem ist im Alltag das Wort Gottes zugesprochen: »Der Ort, wo du stehst, ist heiliger Boden« (Ex 3,5); eine Wahrheit, die J.P. de Caussade vom *»Sakrament des Augenblicks«* sprechen ließ, denn der Augenblick ist das Tor zur Begegnung mit Gott.

XI. Geistliche Freundschaft

Einen Lobpreis auf Liebe und Zuneigung findet man nicht selten. Nicht zuletzt auch in den Medien; sie werden nicht müde, auf die Bedeutung von Intimität und Sexualität hinzuweisen und mehr oder weniger gelungene Modelle menschlicher Begegnung vorzustellen. Ganz anders scheint es sich mit der Freundschaft zu verhalten. In der Antike galt die Freundschaft als die Krone des Lebens und der Tugenden; heute hingegen scheint der euphorische Lobpreis auf diese Erfahrung des Lebens endgültig verebbt zu sein. Gewiß, jeder braucht »Freunde«, aber nur wenigen ist es vergönnt, in ihrem Leben eine wirkliche Freundschaft zu erfahren. Man kann ganz gut auch ohne Freunde leben, sie sind nicht unbedingt so notwendig wie Zuneigung, Eros, Ehe und Sex. Schließlich kann eine feste und ernsthafte Freundschaft bei den anderen in Verdacht geraten, erst recht wenn sie unter Gleichgeschlechtlichen besteht.

Bedenken melden sich auch in der geistlichen Tradition der Kirche. Meist kamen die warnenden Worte von Menschen, die ein verantwortliches Amt bekleideten und um die Einheit und das Fortbestehen einer Gruppe besorgt waren. Es ist die Warnung vor »Partikularfreundschaften«. Grundsätzliche Bedenken gegen die Freundschaft finden sich z.B. bei der heiligen Angela, die schreibt: Freunde sind »allzusehr dazu geneigt, einander zu behagen. Die Folge ist, daß alles, was dem anderen gefällt, auch ihm gefällt, und alles, was dem anderen nicht gefällt, auch ihm mißfällt«. Das Einssein von Menschen verläuft demnach in der Sackgasse des eigenen Wohlseins, man ist nicht mehr offen für die anderen oder verliert sich in den »Zeichen« der Freundschaftserweise. Ein schroffer Ton gegen die Freundschaft findet sich auch in der »Nachfolge Christi« des Thomas a Kempis: »Hoffe auch nicht, daß jemand oft mit Liebe an dich denke, und werde auch du selbst nicht von der Liebe für jemand anderes in Beschlag genommen; aber Jesus sei in dir und in allen guten Menschen.«

1. Ein Weg zu Gott

Freundschaft ist die angenehmste und zugleich schwierigste Erfahrung unseres Lebens. Die angenehmste: Philosophen, Dichter und Mystiker haben zu allen Zeiten den Wert der Freundschaft herausgestellt. Doch eine Freundschaft, die nicht wieder aufgekündigt wurde, scheint in der Geschichte der Menschheit nur sehr selten vorzukommen; vielleicht wurde sie deshalb umso mehr gepriesen.

Viele reden von Freunden, meinen aber, wenn man genauer hinsieht, eine Beziehung nach Art einer »Kameradschaft«. Freundschaft hingegen steht unter dem Zeichen des Besonderen. Dies zeigt sich schon im Unterschied der Freundschaft zu den übrigen Beziehungen der Zuneigung, daß nämlich Freunde kaum über ihre Freundschaft miteinander sprechen. Vielleicht gehört es gerade zum Wesenskern der Freundschaft, daß die gegenseitige Verbundenheit nie in Frage gestellt wurde; das gibt aber auch eine innere Sicherheit und eine innere Freiheit im Umgang miteinander.

Freunde kennen etwas Gemeinsames, das anderen nichts bedeutet. Bis zur Stunde ihrer Begegnung glaubte jeder, er sei allein mit diesem Gut oder mit dieser Last, nun aber sagen sie einander: »Du auch? Ich glaubte, ich sei der einzige!« Freunde stehen Seite an Seite mit einem gemeinsamen Anliegen. Deshalb werden viele keinen Freund finden, weil sie nur Zuneigung wollen. Einen Freund hat nur, wer noch etwas mehr als einen Freund haben will, nämlich einen Inhalt, den man in der Freundschaft einander mitteilen möchte.

Freunde haben eine verwandte Seele; sie teilen miteinander ihre Vision, vielleicht halb ausgesprochen und nur unter Mühen eingestanden, und doch wissend, daß die von anderen kaum bedachte Frage für sie bedeutsam ist. Kameraden tun etwas gemeinsam (Studieren, Spielen, Trainieren); auch Freunde tun etwas miteinander, aber ihr gemeinsames Handeln ist mehr nach innen gerichtet und nicht so schnell offenkundig. Freunde haben etwas gemeinsam, das anderen nicht gleich einsichtig erscheint; vielleicht wundern sie sich darüber, daß den Freunden gerade dieser Inhalt ihres Lebens so wichtig ist.

Menschliche Beziehungen entstehen meist wegen des Nutzens, der mit ihnen verbunden ist, wie Wärme und Zuneigung. Auch in der Ehe ist es nicht selten so, daß die Familie für die Organisation von Beziehung und Nachkommenschaft nahe lag, und so stolpern viele durch Zufall in eine eheliche Beziehung und in andere Arten von freundschaftlichen Verhältnissen hinein. Ganz anders aber die Freundschaft: sie ist nicht notwendig, wie auch Philosophie und Kunst nicht notwendig sind. »Freund« ist nämlich kein Titel, auch keine Funktion, vielmehr kommt die Freundschaft ganz aus der Freiheit und steht für die Freiheit eines Menschen. Keiner kann zu einer Freundschaft gezwungen werden, eine solche Beziehung wäre nicht von Dauer. Freundschaft ist »der konkrete Begriff der Freiheit« (G.W.F. Hegel), denn in der Freundschaft erfährt sich jeder so, wie er ist, geachtet und in aller Freiheit angenommen.

Die Notwendigkeit der Freiheit ergibt sich auch aus der Erfahrung des Geheimnisses, das mit jeder Freundschaft verbunden ist. Wie groß das Geheimnis eines

Menschen ist, merkt man, sobald man beginnt, den Weg zur Freundschaft zu begehen. Der Mensch wünscht nichts so sehr, wie sich dem anderen zu offenbaren, aber gleichzeitig wird er davor zurückgehalten. Sich einem anderen Menschen anzubieten, ist riskant. Vor allem muß die eigene Integrität gewahrt bleiben: Nur der wird in der Freundschaft stark, der bereits stark ist. Ohne das Wissen um den eigenen Wert und ohne Selbstachtung wird der Mensch sich in der Suche nach Freundschaft nur verlieren: Nur wer glaubt, wirklich etwas zu besitzen, das wert ist, einem Freund anvertraut zu werden, wird schließlich durch die Freundschaft bereichert.

Aufmerksamkeit, Ehrfurcht und Geduld befähigen den einzelnen, in der Freundschaft zunehmend das zu werden, was der Liebende in ihm sieht. Wenn Freunde den inneren Abstand der Ehrfurcht und Liebe überschreiten, mögen sie vielleicht noch zusammenbleiben, aber das Band ihrer inneren Einheit ist zerbrochen. Die Ehrfurcht meint aber kein passives Warten. Freundschaft ist einem Spiel zu vergleichen, in dem beide wechselseitig die Führung übernehmen. Eine Freundschaft kann nicht von Dauer sein, wenn der eine alles gibt, der andere alles nimmt bzw. alles bloß auf einer funktionierenden Arbeitsteilung beruht.

Auch in der geistlichen Tradition wird der Freundschaft eine besondere Bedeutung zugesprochen, und zwar der *»geistlichen Freundschaft«*. Wesentlich für eine geistliche Freundschaft ist, daß man die eigene Freundschaft zu einem anderen Menschen nicht als etwas erfährt, das von Gott entfernt, sondern gerade in die Unmittelbarkeit zu Gott führt. Eine Freundschaft wird in dem Augenblick zu einer »geistlichen« Freundschaft, wenn sie auf Gott hin ausgerichtet ist: Christus erweist sich als die Mitte und das Ziel, in dem sich die Freunde treffen und auf das sie hingehen. Eine geistliche Freundschaft bleibt immer offen, denn sie hat noch nicht, was sie erwartet: die endgültige Erfüllung steht noch aus. Zugleich läßt die geistliche Freundschaft ahnen, woraufhin man unterwegs ist und was als tiefste Sehnsucht des eigenen Herzens erwartet wird. Geistliche Freundschaft ist also eine Freundschaft »auf dem Wege«, denn sie gibt dem Menschen keine endgültige Heimat und Geborgenheit, sondern bedeutet für ihn gerade den Ansporn, wieder neu aufzubrechen.

2. Im Zeugnis der Heiligen

Von der geistlichen Freundschaft sind uns recht unterschiedliche Entfaltungsmöglichkeiten überliefert, wie ein Blick in die Spiritualitätsgeschichte bezeugt: Franz und Klara, Jordan von Sachsen und Diana von Andaló, Heinrich von Nördlingen und Margarete Ebner, Abaelard und Heloise, Heinrich Seuse und Elisabeth Stagl,

Franz von Sales und Johanna Franziska von Chantal, Charles de Foucauld und Madame de Bondy, Pierre Teilhard de Chardin und Marguerite Teilhard-Chambon; die Zisterzienserbriefe des Mittelalters zeigen vor allem Freundschaften zwischen Männern, und Therese von Lisieux steht in Freundschaft zu ihrer Schwester Céline.

a) Antike

In der Antike stellt die Freundschaft die Grundbedingung für jedwede Form des menschlichen Zusammenlebens dar. Sie kann gar nicht hoch genug eingeschätzt werden, denn ohne sie gibt es kein Leben, was Cicero zu dem emphatischen Satz hinreißt:»Wahrhaftig, diejenigen scheinen die Sonne aus der Welt zu entfernen, welche die Freundschaft aus dem Leben nehmen wollen, das kostbarste und lieblichste Geschenk, das wir von den unsterblichen Göttern erhalten haben.«

In der Freundschaft geht es vor allem um die Versicherung seiner selbst:»Wer nämlich einen wahren Freund anschaut, der sieht ein Abbild seiner eigenen Person«. Cicero singt das Loblied auf die Freundschaft:»Deswegen sind Freunde stets bei uns, auch wenn sie sich in weiter Ferne aufhalten; Arme sind reich, Gebrechliche stark und - was sich noch seltsamer anhört - Tote erwachen wieder zum Leben. So groß sind die Ehrungen, das Gedenken und die Sehnsucht der Freunde, die bei ihnen bleiben [...]. Würde man das Band liebender Zuneigung aus der natürlichen Ordnung des Weltgeschehens wegnehmen, dann könnte kein Haus und keine Stadt, ja nicht einmal der Ackerbau weiterbestehen.«

Was Cicero hier niederschreibt, ist eine Zusammenfassung der antiken - griechischen wie römischen - Vorstellung von Freundschaft, wie sie auch Platos »Lysis« und Aristoteles bezeugen, nach dessen Meinung den guten Gesetzgebern die Freundschaft mehr am Herzen zu liegen habe als die Gerechtigkeit; bei Empedokles heißt es sogar, die Freundschaft sei das Band des Universums.

b) David und Jonathan

Während die Antike die Freundschaft als ein seliges Sich-Genügen im Einswerden von zwei Menschen sah, sprengt das Alte Testament gerade diese Erfahrung und öffnet sie für Gott. Die Freundschaft ist hier keinem Ideal verpflichtet, sie ist auch kein Auskosten beseligender Tiefen des Geistes; vielmehr stellt das Zugehen Gottes auf den Menschen und seine Geschichte die Erfahrung der Freundschaft in ein neues Licht: Eine geistliche Freundschaft liegt dann vor, wenn sie auf den Dritten, nämlich auf den Bundesgott ausgerichtet ist.

Das klassische Freundespaar im Alten Bund: Jonathan, der Sohn König Sauls, und David, der letzte Sohn Isais, den Jahwe von den Herden fort zum König erwählte, weist auf ein solches Geheimnis der Freundschaft unter Glaubenden. Trotz seiner Königsrechte als Sohn Sauls hält Jonathan zu seinem Freund David und rettet ihn vor den Nachstellungen seines Vaters, da er durch Gottes Wort um die Berufung Davids weiß. So bleibt er offen für den Willen Jahwes und vertieft seine Freundschaft zu David, deren Innigkeit gewiß alle antiken Beispiele überragt: »Und es geschah, als er die Unterredung mit Saul beendet hatte, verband sich die Seele Jonathans innig mit der Seele Davids, und Jonathan gewann ihn lieb wie sein Leben. Und Saul nahm ihn an jenem Tag zu sich und gestattete ihm nicht mehr, in das Haus seines Vaters zurückzukehren. David aber und Jonathan schlossen einen Bund; denn er liebte ihn wie sein Leben. Und Jonathan zog sein Obergewand aus, mit welchem er bekleidet war, und gab es David, dazu seine übrigen Kleider, sogar sein Schwert, seinen Bogen und seinen Gürtel« (1 Sam 18,1-4).

Die Zuneigung von Jonathan und David ist nicht derart, daß sich hier zwei Menschen gerne haben, sondern ihre Innigkeit wird erst verständlich aus ihrer Offenheit für den von beiden erkannten Willen Jahwes: »Da machte sich Jonathan, der Sohn Sauls, auf und ging zu David in den Wald und stärkte dessen Hand durch Gott und sprach zu ihm: »Fürchte dich nicht; denn die Hand meines Vaters Saul wird dich nicht finden, und du wirst König werden über Israel, und ich werde der zweite nach dir sein; aber auch mein Vater Saul weiß dies.« So schlossen denn beide einen Bund vor dem Herrn (vgl. 1 Sam 23,16-18).

Das Schließen eines Bundes vor dem Herrn ist der Ursprung für jene neue Freundschaft, die in den göttlichen Plan hineingenommen ist. Sie bleibt sogar »stärker als der Tod«, wie es in der Totenklage Davids um den erschlagenen Freund heißt, die als Responsorium in das Stundengebet der Kirche aufgenommen wurde: »Saul und Jonathan, liebenswürdig und stattlich in ihrem Leben, sind auch im Tode nicht getrennt« (2 Sam 1,23).

c) Jesus Christus

Jesus wird nur zweimal im Neuen Testament als »Freund« bezeichnet: »Der Menschensohn ist gekommen, ißt und trinkt; so sagt ihr: siehe, der Mensch ist ein Fresser und Weinsäufer, der Freund von Zöllnern und Sündern« (Lk 7,34 par). Jesus verhält sich hier anders als Johannes der Täufer, nicht aus Mitleid, sondern aus Freude am messianischen Fest, das er allen Menschen zukommen läßt.

Der Evangelist Johannes weist Jesus als den Freund seiner Jünger aus: »Es gibt keine größere Liebe, als wenn einer sein Leben für seine Freunde hingibt. Ihr seid meine Freunde, wenn ihr tut, was ich euch auftrage« (15,13.14). Der Tod des Freundes läßt die Jünger für immer seine Freunde werden. Der Ursprung dieser Freundschaft ist wiederum die Freude: »Solches rede ich zu euch, auf daß meine Freude in euch bleibe und eure Freude vollkommen werde« (Joh 15,11).

Für Plato und Aristoteles ist die Freundschaft mit der Gleichheit der Partner verbunden; eine Freundschaft mit Zeus ist darum ausgeschlossen. Der Christ hingegen darf von einer Freundschaft mit Jesus Christus sprechen. Seit der Frühzeit des Christentums wird der neue befreiende Sinn von menschlicher Innigkeit nicht darin gesehen, daß Jesus eine neue Lehre über das Zueinander der Menschen bringt, sondern daß eine ganz neue Beziehung zwischen Mensch und Menschensohn aufgerichtet ist, noch vor jedem Gedanken an Freundschaft. Der neue Sinn der Freundschaft ist verbunden mit dem neuen Sinn des Menschen.

Ein beeindruckendes Zeugnis des christlichen Verständnisses von Freundschaft findet sich auf einer Ikone, die vor einiger Zeit nochmals einer enkaustischen Malerei aus Bawit aus dem 6. Jahrhundert nachgebildet wurde und auf dem Deckel des hier vorliegenden Buches zu sehen ist. Sie zeigt zwei frontal aufgerichtete Gestalten, nämlich Christus und den Abt Menas, der im Jahr 295 verstarb und bis heute als der beliebteste Heilige der frühen koptischen Kirche Ägyptens verehrt wird. Seine aufgerichtete frontal abgebildete Gestalt, bekleidet in einem Mönchsgewand und Mantel, zeugt von einer unerschütterlichen Festigkeit im Stehen. Mächtiger noch wirkt an seiner Seite der etwas größer und breiter dargestellte Christus. Menas ist das Zeichen des Weges, Christus das Zeichen des Zieles, seine Rechte ruht auf Menas' Schulter. Der Herr legt den Arm der Freundschaft auf die Schulter des sich sehnenden Menschen, den er auf seinem Weg beglückt und beflügelt. In diesem vertrauten Zueinander von Christus und Menas zeigt sich die Grunderfahrung einer christlichen Freundschaft, nämlich das »Bleiben in Christus«.

d) Augustinus

Augustinus war ein »Genie der Freundschaft« (van der Meer). Die Wege und Stadien seines Lebens zeigen ihn in der Gesellschaft von Freunden und Gefährten, die all die vielen Schwenks und Kehrtwendungen mitmachten. Freundschaft ist für Augustinus eine Grundbedingung dafür, daß man zufrieden und glücklich in dieser Welt leben kann: »So ist in allen menschlichen Dingen dem Menschen nichts freundlich ohne einen Freund«, und im Jahre 389 schreibt er seinem Freund Nebridius: »Ich habe Deinen Brief nach dem Abendessen beim Lampenlicht gelesen. Es war schon fast Schlafenszeit, aber ich war noch nicht zu Bett gegangen. So saß ich eine Zeit lang auf meinem Bett, und Augustinus hielt gleichsam Zwiesprache mit Augustinus. Ist es wahr, was Nebridius sagt, daß wir nicht glücklich sind?«

Bei Augustinus wird besonders die gefühlsmäßige Seite der Freundschaft betont. Wenn auch nicht ohne Tadel, schreibt er über den Reiz freundschaftlicher Beziehungen: »Miteinander plaudern und lachen, sich gegenseitig Gefälligkeiten erweisen, gemeinsam schöne Bücher lesen, einander bald neckend, bald Achtung bezeugend, gelegentlich auch Meinungsverschiedenheiten austragen, aber ohne Haß, wie man ja auch wohl mit sich selbst uneins ist, durch den nur selten vorkommenden Streit die sonst meist bestehende Übereinstimmung würzen, einander belehren und voneinander lernen, die Abwesenden schmerzlich vermissen, die Rückkehrenden freundlich begrüßen, durch solche und ähnliche Zeichen, wie sie in Liebe und Gegenliebe, durch Kuß, Rede, Blicke und tausend freundliche Gebärden sich kundtun, die Herzen in Glut versetzen und die Vielen zur Einheit verschmelzen. Das ist es, was man an Freunden liebt.« Gefühle und Reize der Freundschaft sind bei Augustinus nicht oberflächlich, sondern von einer tiefen Diskretion getragen: »Alltägliches mag ich nicht, Neues kann ich dir nicht schreiben; denn jenes genügt dir nicht, wie ich sehe, zu diesem aber fehlt mir die Zeit.« Bei aller Fähigkeit, sich mitzuteilen, und bei allem Offenlegen seiner Empfindungen teilt er die ihn persönlich tief betreffenden Erfahrungen nicht mit.

Bei Augustinus finden sich zunächst auch Gedanken des antiken Freundschaftsideals. Auf Horaz zurückgreifend, schreibt er in seinen »Bekenntnissen«: »Zutreffend hat jemand von seinem Freunde gesagt: die Hälfte meiner Seele«, und seiner Meinung nach besteht das tiefste Gesetz der Freundschaft darin, »daß jemand den Freund nicht weniger und auch nicht mehr liebt als sich selbst.« Doch dann setzt er sich von der heidnischen Antike und ihren Vorstellungen von Freundschaft ab: Die »schola illa« des Mailänder Schulbetriebs trennt er von der »schola nostra« seines Freundeskreises in Cassiciacum, denn diese Liebe bezieht den Freund auf Gott: »Man liebt wahrhaftig seinen Freund, wenn man Gott in ihm liebt, entweder weil Gott schon in ihm ist oder daß Gott schon in ihm sein möge«.

Im Lauf seines Lebens wandelt sich bei Augustinus das Freundschaftsideal. In den Jahren nach seiner Bekehrung glaubt er, die »beata vita« zusammen mit gleichgesinnten Freunden anfanghaft verwirklichen zu können; in seinen späteren Jahren ist für Augustinus eine andere Erfahrung bestimmend. Der Tod des Jugendfreundes (Conf. IV) mag bei dieser Entwicklung bestimmend gewesen sein: »Da bin ich mir selbst zur Frage geworden!« Sucht Augustinus in seiner frühen Zeit die Gemeinschaft weniger Freunde, so fordert er später auf, mit möglichst vielen Freundschaft zu schließen. Wo Freundschaften zerbrechen, wie Augustinus bei Hieronymus und Rufinus beobachten konnte, ist Gottes Hilfe und Trost genug Sicherheit und Freundschaft. Seine Freundschaft ist die einzig sichere; sie allein ist von Bestand.

e) Paulinus von Nola

Paulinus, der in Süditalien lebte und in Nola bei Neapel bis zu seinem Tod im Jahre 431 als Bischof wirkte, war eng befreundet mit Sulpicius Severus aus der Gegend von Bordeaux. Severus hatte gerade eine neue Kirche gebaut und möchte darin gerne unter dem Bildnis des heiligen Martin, der sie zu einem strengen christlichen Leben bekehrt hatte, auch dasjenige seines Freundes aufgehängt sehen, neben dem seinen. Doch Paulinus von Nola möchte sich nicht porträtieren lassen, vielmehr solle Severus einem Maler einfach »diktieren«, wie er ihn selbst in seiner Erinnerung sieht: »Mag vielleicht aus einem Mißverständnis deiner Worte die ungeschickte Hand des Künstlers irren, wird er mich malen, daß mich andere wohl nicht wiedererkennen. Aber ich bin ja in deinem Herzen, da du mich stets in deiner Seele betrachtest und umfassest.«

Die Freundschaft ist keine bloße Zuneigung, sondern »durch Gottes Vermittlung« möglich geworden: »Wir beide«, schreibt Paulinus, »lernten, uns auch im (Heiligen) Geist zu lieben. Stets waren wir uns so innig zugetan, daß unsere gegenseitige Neigung keine andere Steigerung erfahren könnte als in der Liebe Christi [...]. So bist du mir wahrhaft zum Vater, Bruder und Freund geworden. Du verwirklichst an mir Gottes Willen und die Fülle des Gesetzes, liebst mich wie dich selbst und bist mein Freund in der Liebe Christi. Denn nicht durch menschliche Zuneigung, vielmehr durch göttliche Gnade kennen wir uns gegenseitig und sind in der innigsten Liebe Christi verbunden.«

f) Aelred von Rievaulx

Nach seiner Bekehrung tritt der heilige Bernhard von Clairvaux in das strengste Kloster ein, das das 12. Jahrhundert aufweisen konnte. Auf alles wollte er verzichten, nur nicht auf die Freundschaft. Er konnte sich doch nicht »zweiteilen lassen«, wie sein Bruder André es formulierte. Als Bernhards intimster Bruder Gérard starb, war der Heilige so entsetzt, daß er sich gezwungen sah, eine Vortragsreihe über das »Hohe Lied« zu unterbrechen, um dem Verstorbenen ein ausführliches und bewegtes »In memoriam« zu widmen.

Gleichfalls im 12. Jahrhundert lebt im Norden Englands der Abt Aelred von Rievaulx, ein Ordensgenosse und Freund Bernhards. Nach dem Ordenseintritt liest er Ciceros Werk »De amicitia«, doch er konnte es nicht mehr wie früher genießen. Für ihn führt jetzt die innigste Vereinigung mit einem Menschen zugleich in das größere Geheimnis des Dritten, auf den beide ausgerichtet sind: »Hier sind wir beide, ich und du, und ich hoffe, als dritter ist Christus bei uns.« Mit diesen Worten eröffnet Aelred in seinem Werk »Über die geistliche Freundschaft« das Gespräch mit seinem Freund Ivo. Das antike Verständnis der Liebe als »Herzensneigung«

und »Wohlwollen« genügt Ivo nicht; ihm ist die Definition zu heidnisch: »Ich bin überzeugt, die wahre Freundschaft unter Menschen ohne Christus ist ein Ding der Unmöglichkeit.« Die Freundschaft ist »der beste Weg zur Vollkommenheit«, sie führt »zur Liebe und Erkenntnis Gottes«. Der Freund ist für Aelred ein »Ruhebett für meinen Geist« und »Vorgeschmack der Seligkeit«: »Auf jener Treppe der Liebe kannst du ja doch sowohl zur Umarmung von Christus selbst hinauf- als zur Liebe zu deinem Bruder hinabsteigen und das im stillen Glück genießen.«

Freundes- und Christusliebe sind für Aelred eins; die Liebe zum Freund vertieft die zu Christus und lebt aus dem Gebet füreinander: »Hinzu kommt dann noch das Gebet füreinander, ein sehr fruchtbares Gebet. Ja, je mehr wir mit unserem ganzen Herzen für einen Freund zu Gott beten, unter aus Angst vergossenen, aus warmer Ergebenheit aufquellenden oder aus tiefem Schmerz hervorgehenden Tränen, umso kräftiger wird die Auswirkung unseres Gebets sein. Wer für einen Freund so zu Christus betet und nur seines Freundes wegen von Christus erhört werden möchte, wendet sich eigentlich in innigem Verlangen zu Christus selbst; so geht unsere Zuneigung unerwartet und ohne daß wir es merken von der einen auf die andere Person über. Wir berühren gleichsam ganz aus der Nähe die Güte von Christus selbst und fangen an zu schmecken, wie sanftmütig, zu erfahren, wie liebenswürdig Er ist. So steigen wir denn von der bereits an und für sich heiligen Liebe, mit der wir einen Freund umarmen, zu der Liebe, mit der wir Christus umarmen...«.

g) Johannes vom Kreuz

Juan de la Cruz ist den Weg der radikalen Entäußerung gegangen, doch lebt er nicht nur in Freundschaft mit Gott, sondern auch mit Menschen. Er schreibt an Juana de Pedraza, ein junges Mädchen: »Jesus in Ihrer Seele! Und ihm sei Dank, daß Sie mir von ihm gegeben sind [...]. Wenn Sie schreiben, ich vergäße Sie gleich einem Schatten, dann müßte ich heftig zürnen, falls Sie es wirklich meinen. Sie zu vergessen, recht übel wäre das von mir, nach allem, was Sie mir erwiesen, auch dann, wenn ich es am wenigsten verdiene. Das fehlte noch, daß ich Sie vergäße. Sehen Sie doch ein, wie kann etwas vergessen werden, was der Seele so tief eingeprägt ist, wie Sie es sind.«

Zwei Menschen gilt die Liebe des Johannes vom Kreuz in besonderem Maße. Es ist zunächst sein Bruder Francisco de Yepes, den Johannes zärtlich liebte; er nennt ihn das Liebste auf der Welt. Was Teresa von Avila betrifft, so liebt er sie mehr, als er sich das sonst einem Menschen gegenüber erlaubt. Johannes' Liebe zu Teresa zeigt sich zunächst in seiner Strenge ihr gegenüber. Als ihr Beichtvater gibt er ihr sogar den Befehl, nach der Heiligen Messe lange Stunden in der Kapelle zu knien: Sie soll dort die allzu großen Wonnen bereuen, die ihr die Liebe des Herrn bereitete.

Dem »kleinen Seneca«, wie Teresa ihn nennt, sind die Gefühle und Visionen der Madre zu sinnenhaft. Johannes gibt Maria den Vorzug gegenüber Martha. Lieben heißt für Teresa: handeln, für Johannes hingegen: völlig in die Kontemplation eingehen.

Teresa bewundert vor allem den überirdischen Wert »dieser Seele«: »Keiner hat mich so gut auf den Wegen des Himmels geführt«, er ist der »Vater meiner Seele«. Auch Johannes weiß um den Wert der heiligen Teresa; er liebt sie mit einem menschlichen Herzen. Einem Mitbruder sagte er eines Tages, es gebe noch ein irdisches Gut, an dem er hänge. Er zieht einen Sack heraus mit Papieren, die eine zugleich feste und anmutige Handschrift bedeckt, und wirft ihn ins Feuer. Es sind die Briefe Teresas.

h) Teresa von Avila

Teresa von Avila war eine große Liebende, und darin »menschlich heilig«. Die Franziskanerinnen von Sevilla urteilen über sie bei einer ihrer Gründungsreisen: »Gepriesen sei Gott, der uns eine Heilige sehen ließ, die wir alle nachahmen können. Sie spricht, schläft und ißt wie wir, und ihre Art ist nicht umständlich oder voller Frömmelei.«

Zunächst überrascht, daß Teresa als Oberin andere Vorgesetzte vor Freundschaften warnt, besonders vor Privatfreundschaften: »Kinderspielereien [...] scheinen die Freundschaften der Welt zu sein.« Und doch ist sie selbst vielen freundschaftlich verbunden. Über *Johannes vom Kreuz* sagt sie bei den Nonnen in Beas: »Er ist ein himmlischer und göttlicher Mann; seit seiner Abreise habe ich in ganz Kastilien keinen zweiten gefunden wie ihn. Keiner hat mich so gut auf den Wegen des Himmels geführt. Seine Abwesenheit läßt mich in unglaublicher Einsamkeit zurück.«

Gegenüber Johannes vom Kreuz ist Teresa die zupackendere und weltoffenere. Johannes entzog sich gerne den lästigen Gründungen, die so viel Verhandlungskunst und diplomatisches Geschick erforderten; erst später fand er sich damit ab. Überdies konnte ihn Teresa nicht so verwenden, wie es ihr beliebte. Auch die klügste Heilige kann nicht mit einem Erzengel fertig werden: »Gott verwahre mich vor Leuten, die so durchgeistigt sind, daß sie alles in eine vollkommene Kontemplation umwandeln möchten, mag kommen, was will. Hiervon abgesehen, sind wir ihm (nämlich Johannes vom Kreuz) dankbar, daß er uns so gut über Dinge unterrichtet hat, nach denen wir gar nicht gefragt hatten.« Sie bezeichnet sich schließlich selber als ganz anders als der göttliche Partner, »voller Fehler, sinnlich und undankbar«.

Teresas Verhältnis zu Pater *Jerónimo Gracián* ist ganz anders als das zu Johannes vom Kreuz. Deswegen zensierten die Glaubenswächter ziemlich in ihren Briefen.

97 Briefe Teresas an Jerónimo Gracián sind erhalten, und zwar aus den Jahren 1575-1582, während wir von Gracián heute keine Briefe an Teresa mehr vorliegen haben. Teresa schrieb manchmal sogar täglich an den Pater.

Die Freundschaft zwischen Teresa von Avila und Jerónimo Gracián vollzieht sich in den Jahren 1575 bis 1582, als Teresa härtesten Kämpfen mit den »Beschuhten« des traditionellen Karmels ausgesetzt war. Jerónimo war dreißig Jahre jünger als Teresa. Über ihre erste Begegnung mit ihm berichtet Teresa im 24. Kapitel ihres »Buches über die Klostergründungen«: »Als ich mich in Beas aufhielt, besuchte mich Pater Jerónimo Gracián von der Mutter Gottes. Bis dahin waren wir uns noch nie persönlich begegnet, obwohl ich mir dies sehr gewünscht hatte. Wir hatten uns lediglich einige Male geschrieben. Ich war hocherfreut, als ich von seiner Ankunft erfuhr, denn es drängte mich sehr, seine Bekanntschaft zu machen, nachdem ich so viel Gutes über ihn gehört hatte. Noch größer jedoch war meine Freude, als ich ihn kennenlernte. Er gefiel mir nämlich so gut, daß ich den Eindruck hatte, diejenigen, die voll des Lobes für ihn waren, würden ihn gar nicht kennen. In diesen Tagen war ich so übervoll an Freude und Glück, daß ich über mich selbst staunte.« Doch dann heißt es: »Wir beklagten beide, daß wir im Herzen vereint, in unseren Aufträgen jedoch getrennt waren.« Teresa bevorzugte Jerónimo schon vom Noviziat an, was ihm in der Folgezeit viele Schwierigkeiten und Leiden im Orden einbrachte. Doch die Heilige kommentiert ihre Bevorzugung damit, »daß jede Seele, wie vollkommen sie auch immer sei, ein Ventil braucht. Das können Sie ruhig mir überlassen, und sagen Sie, was Sie wollen: ich denke nicht daran, die Art meines Verhaltens zu ändern.« Für Teresa fällt die Zeit ihrer Unio mystica in dieselben Jahre, als ihr Gracián begegnete.

Freundschaft erfährt Teresa als große Bereicherung und Vertiefung ihres Lebens: »Es ist ja doch ein großer Unterschied, mein Pater, ob ich zu Ihnen spreche, nämlich wie zu mir selber, oder mit anderen, und sei es die eigene Schwester.« Pater Gracián wird es mit der Zeit bange angesichts so offener Bekundungen von Liebe und Begeisterung, doch Teresa ist sich sicher. Darum schreibt sie nun auch »amor« und bekennt sich dazu. Sie fürchtet nur, daß der Pater durch diese Liebe seine »libertad santa« verlieren, seine eigene Freiheit drangeben müsse, doch dann beruhigt sie: »Diese Freundschaft, das kann ich Ihnen sagen, schenkt eher Freiheit. Sie ist sehr, sehr anders.«

Die Freundschaft behindert nicht das Leben für Gott, sie gibt vielmehr Liebe zu Gott und zu den Menschen. Teresas Liebe ist gleichgerichtet mit Gottes Liebe, die den jungen Pater Gracián erwählt hat, was aber eine große geistliche Reife und geläuterte Motivation voraussetzt: »Ich fürchte, diese Liebe wird sich nur bei wenigen finden. Wer sie hat, möge sich glücklich preisen [...], denn sie setzt eine hohe innere Reife und Vollkommenheit voraus.« Am 18. Dezember 1576 heißt es: »Ich selbst kann es mir aus verschiedenen Gründen zwar zugestehen, meinen Umgang mit Ihnen liebevoll zu gestalten, aber nicht alle Nonnen sind dazu fähig, so wie auch nicht alle Prälaten die Freimütigkeit meines Paters besitzen...«

Von welcher Art ist die Freundschaft? Teresa von Avila schreibt: »O mein Jesus, wie groß ist deine Liebe zu den Menschenkindern, daß man dir den größten Dienst erweist, wenn man sich nicht dir, sondern ihnen zuwendet, denn dann ist man dir am tiefsten verbunden. Solange wir in diesem sterblichen Leibe leben, sind alle Freuden der Erde, selbst wenn sie von dir geschenkt scheinen, zweifelhaft, werden sie nicht von der Liebe zum Nächsten begleitet. Wer den Nächsten nicht liebt, liebt auch dich nicht, mein Herr.«

Für Teresa findet die Wesensverwandtschaft, so wichtig sie auch zwischen Menschen ist, ihr Korrektiv in der Liebe zu Gott, die geistlicher Art ist. Doch eine zu geistige und vergeistigte Sicht der Freundschaft lehnt Teresa von Avila ab: »Wir sind keine Engel, sondern wir haben einen Leib. Es ist Unsinn, uns selbst zu Engeln zu machen, solange wir auf Erden leben und so tief in ihr stecken wie ich.« Jedes kontemplative Leben hat realistische Voraussetzungen, denn Gott engt den Menschen nicht ein, sondern ermöglicht ihm, zur vollen Entfaltung seiner Fähigkeiten, auch seines Menschseins, zu kommen.

i) Franz von Sales

1604 begegnete der 37jährige Franz von Sales der Baronin Johanna Franziska von Chantal, einer Witwe mit vier Kindern. Nach den ersten Begegnungen sagt Franz zu Johanna Franziska von Chantal: »Gott, so will es mir scheinen, hat mich Ihnen geschenkt. Jede Stunde habe ich darüber eine größere Gewißheit [...]. Für meine Seele war es ein großes Gut, immer mehr Liebe für Sie zu haben. Das hat mich dazu geführt, Ihnen zu schreiben, daß Gott mich Ihnen geschenkt hat. Denn ich hielt es ja nicht für möglich, daß der Zuneigung, die ich in meinem Geiste, vor allem als ich für Sie betete, empfand, noch etwas hinzugefügt werden konnte.«

In den Jahren 1610 bis 1615 verfaßt Franz sein großes mystisches Werk »Le Traité de l'Amour de Dieu« - für Franziska von Chantal: »Das Buch ist [...] speziell für Dich geschrieben worden.« Es ist geleitet von ihrer eigenen Erfahrung: »Ich arbeite nun an Deinem Buch von der Liebe Gottes, und heute, während ich vor meinem Kruzifix betete, hat Gott mich Deine Seele und den Zustand, in dem sie sich befindet, sehen lassen, indem Er mir den Vergleich mit einem hervorragenden Musiker eingab.«

In ihrer Freundschaft ist es unmöglich, »das Mein und Dein zu trennen in dem, was uns betrifft«. Von den Kindern der Baronin spricht er als von »unseren Kindern« und versichert: »Ich halte diese Kinder für die meinen, weil sie die ihren sind!« Franz liest keine Heilige Messe, ohne an Johanna zu denken, denn Gott selbst hat sie ihm als Wegbegleiterin gegeben: »Gott hat mir 'eine Gehilfin gegeben', die mir nicht nur 'gleicht', sondern eins mit mir ist, so daß Sie und ich nur eine einzige Seele sind«, denn »Sie sind wahrhaft ich selbst, und ich bin in Wahrheit Sie selbst.«

Unter dem Eindruck der Schriften der Teresa von Avila, die Franziska von Chantal ihm gegeben hatte, übt gegen Lebensende das Ideal des völligen Verzichtes auf alles, was nicht Gott ist, eine immer mächtigere Anziehungskraft auf Franz von Sales aus. So verlangt er von Johanna die Lösung ihrer Freundschaft, was ihr kaum möglich war und ihr das äußerste abverlangte. Johanna sträubt sich gegen die erbarmungslose Abtötung. Franz antwortet nur mit Schärfe: »Wann wird dieser unerwartete Schlag bis auf den Grund treffen, wann wird die Eigenliebe nicht mehr nach Beisammensein, nach Kundgebungen und äußeren Zeichen verlangen, sondern voll gesättigt bleiben von der unveränderlichen und unwandelbaren Gewißheit, die Gott auf immer gibt?«

In den letzten sechs Lebensjahren löst Franz immer mehr die Bande zu Johanna, so sehr, daß sie nicht mehr miteinander reden oder sich Briefe schreiben, wenigstens nicht mehr über ihre ganz persönlichen Angelegenheiten. Als Franz von Sales im Jahr 1616 ernsthaft erkrankt, ist Johanna von Chantal während ihrer alljährlichen Exerzitien ganz zerstreut und unruhig. Franz verlangt von Johanna, folgendes Gebet immer wieder zu sprechen: »Ich will es, mein Herr und Gott, zieh es weg, zieh mit Kraft all das, was mein Herz bedeckt, weg. Mein Herr, nein! für nichts mache ich eine Ausnahme, zieh mich von mir selbst los. Oh! mein Selbst, ich verlasse dich für immer.«

Sich selbst preisgegeben zu sein, fällt auch einer Heiligen nicht leicht, wie aus einem Brief der Johanna Franziska von Chantal deutlich wird: »... wie tief ist das Messer durchgedrungen [...]. Oh Gott, wie leicht ist es, das uns Umringende zu verlassen. Aber seine eigene Haut, sein eigenes Fleisch und Gebein zu verlassen und bis ins Knochenmark durchzudringen - was wir, wie mir scheint, getan haben -, das ist entsetzlich schwer und unmöglich, es sei denn mit Gottes Gnade.«

j) Therese von Lisieux

Der geistliche Weg der Kleinen Therese ist nicht zu trennen von ihrer Freundschaft zu ihrer leiblichen Schwester Céline. Sie ist vier Jahre älter als Therese. Über ihre

Beziehung finden sich zahlreiche Hinweise zunächst in dem erhaltenen Briefwechsel, der aber im September 1894 mit Célines Eintritt in den Karmel abbricht.

Am 12. März 1889 schreibt Therese: »Céline! [...] Dieser Name klingt so süß im Grund meines Herzens! [...] Stehen unsere beiden Herzen nicht restlos miteinander in Einklang?« Dies führt Therese von Lisieux am 26. April 1892 mit folgendem Bild weiter aus:

Die Wiese im Karmel bietet mir dieses Jahr ein symbolisches Geschenk. Ich bin glücklich, es Dir zur Vollendung Deines 23. Lebensjahres überreichen zu können [...]. Eines Tages fiel mir auf der Grasfläche, die mit den einfachen weißen Gänseblümchen ganz übersät war, eines auf mit hochaufgeschossenem Stengel, das die anderen an Schönheit übertraf. Als ich näher zusah, entdeckte ich zu meiner Überraschung, daß es statt eines Gänseblümchens zwei deutlich voneinander unterschiedene waren. Angesichts der beiden so eng miteinander verbundenen Stengel dachte ich sofort an das Geheimnis unserer Seelen [...]. Ich begriff: Wenn Jesus in der Ordnung der Natur so wunderbare Dinge unter unseren Füßen ausstreut, geschieht es nur, um uns zu helfen, die verborgenen Geheimnisse zu erraten, die er in den Seelen wirkt und die einer höheren Ordnung angehören [...]. In den Augen der Geschöpfe sieht unser Leben sehr verschieden aus, sehr getrennt, doch ich weiß, daß Jesus unsere Herzen in so wunderbarer Weise vereinte, daß, was das eine Herz bewegt, auch das andere durchbebt... (Wo euer Schatz ist, da ist euer Herz.) Unser Schatz ist Jesus, und unsere Herzen sind nur eines in ihm.

Im Juli 1893 schreibt Therese an ihre Schwester Céline: »Ich glaube, der liebe Gott hat selten zwei Seelen geschaffen, die sich so gut verstehen; niemals ein Mißklang. Wenn Jesu Hand eines der beiden Saitenspiele anschlägt, erklingt gleichzeitig auch das andere.«

Über die Bedeutung ihrer Freundschaft mit Céline schreibt die Kleine Therese resümierend: »Je länger wir leben, umso mehr lieben wir Jesus, und da wir uns in ihm lieben, wird unsere Zuneigung so stark, daß es weit mehr Einheit ist als Vereinigung, die zwischen unseren beiden Seelen besteht.« Aber schon in einem Brief vom 15. Oktober 1889 bringt Therese den Einklang ihrer Seelen deutlich zur Sprache: »Wie gut ich mit Dir sprechen kann [...]. Es ist, als spräche ich zu meiner Seele [...]. Céline, es scheint mir, daß ich Dir alles sagen kann.«

Ihre Zuneigung deutet Therese in ihrer geistlichen Dimension: »In der gegenwärtigen Prüfung läutert der liebe Gott das, was an unserer Zuneigung noch zu sinnenhaft ist. Aber der Urgrund dieser Liebe ist zu rein, als daß er ihn zerbrechen würde [...]. Höre gut zu, was ich Dir sage. Niemals, niemals wird Jesus uns trennen.«

Céline wird zur Lieblingsschwester Thereses, die ihre Liebe zu Céline im Bild einer Blume mit zwei Stengeln, von gleichen Säften genährt, ausdeutet; schließlich spricht sie sogar von einer »einzigen Sendung«. Es fällt auf, daß Therese die um Jahre ältere Schwester führt und mitzieht, auch wenn im Laufe der Jahre der Ton der Briefe immer objektiver wird; außerdem ist nicht zu übersehen, daß die Briefe an Céline besonders häufig von Tod und Vergänglichkeit sprechen. Während Thereses letzter Krankheit ist Céline ihre Krankenschwester. Nicht nur der Konvent versteht Therese mit zunehmender Krankheit immer weniger, auch Céline ändert ihre Haltung. In ihrem Verhalten gegenüber Therese wird sie unwirsch und vernachlässigt ihre Betreuung. Aber Therese bleibt ihr bis zum Ende zugeneigt und einer ihrer letzten Blicke auf dem Totenbett richtet sich auf Céline.

3. Kriterien

In seiner Predigt beim Gottesdienst mit Seminaristen, Diakonen und Priestern im Dom zu Fulda sagte *Papst Johannes Paul II.* am 17. November 1980: »... ich weiß, daß Stunden der Bedrängnis, der Erschöpfung und der Ratlosigkeit, der Überforderung und der Enttäuschung [...] zum heutigen Leben der Priester gehören [...]. Welche Arznei kann ich euch in dieser Lage anbieten? Nicht äußere Vermehrung von Aktivitäten, nicht krampfhafte Anstrengung, sondern eine tiefere Einkehr in die Mitte eurer Berufung, eben zu jener Freundschaft mit Christus und zur Freundschaft miteinander. Durch sie will Christus selber als der Freund aller in eurer Mitte und in der Mitte eurer Gemeinden sichtbar werden: Nicht Knechte nenne ich euch, sondern Freunde! (Joh 15,15).« Die Freundschaft mit Jesus hat als Frucht und Konsequenz die Freundschaft miteinander. Die vorangegangenen Beispiele aus dem Leben von Heiligen haben das gezeigt. So läßt sich fragen, was die Erfahrung der Freundschaft für ein christliches Leben bedeutet und von welchen Kriterien die geistliche Freundschaft unter Christen näher bestimmt ist.

AUFMERKSAMKEIT

Wird ein Mensch von einem anderen angezogen, verliert das nüchterne Erwägen, das den objektiven Wert des anderen bestimmen möchte, seine Macht. Im anderen wird etwas gespürt, das »sehr gut« ist, so gut, daß man zusammensein möchte. Simone Weil schreibt hierüber (und legt eine Analogie zur Situation der Ureltern vor Gott nahe): »Die Freundschaft ist das Wunder, durch das ein Mensch bereit ist, selbst denjenigen Menschen, den er wie eine Nahrung braucht, aus der Ferne und ohne sich ihm zu nähern, zu betrachten. Diese Seelenkraft hatte Eva nicht, und dabei brauchte sie die Frucht doch gar nicht. Wenn sie in dem Augenblick, als sie die

Frucht sah, Hunger verspürt und wenn sie trotzdem endlos davor stehengeblieben wäre und sie angesehen hätte, ohne einen Schritt auf sie zuzugehen, dann hätte sie ein ähnliches Wunder vollbracht wie das der vollkommenen Freundschaft.«

UNIVERSALITÄT

Was Simone Weil als reife Frucht der Liebe beschreibt, findet sich bei Angela von Foligno, die über den Zusammenhang von »weltlicher« und »geistlicher« Liebe nachdenkt. Sie stellt zunächst die Warnung auf: »Es sollte sich niemand an jemand anders binden, es sei denn, er habe es zuvor gelernt, sich vom anderen zu lösen, wenn es darauf ankommt, sowohl was die Zeit als was den Raum betrifft.« Doch in ihrer mystischen Begegnung mit Gott erfährt Angela die Gemeinschaftlichkeit seiner Liebe; in dieser Liebe gesellt sich zur höchsten Intimität zu jedem einzelnen die höchste allgemeine unbeschränkte Zuneigung zu allen. Konzentration und Ausdehnung in einem, wie Ruusbroec sagt: »Und in der Einung empfängt ein jeder Gott und alle Liebenden; und er wird zusammen mit Gott von jedem Liebenden empfangen. Und so wohnen wir alle in Gott, und Gott in uns allein, und ein jeder mit Gott in den anderen.« Dieses Zueinander von persönlicher und universaler Liebe zeigt sich im Leben Jesu auf besondere Weise. Er hatte eine Vorliebe für Johannes und eine Freundschaft zu Lazarus, Maria und Martha; über Jahre lebte er gemeinsam mit seinen Jüngern. In dieser freundschaftlichen Liebe fand er auch die Liebe zu allen anderen, die zu ihm kamen (Mk 1,32-39; Joh 17,9-19 und 20-26).

IN CHRISTUS

Abt Aelred von Rievaulx in Schottland schreibt in seinem Werk über die geistliche Freundschaft gleich nach der Einleitung: »Siehe, du und ich, und ich hoffe, daß der Dritte unter uns Christus ist.« Seit der Frühzeit wird der neue befreiende Sinn des Evangeliums nicht bloß darin gesehen, daß Jesus eine neue Lehre über das Zueinander der Menschen brachte, sondern daß eine neue Beziehung zwischen Mensch und Menschensohn aufgerichtet ist, noch vor jedem Gedanken an Freundschaft. Der neue Sinn der Freundschaft ist verbunden mit dem neuen Sinn des Menschen.

MIT DEM LEIB

Die Wesensverwandtschaft, so wichtig sie auch zwischen Menschen ist, findet ihr Korrektiv in der Liebe zu Gott, die spiritueller Art ist. Aber Teresa von Avila lehnt eine zu geistige und vergeistigte Sicht der Freundschaft ab. Die Möglichkeit, aus sich herauszugehen, bedeutete für Teresa, Liebe zu geben und zu empfangen, und für sich und ihr Werk wünschte sich Teresa, daß Pater Gracián ihr Hilfe und Schutz gebe.

Zum Schluß: Was bleibt?

Als Grundhaltung auf dem Weg zu Gott darf das Schweigen und die innere Verschwiegenheit gelten. Sie meint nicht, daß einer den Mund hält, sich in die Stille zurückzieht und die Einsamkeit aufsucht; vielmehr handelt es sich um eine Lebenshaltung, die über das äußere Schweigen hinaus in ein inneres Schweigen führt, das dem Glaubenden die letzte Freiheit und Verfügbarkeit für Gott gibt. Die Tugend der inneren Verschwiegenheit kann nicht »erlernt« werden, doch ist es möglich, sich immer mehr in sie einzuüben: im Gebet, in der Anbetung und der Schweigemeditation. Deshalb sollen nun sechs Stationen auf dem Weg in das Schweigen bedacht werden; sie weisen auf die innere Mitte einer jeden Wegweisung in das geistliche Leben.

1. Innehalten

Der erste Schritt in das Schweigen vor Gott geschieht, wenn ein Herrschaftswechsel und eine Umwertung aller Dinge vollzogen wird: nicht Ich, sondern DU! In der Stille und Einsamkeit sucht der einzelne nach dem einen Notwendigen, um »mit mehr Freiheit« und Eifer das zu suchen, »was er so sehr ersehnt« (Ignatius von Loyola). Sich-Absondern, Distanz von den Geschäften des Alltags und ihrem Vielerlei sind für Ignatius die Ermöglichung von Freiheit und Diskretion. In der Einsamkeit und Abgeschiedenheit lernt der Beter, »nicht gut geordnete Geschäfte«, unklare oder halbe Entscheidungen, liegengelassene Fragen und halbherzige Verhaltensweisen neu zu bedenken und so sich dem zuzuwenden, was für das eigene Leben entscheidend notwendig ist. In einem Brief an Pier Cotarini schreibt Ignatius von Loyola dazu: »Für euch heißt es eigentlich, dafür zu sorgen, daß ihr nicht von dem, was ihr besitzt, besessen seid, daß euch kein irdisch Gut gefangen halte. Lenkt alles auf Ihn zurück, von dem ihr alles empfangen habt. Wer sich nicht ganz und ungeteilt jenem 'einen Notwendigen' hingeben kann, muß wenigstens dafür sorgen, daß all sein Tun und Trachten wohlgeordnet sei.«

Dieser erste Anfang im Schweigen ist schwer, weil er einem vieles an Liebgewordenem nimmt und eigene Schwachpunkte bloßstellen kann: man sucht das nächste Radio, wird aus unerklärlichen Gründen sehr müde, weiß nicht, wie das Gebet geübt sein soll, oder aber Gott selbst wird einem plötzlich fremd... Das alles mußte Carlo Carretto erfahren, als er seinen angesehenen Posten in Kirche und Gesellschaft aufgab, um für viele Jahre in der Einsamkeit der Sahara zu leben. Er schreibt über diese Zeit der Wüste: »Hör, wie es mir ergangen ist. Als ich aufbrach, um in die Wüste zu gehen, habe ich wirklich alles verlassen, um der Einladung Jesu zu folgen: meine berufliche Stellung, meine Angehörigen, mein Geld, mein Haus. Alles hatte ich hinter mir gelassen, ausgenommen [...] meine Vorstellungen von Gott, säuberlich zusammengefaßt in einem dicken Theologiebuch, das ich mit dorthin schleppte. Und dort im Sand las ich weiter in dem Buch und las es wieder von vorne, ich muß wohl gedacht haben, Gott sei in einer Idee enthalten, und wenn ich schöne Ideen von ihm hätte, könnte ich mit ihm in Verbindung kommen. Mein Novizenmeister sagte oft zu mir: 'Bruder Carlo, laß die Bücher. Stell dich arm und nackt vor die Eucharistie. Mach dich leer, laß die Gedanken fallen, suche zu lieben [...] zu schauen'.« So konnte Carlo Carretto durch den Schritt in die Stille und das Schweigen ausdrücken, daß er ungeteilt, ganz und frei für Gott da sein möchte, um ihn in Armut und Liebe zu umfangen.

2. Aushalten

Was am Anfang als Bereitschaft und Offenheit für Gott eingeübt wird, kann in einem zweiten Schritt schon etwas Beängstigendes annehmen. Verdeckte Wirklichkeiten und Ängste des eigenen Lebens werden im Beter hochkommen, die ihn vielleicht mit Schrecken erfüllen. Nicht selten geschieht es nun, daß der einzelne aufbricht, um der Stille zu entfliehen; er greift zu einem geistlichen Buch, liest über den mystischen Aufstieg zu Gott und freut sich an vielen guten geistlichen Gedanken und Aufzeichnungen, doch seiner Angst, die ihm in der Stunde des Schweigens begegnet, schaut er nicht mehr ins Angesicht.

Was hier beschrieben ist, kann eine ganze Gesellschaft bestimmen, wie der Psychologe C.G. Jung in einem seiner Briefe zeigt, in dem er fragt, warum die Menschen dem Schweigen entfliehen und nur schwer in der Stille mit sich und ihrem Leben zurechtkommen: »Wer sich fürchtet, sucht laute Gesellschaft und tosenden Lärm, der die Dämonen verscheucht. (Die entsprechenden primitiven Mittel sind Geschrei, Musik, Trommeln, knallendes Feuerwerk, Glockenläuten und so weiter). Der Lärm gibt ein Sicherheitsgefühl wie die Volksmenge; er schützt uns vor peinlichem Nachdenken, er zerstreut ängstliche Träume, er versichert uns, daß wir ja alle zusammen seien und ein solches Getöse veranstalten, daß niemand es wagt, uns anzugreifen. Der Lärm ist so unmittelbar, so überwältigend wirklich, daß alles andere zum blassen Phantom wird. Er enthebt uns aller Anstrengung, etwas zu sagen oder zu tun, denn sogar die Luft zittert vor der Gewalt unserer unüberwindlichen Lebensäußerung. In der Stille würde die Angst den Menschen zum Nachdenken veranlassen, und es ist gar nicht abzusehen, was einem dann alles zum Bewußtsein käme. Die meisten Menschen fürchten die Stille, darum muß immer, wenn das beständige Geräusch, z.B. einer Unterhaltung, aufhört, etwas getan, gesagt, gepfiffen, gesungen, gehustet oder gemurmelt werden. Das Bedürfnis nach Geräusch ist beinahe unersättlich, wenn schon bisweilen der Lärm unerträglich wird [...]. Das, was in Wirklichkeit gefürchtet wird, ist das, was vom eigenen Innern kommen könnte, nämlich all das, was man sich durch Lärm vom Halse gehalten hat.«

Alles entscheidet sich daran, ob der Beter die Stille aushält und vor ihr nicht davonläuft in äußere Hektik und Betriebsamkeit. Solches Aushalten geschieht nicht aus einem aszetischen Selbstzweck heraus, sondern aus der Sehnsucht nach dem Herrn: Beten dient nicht dazu, »daß wir uns in unserer Haut wohler fühlen. Beten - nicht um irgendeines Gewinnes willen, sondern damit wir als freie Menschen in die lebendige Gemeinschaft mit Christus hineinfinden« (Roger Schutz). Im schweigenden Schauen auf den Herrn wandelt sich das eigene Beten, denn »in der weiten Tiefenschicht der menschlichen Person, im Unterbewußtsein betet Christus weit mehr, als wir es uns vorstellen können. Verglichen mit der Unermeßlichkeit dieses verborgenen Betens Christi in uns, ist unser artikuliertes Gebet nur ein kleiner Teil. Das Wesentliche des Gebetes vollzieht sich in einem großen Schweigen.«

Das Hören auf das Beten Christi in uns, von dem Roger Schutz spricht, ist kein rein passives, sondern kommt aus der Bereitschaft, den Blick Gottes zu ertragen. Es scheint zwar Passivität zu sein, ein Auge auszuhalten, aber jeder weiß, wieviel Anstrengung es erfordert, wenn dies in einer wesentlichen Begegnung geschieht. Meist streifen sich Blicke nur indirekt, oder wenden sich gleich wieder ab, oder sie geben sich nicht personal, sondern nur im Rahmen gesellschaftlicher Konvention. Eine ähnliche Oberflächlichkeit im Blick kann es auch in der Begegnung mit Gott geben, wenn man sich vor Gott in eine theoretische, rhetorische, sentimentale, ästhetische und zumeist fromme Distanz oder in äußere Werke flüchtet. Es käme darauf an, sein nacktes Herz - auch in all seiner Erbärmlichkeit und Armut - dem Feuer des göttlichen Blickes auszusetzen. Augustinus beschreibt die Ewigkeit als ein »videntem videre«, ein Schauen dessen, der uns seit einer Ewigkeit anblickt. Dieser Blick ist getragen von der göttlichen Liebe, die der Mensch nur selten erträgt, denn es gehört mehr Demut dazu, sich von Gott wahrhaft lieben zu lassen, als sich selbst zu lieben.

Wer im Schweigen vor Gott ruhig und still geworden ist, hält im Beten keine langen Monologe, die ihn selbst ermüden. Statt fromme Bücher zu verschlingen und neue geistliche Erfahrungen und religiöse Gefühle erleben zu wollen, geschieht im Schweigen vor Gott eine Verzichtserklärung auf alles, was der einzelne selber herstellen und bewirken möchte. Es kommt zu einer Einfachheit vor Gott, die es ermöglicht, ganz in seiner Gegenwart zu leben.

Vor Gott einfach werden, das kann für einen Menschen der entscheidende Schritt auf seinem Lebensweg sein. Immer wieder geraten Menschen - gerade zur Zeit der Lebensmitte - in eine religiöse Krise, weil sie den Eroberungswillen, mit dem sie im Alltagsleben erfolgreich waren, auf das religiöse Leben übertragen und hier gleicherweise Erfolge verbuchen wollen. Sie haschen nach religiösen Erfahrungen und häufen sich gleichsam einen geistlichen Reichtum an - auf Exerzitien, bei Vorträgen und im Lesen zahlreicher Schriften. Es käme darauf an, sich Gott ganz einfach zu überlassen, ohne von ihm Gaben zu fordern wie Ruhe, Zufriedenheit, Sicherheit, religiösen Genuß, denn Gott ist größer als seine Gaben.

3. Umkehren

Ein Christ übt sich im Schweigen um der Begegnung mit dem Herrn willen. So wird ihn das Aushalten der eigenen Schwachheit und Armseligkeit schließlich in eine erneute Hinkehr zu Gott führen. Diese Zuwendung wird für den Beter zugleich eine Umkehr bedeuten.

Im oft gehörten Lobpreis auf das Schweigen fehlt meist dieser Aspekt der Umkehr, der in der monastischen Tradition betont und von *Anselm Grün* dargestellt wurde. Schweigen ist keine Entspannungs- oder Versenkungstechnik, keine Kunst, abzuschalten, sondern Einübung in die wesentlichen Grundhaltungen vor Gott: Fehlhaltungen sollen abgebaut, egoistische Tendenzen abgelegt und die Offenheit für den göttlichen Willen möglich werden.

Die Mönche schwärmen nicht vom Schweigen. Vielmehr wird in monastischen Schriften sehr nüchtern darüber gesprochen, ja es gilt sogar nie als Grundbedingung für ein Leben mit Gott, sondern steht im Zusammenhang mit all den anderen Methoden, die der Mönch und Beter in seinem geistlichen Leben erlernen und einüben muß: Beten, Meditieren, Aussprechen der innersten Gedanken einem geistlichen Vater gegenüber, Arbeiten, Fasten, Almosengeben, Gastfreundschaft und Liebe zum Nächsten.

Umkehr und Zuwendung zum Herrn verlangen im Schweigen vor allem, daß das eigene Ich zum Schweigen gebracht wird. Beschäftigungen, Gedanken, Ideale und Pläne, die uns immer wieder auf uns selbst werfen, müssen abgelegt werden - im Frieden mit uns selbst und mit den anderen. Manche hingegen beginnen die Zeit des Schweigens damit auszufüllen, daß sie auf sich oder auf die anderen innerlich schimpfen oder gar Haß und Neidgefühle gegen Mitmenschen hegen. Sie denken sich trotz des Schweigens vielleicht glänzende Reden aus, mit denen sie den anderen fertigmachen wollen, um ihm zu zeigen, daß sie doch im Recht sind, und verharren im inneren Argumentieren und Debattieren. Wieder andere bemitleiden sich selbst, sie sagen sich in Augenblicken der äußeren Stille vor, daß alles sinnlos sei, es lohne sich nicht. Andere bewundern sich selbst. Sie sagen sich vor, wie bedeutend sie doch seien und wie die Welt froh sein müßte, daß es sie gäbe - mit ihren großen Fähigkeiten, Möglichkeiten und Erfolgen.

Äußeres Schweigen sagt also noch nichts darüber, ob einer »umgekehrt« ist und sich zum Herrn des Lebens bekehrt hat. Erst wer das innere Debattieren und Argumentieren überwunden hat und innerlich frei von sich geworden ist, da er über sich selbst schweigen kann, findet zur Tiefe und Wahrheit des Schweigens vor Gott.

Johannes Cassian sagt, daß dieser Zustand reinen Schweigens identisch ist mit der Reinheit des Herzens, die die Demut voraussetzt. Der Beter will nichts mehr erreichen, weder Versenkungszustände noch absolute Stille, vielmehr verläßt er sich voll Vertrauen auf Gott.

4. Aufbrechen

Eine bloße Hinwendung zu Gott ließe christliches Schweigen noch nicht dorthin kommen, wo Christus den Jünger auf den Weg der Nachfolge ruft. Deshalb wird die Haltung des Schweigenden in der geistlichen Tradition gern mit dem Bild der Peregrinatio, der Pilgerschaft, beschrieben.

Wer nicht nur die äußere Stille sucht, sondern sich zu Gott bekehren möchte, wird im Schweigen des Herzens auf Gottes Geheiß hin »ausziehen« und »aufbrechen« müssen: »Peregrinatio est tacere«, sagt ein Apophthegma der Wüstenväter und identifiziert Pilgerschaft und Schweigen. In einem anderen Wort heißt es: »Wenn du nicht Herr über deine Zunge wirst, bist du kein Fremdling, wohin du auch gehst. Beherrsche also deine Zunge, und du bist ein Fremdling.«

Im Schweigen als Aufbruch und Auszug verzichtet der Mensch darauf, überall seinen Kommentar abzugeben oder gar gleich sich oder die Welt verändern und verbessern zu wollen. Im Wort wohnt der Mensch in dieser Welt. Das Wort zeigt, daß er dazugehört. Wer schweigt, verzichtet auf das Wort, auf die Geborgenheit in der Welt und übt sich in das Loslassen ein, vor allem in den Bindungen, die an der »Welt« festhalten (A. Grün).

Johannes Cassian, der erste bedeutende Mönchsschriftsteller im Westen, erklärt das Wesen der Peregrinatio anhand von Gen 12,1, wo mit Blick auf Abraham von einem dreifachen Auszug die Rede ist: vom Auszug aus der Heimat, aus der Verwandtschaft und aus dem Vaterhaus.

Auszug aus der *Heimat* bedeutet für Johannes Cassian Verzicht auf die Güter dieser Welt. Im Schweigen läßt der Mensch alles los, womit er glänzen und Eindruck machen kann und wird einfach in seinen Gedanken und Vorstellungen, er begnügt sich mit wenigen Gedanken, die in die Sammlung führen.

Auszug aus der *Verwandtschaft* ist für Johannes Cassian ein Ausziehen aus dem früheren Lebenswandel, aus den Gewohnheiten und Fehlern. Der Mensch trennt sich von allem, was sein Herz in Beschlag nimmt, auch von allen bösen Erinnerungen und Rachegefühlen. Statt sich immer wieder in die Vergangenheit zu verlieren, stellt sich der Mensch nun der Gegenwart, ihren Herausforderungen und Realitäten.

Schließlich der Auszug aus dem *Vaterhaus*, bei dem der Mensch sich von allem Sichtbaren und Vergänglichen abwendet und dem Ewigen zukehrt: »Unser Heimatrecht ist im Himmel« (Phil 3,20). Wer schweigt, wandert durch die Welt, ohne sich in ihr niederzulassen. Wer schweigt, wird nicht vertraut mit den Menschen seiner Umgebung, mit der Welt. Als Heimatlosigkeit und Verzicht auf Vertraulichkeit ist das Schweigen ein bewußtes Gehen in die Einsamkeit.

Die drei Bilder vom Schweigen als Auszug sind nicht als ein Zeichen von Weltverachtung und -verneinung zu deuten, sondern als Haltung einer inneren Freiheit und Gelassenheit gegenüber allen Dingen dieser Welt. Ein Mensch, der zur engagierten Gelassenheit (»Indifferenz«) gefunden hat, wird inmitten alltäglicher Aufgaben in Gott verankert bleiben - in der Welt, aber nicht von der Welt.

5. Innere Verschwiegenheit

Weil es im geistlichen Leben nicht um ein Sich-Sorgen, sondern um ein Vertrauen, um ein Sich-Loslassen geht, vor allem um ein Hören auf das, was in einem ist, kann der im Schweigen zu vollziehende Aufbruch und Auszug nicht schon als der letzte Schritt auf dem Weg zu Gott gelten. Wer nämlich im Schweigen den Weg der Nachfolge betreten hat, wird auch ein *hörender Mensch* sein wollen, denn Christus selbst ist es, der in uns betet, und auf ihn will der Schweigende hören lernen. Kallistos Ware schreibt von diesem horchenden Schweigen: »Ganz im Schweigen sein: das ist das Schwerste von allem und das Entscheidende in der Kunst des Betens. Schweigen ist eine Haltung aufmerksamer Bereitschaft, Wachsamkeit und vor allem des Hinhörens. Der Hesychast, derjenige, dem es gelungen ist, die 'hesychia', das inwendige Stillsein oder Schweigen zu erlangen, ist einfachhin jemand, der hört. Er lauscht der Stimme des Gebetes in seinem eigenen Herzen und erkennt, daß diese Stimme nicht seine eigene ist, sondern die eines anderen, der in ihm spricht. Beten ist 'Stehen vor Gott', Eintreten in eine unmittelbare und persönliche Verbundenheit mit ihm. Beten ist Gott - es ist nicht etwas, das von mir ausgeht, sondern etwas, an dem ich teilhabe. Wahres inneres Beten bedeutet: einzutreten in das Handeln Gottes.«

Wer Gott an sich handeln läßt, der lenkt die Aufmerksamkeit nicht auf sich, sondern wird lernen müssen, vor Gott auch über sich selbst zu schweigen. Es wird ein Schweigen sein über mein Gebet, über die Entwicklung meines inneren Lebens und über all das, was vor Gott gesagt, betont und eingefordert sein »müßte«. Voller Hingabe möchte der Beter nicht mehr »etwas« von Gott, sondern ihn selber. Alles Leisten und Hochrechnen vor Gott hört auf; der Beter gibt sich einfach hin. Oft wird das Gebet nun erfahren als Zeitverschwendung, doch die Verschwendung der Zeit ist jetzt Ausdruck eines viel tieferen Geschehens, nämlich der Verschwendung unserer selbst.

Eine solche Stille vor Gott wird weniger äußeres Schweigen als ein inneres Schweigen sein. Der Beter hat alle Fäden aus der Hand gegeben und sie Gott anvertraut haben. Nicht nur die Geräusche seines Lebens und auch nicht bloß seine Lippen schweigen, sondern er selbst möchte zum Schweigen gebracht werden, auf daß »nicht mehr ich lebe, sondern Christus lebt in mir« (Gal 2,20).

Zur Vorbereitung auf das innere Schweigen gehört, daß der Mensch bereit ist, auf alle Verbitterungen und Wunden zu verzichten, die ihm das Leben in vielfältiger Weise zugefügt hat. Manche tragen die Wunden ihrer Vergangenheit ständig mit sich herum und lassen sie nicht heilen; sie fühlen sich gekränkt, weil sie in irgendeinem Punkt ihres Lebens nicht zu ihrem Recht gekommen sind. Solche Menschen finden nie das innere Schweigen, denn sie »brauchen« die Erinnerung an die Wunden, um an ihrer Verbitterung festhalten zu können. Sie wollen den Menschen nicht verzeihen, die sie verletzt haben, und sie können Gott nicht verzeihen, der ihnen diese Vergangenheit zugemutet hat. Solche Verbitterungen verschließen das Herz und lassen nicht zur Ruhe kommen vor Gott.

Ob einer im Gebet Jesus begegnen wird, liegt nicht schon an seiner Bereitschaft, Reden und Denken aufzugeben, sondern zunächst und vor allem an seiner Bereitschaft loszulassen. Manchmal verweigert einer, der nur äußerlich schweigt, solches Loslassen. Dann wird Schweigen zu einem hartnäckigen Festhalten an sich selbst, es ist ein Schweigen aus innerem Stolz. Erst wer in Demut über sich und das eigene Leben schweigt, findet zur inneren Verschwiegenheit, die eine Grundbedingung für die Begegnung mit Gott und das Hören auf ihn ist.

Die Brüder von Taizé haben in ihrer Einführung zur Retraite einzelne Lebensbereiche angeführt, die zum Schweigen kommen, wenn der Beter in die Haltung der inneren Verschwiegenheit findet:

Schweigen der Phantasie: Die Gefühlsregungen, die Traurigkeiten kommen zum Schweigen; die eitle Geschäftigkeit der Gedanken kommt zum Schweigen.

Schweigen des Gedächtnisses: Das Vergangene, die vergeblichen Klagen, die Bitterkeiten kommen zum Schweigen. Sich nur an die Erweise von Gottes Barmherzigkeit erinnern.

Schweigen des Herzens: Die Wünsche kommen zum Schweigen, die Antipathien kommen zum Schweigen, die Liebe kommt zum Schweigen in allem, was an ihr übertrieben ist.

Schweigen der Eigenliebe: Der Blick auf die eigene Sünde, auf die eigene Unfähigkeit kommt zum Schweigen. Das Selbstlob kommt zum Schweigen. Das ganze menschliche Ich kommt zum Schweigen und darin zum inneren Frieden.

Schweigen des Geistes: Die unnützen Gedanken zum Schweigen bringen. Die spitzfindigen Überlegungen, die den Willen schwächen und die Liebe eintrocknen lassen, zum Schweigen bringen. Alles eigene Suchen und Streben zum Schweigen bringen.

Schweigen des Richtgeistes: Schweigen im Blick auf andere Menschen: nicht richten.

Schweigen des Willens: Die Ängste des Herzens, die Schmerzen der Seele zum Schweigen bringen. Die Verlassenheitsgefühle zum Schweigen bringen.

Schweigen mit sich selbst: Nicht auf sich selbst hören, sich nicht beklagen und nicht trösten, mit sich selbst schweigen, sich vergessen, sich von sich selbst lösen.

6. Innere Einsamkeit

Die Erfahrung der Mystiker ist, daß es über die innere Verschwiegenheit hinaus noch eine letzte Wegstrecke zum Schweigen gibt, die sie oft als »dunkle Nacht« umschrieben haben. Es ist nicht das äußere Schweigen der Einsamkeit, der verlassenen Heimat, der geopferten Beziehungen und Bindungen, sondern das innere Schweigen der sternlosen Zeit, der Frage, des Zweifels, der Sorge und Angst, vielleicht sogar der Gottverlassenheit. In einer solchen Zeit, in der der Beter auf sich selbst zurückgeworfen wird, begegnet ihm schließlich eine Einsamkeit, vielleicht auch eine Verlassenheit, die den letzten Einsatz von Glauben und Hingabe an Gott einfordert.

Was der Beter als Not des Glaubens erfährt, läßt ihn allein sein - auch innerhalb der Kirche, sogar in der Feier der Heiligen Liturgie. Das liturgische Beten bereitet zwar auf die Gnade der inneren Gemeinschaft mit Gott vor, doch es gibt, wie Thomas Merton sagt, »eine Bekehrung des tiefen Willens zu Gott, die sich nicht in Worten vollziehen läßt, kaum in einer Geste oder Zeremonie. Es ist eine Bekehrung des tiefen Willens und eine Übergabe meiner Wesenheit, die zu geheimnisvoll für die Liturgie ist und zu privat. Es ist etwas, das nur in einer klaren Verschwiegenheit vor sich gehen kann, die vor allen Dingen jede Mitteilung an andere ausschließt, es sei denn als etwas ganz Neutrales.«

Für Thomas Merton führt seine Erfahrung in eine Gegenwart und Einsamkeit, die ganz von Vergangenheit und Zukunft losgelöst ist. Das Gesammeltsein in Klarheit und Schweigen gehört Gott und wird »keinen anderen etwas angehen«: »Um Gott zu gehören, muß ich mir selber gehören. Ich muß allein sein, wenigstens innerlich allein. Das bedeutet die ständige Erneuerung einer Entscheidung. Ich kann nicht Menschen gehören. Nichts von mir gehört irgendjemand als Gott.«

Was Mystiker in der »dunklen Nacht« als bittere Erfahrung durchleben mußten, gibt der Stunde innerer Einsamkeit kein romantisches und verklärtes Gesicht, vielmehr ist es eine Zeit der Wüste, die für Jesus selbst zu einem Ort der Versuchung wurde. Hier in der Wüste entscheidet sich das Leben eines Menschen, und Gott, der den Menschen liebt, bindet ihn in die Einsamkeit »vielleicht bis zum Übermaß und bis zur Gefährdung«, wie Alfred Delp sagt:

Ich will keine Ode an die Wüste schreiben. Wer sie bestehen will, wird mit Ehrfurcht von ihr sprechen und mit der leisen Verhaltenheit, mit der der Mensch sich seiner Wunden und seiner Schwäche schämt. Sie ist der große Raum der Besinnung, der Erkenntnis, der neuen Einsichten und Entscheidungen. Sie ist die schwere Last, die dem Schiff den Tiefgang und die Festigkeit sichert. Sie ist das Gesetz der Härte und Bewährung, unter das wir gerufen sind. Und sie ist der stille Winkel unserer Tränen und Notrufe und Erbärmlichkeiten und Ängste. Aber sie gehört dazu.

Indem die Wüste alles nimmt, gibt sie das Kostbarste, was einer im Leben gewinnen kann: das Vertrauen. Wie schon in der geographischen Wüste dieser Erde nur das Vertrauen zählt, so in einem viel tieferen Sinn auch in der Wüste, die der Ort der Gottesbegegnung ist. Sie kann für manchen länger als vierzig Tage oder vierzig Jahre dauern, aber voller Vertrauen vermag er im Schweigen auf den schweigenden Gott zu harren und zu warten. Simone fordert zu diesem Weg des Schweigens auf, der für sie zur inneren Mitte und zur Grundhaltung ihres geistlichen Lebens geworden ist; kurz vor dem Ende ihres Lebens bringt sie das Vermächtnis ihres Lebens in die Wegweisung: »Sprich mir schweigend von Gott.«

Itinerarium

Als kleine Gedächtnishilfe sind im Folgenden Grundgedanken der »Wegweisung« fest-
gehalten und Bücher angegeben, die benutzt wurden bzw. zum Weiterstudium anregen.

I. Leben in Fülle

In folgenden Merksätzen versucht *Heinrich Spaemann,* Grundworte erlösten Lebens zu-
sammenzufassen, die sich in ihrem wesentlichen Inhalt wie folgt wiedergeben lassen:
1. Erstwichtiges nicht an die zweite Stelle setzen! Erstwichtig ist Gott, meine Verbundenheit mit ihm. Darum dem Gebet und dem Gottes-Dienst nichts vorziehen.
*2. Verzichte nicht verweigern, sofern sie von der Liebe zu Gott und zum Nächsten nahe-
gelegt sind.* Sorge tragen, daß das vordergründige Vielerlei in unserem Leben nicht über-
handnimmt. Auswählen! Nur Menschen ohne viel Gepäck, nur Kinder und Arme kommen
durch die »enge Tür, die ins Leben führt«.
3. Der Neigung zu unnötiger und liebeleerer Kritik nicht nachgeben! Jesus ist Gottes Ja
zu uns, deshalb soll und kann ich im Bunde sein mit Gottes Güte und Barmherzigkeit.
4. Nicht das Auge der Menschen suchen! Die Linke nicht wissen lassen, was die Rechte
tut. »Der Mensch ist so viel wert, als er vor Gott wert ist - nicht mehr und vor allem auch
nicht weniger«, wie Franziskus und der Pfarrer von Ars gemeinsam lehren.
5. Sich nicht ängstlich sorgen, sich nicht selbstisch sichern! Wenn es gilt, der größeren
Liebe zu gehorchen, Gott die Zukunft und Angst überlassen. Der je nächste Schritt genügt.
Nichts aufschieben oder gar im Blick auf ein mögliches Morgen das Heute versäumen.
Drei Kennzeichen wahren Gehorsams gegenüber Gott: sogleich, freudig, ganz.
6. Keine Zeit vertun! Die Stunde auskaufen (Eph 5,15-20). Sie ist das »Talent«, über das
Rechenschaft abzulegen ist.
7. Sich dem Kreuz als dem Geheimnis des letzten Platzes verpflichtet wissen! Das innere
Verhältnis zum letzten Platz in jeder Eucharistiefeier neu zu gewinnen und zu vertiefen
suchen. Sich nicht ärgern und empören, sondern sein Jüngersein bejahen, wenn man im
eigenen Leben gelegentlich verkannt, hintangesetzt, nicht beachtet, übergangen wird.
Aber auch gefaßt sein, daß berechtigte Wünsche und Vorstellungen durchkreuzt werden
und daß das Gebet oft anders erhört wird, als wir es hier und jetzt erwarten oder erkennen.
8. Neu anfangen, immer wieder! Sich davor hüten, die Anfangsbereitschaft aufzugeben.
Es ist traurig, daß wir immer neu anfangen müssen; aber es ist tröstlich, daß wir immer
wieder anfangen dürfen: »Die große Schuld des Menschen ist nicht, daß er in Sünde fällt
- denn der Mensch auf Erden ist schwach und die Gefahr ist groß -, sondern daß er jeden
Tag umkehren kann und dies nicht tut« (Chassidim).

9. Aus *den Gaben des Geistes leben!* Die Stille suchen, lieben, verwirklichen und in den Spiegel der Heiligen Schrift schauen. Auf ein zartes Gewissen, das die »erste Liebe« nicht verliert, und auf eine von Gott geprägte Lebens- und Tagesordnung bedacht sein.

LITERATUR:
Fraling, B., Wie kann ich das Evangelium leben? (Hildesheim 1985); *Greshake, G.,* Geschenkte Freiheit. Einführung in die Gnadenlehre (Freiburg i. Br. ²1981); *Moltmann, J.,* Kirche in der Kraft des Geistes (München 1975); *Spaemann, H.,* Und Gott schied das Licht von der Finsternis. Christliche Konsequenzen (Freiburg i.br. 1982) 69-79.161-170; *Weismayer, J.,* Leben in Fülle. Zur Geschichte und Theologie christlicher Spiritualität (Innsbruck 1983).

II. Umkehr in das Sakrament

Die Grundregeln zum Sakrament der Umkehr lassen sich mit Worten des Pfarrers von Ars, des großen und erfahrenen Beichtvaters, konkretisieren:

1. *»Kehrt um und glaubt an das Evangelium!«* (Mk 1,15) Im Ruf der Buße ergreift Gott zuerst die Initiative; er muß nicht erst versöhnt werden, sondern ist schon versöhnt. Es ist bequemer, etwas zu ändern, als sich selbst zu ändern; es ist einfacher, einzelne Gebote und Pflichten zu erfüllen, als sich ganz auf Gott und seine Liebe zu verlassen. Wichtig an der Beichte ist nicht bloß, daß ich nachher keine Schulden habe; wichtig ist auch nicht das vollständige Bekenntnis, sondern daß ich mich fallen lasse und mich dem Erbarmen Gottes ausliefere.

Pfarrer von Ars: »Leichter ist es, in den Himmel zu kommen als in die Hölle, so groß ist die Barmherzigkeit Gottes [...]. Unsere Fehler sind Sandkörner im Vergleich zu dem mächtigen Berg der göttlichen Barmherzigkeit.«

2. *Begib dich möglichst schnell auf den Weg der Umkehr!* Die Erkenntnis, daß wir in der Meisterung und Verwaltung unseres Lebens unglückliche Hände haben, bleibt keinem erspart. Die geschehenen Taten sind unterschriebene Wechsel, die eingelöst werden müssen. Nicht daß wir in Schuld geraten (das wird immer so sein, wie wir sind), aber was wir mit ihr anfangen und ob wir an ihr wachsen, das ist die Frage.

Pfarrer von Ars: »Nach einem Fall *gleich* wieder aufstehen! Die Sünde nicht einen Augenblick im Herzen lassen.«

3. *Sei aufrichtig dir selbst und Gott gegenüber!* Der Aufrichtigkeit stehen Versuchungen zur Verdunklung gegenüber: *Verharmlosung:* »Das ist ja gar nicht so schlimm!«; *Ablenkungsmanöver:* Projektion der Fehler auf die anderen, Stehenbleiben an der Oberfläche und bei vordergründigen Dingen; *Mutlosigkeit:* »Ich werde es nie schaffen!« (Selbstbeschuldigung, Depression); *Vorleistungen:* Erfüllung eines Gebotes, perfekte Beichte, voll-

164

kommenes Ablegen eines Fehlers usw.: »dann erst wird Gott mir gnädig sein«; *Verzweif-lung* und falsche *Skrupulosität*; *Angst* vor dem Dunkel im eigenen Leben (»Schatten-seite«) oder vor der Beschämung.

Pfarrer von Ars: »Drei Dinge sind absolut notwendig gegen die Versuchungen: das Ge-bet, um uns zu erleuchten, die Sakramente, um uns zu stärken, und die Wachsamkeit, um uns zu behüten.«

4. *Suche die Haltung der Reue und Beschämung!* Oft wird bei der Beichte die meiste Zeit für die Gewissenserforschung verwendet, aber nur wenig für die Reue.

Pfarrer von Ars: »Viele beichten, aber wenige bekehren sich. Das ist leicht begreiflich. Es beichten eben nur wenige mit einem aufrichtigen Reueschmerz.«

5. *Beim Bekenntnis sei offen und vertraue dich dem Beichtvater an!* Die leichteste Form der Beichte muß nicht die hilfreichste für mich sein; die Anonymität des Beichtstuhls ist ein Angebot, jedoch nicht der einzige Weg (z.B. gibt es auch ein sogenanntes Beichtge-spräch).

Pfarrer von Ars wußte um die eigene Schwachheit: »Ich bin viel strafbarer als ihr: Scheut euch nicht, euch anzuklagen.«

6. *Beichte konkrete Sünden - ohne Verschleierung oder Entschuldigungen!* Mit allgemei-nen Sündenbekenntnissen pflegt man sich selbst zu rechtfertigen oder bringt die eigentli-che Sache nicht zur Sprache.

Pfarrer von Ars: »Manche entweihen das Sakrament, weil es ihnen eben an Aufrichtigkeit fehlt. Zehn, zwanzig Jahre verheimlichen sie schon manche Todsünde. Ständig werden sie gequält, immer steht ihre Sünde vor ihrem Geist, immer denken sie daran, sie zu beich-ten, und immer schieben sie es heraus [...]. Beichtest du auch nicht in den Wind?«

7. *Alles ist Gnade!* Die Umkehr ist nicht Leistung des Menschen, sondern Gottes Tat am Menschen. Die Freude des barmherzigen Vaters über die Rückkehr läßt den verlorenen Sohn umkehren. »Wem viel vergeben ist, der liebt auch viel« (vgl. Lk 7,47). Du darfst ein Sünder sein. Danke Gott dafür, daß du ein Sünder sein darfst. Denn Gott liebt die Sünder, aber er haßt die Sünde.

Pfarrer von Ars: »Die verziehenen Sünden existieren nicht mehr, damit das Gute in dir neu aufleben kann.«

LITERATUR:

Demmer, Kl., Entscheidung und Verhängnis. Die moraltheologische Lehre von der Sünde im Licht christologischer Anthropologie (Paderborn 1976); *Lambert, W.,* Warum - was - wie - beichten? (Leutesdorf 1984); *Werbick, J.,* Schulderfahrung und Bußsakrament (Mainz 1985).

III. Einübung in Gnade

In der »Nachfolge Christi« (I,11) des Thomas a Kempis heißt es: »Setzten wir alles daran, wie Helden im Kampfe *auszuharren,* wir würden wirklich ‚die *Hilfe des Herrn* von oben gewahr werden'. Denn Er ist bereit, denen zu helfen, die da ringen und auf Seine Gnade bauen, Er, der uns auch den Anlaß zum Kampfe gibt, damit wir uns bewähren.

Sehen wir den Fortschritt in unserem geistlichen Leben nur in äußerlichen Formen, dann wird unsere innere Gottverbundenheit bald am Ende sein. Wir müssen vielmehr die *Axt an die Wurzel des Übels legen,* auf daß wir, befreit von unseren Leidenschaften, zum Frieden des Herzens gelangen.

Wollten wir jedes Jahr nur *einen einzigen Fehler mit* der Wurzel ausrotten, so würden wir bald vollkommene Menschen werden. So aber will es uns oft im Gegenteil dünken, daß wir uns am Anfang unserer inneren Umkehr reiner und besser vorkamen als nach vielen Jahren geistlichen Lebens. Täglich sollten unsere innere Glut und unser Fortschritt wachsen; so aber gilt es schon als eine Großtat, wenn man auf der ersten Stufe des Eifers zu verharren vermag. Gebrauchten wir *nur mäßig Gewalt am Anfang* unseres Weges, mit *Leichtigkeit* und in *Freude* könnten wir dann später jede Schwierigkeit bewältigen. Schwer ist es, von der Gewohnheit zu lassen; aber noch schwerer ist's, gegen seinen eigenen Willen anzukämpfen. Aber wirst du nicht Herr über Kleines und Leichtes, wie solltest du den schwereren Kampf meistern? *Widerstehe im Anfang* deiner Neigung und lege die üble Gewohnheit ab, auf daß sie dich nicht etwa unvermerkt einem größeren Übel zutreibe! Wolltest du doch bedenken, welchen Frieden du deinen *Mitmenschen* bereiten könntest, sofern es gut um dich stünde; ich glaube, noch eifriger würdest du dann alles tun für dein geistiges Wachstum.«

Der Text aus der »Nachfolge Christi« enthält folgende Grundregeln für das Fassen von Vorsätzen:

1. *Die Motivation beim Fassen von Vorsätzen kommt nicht aus äußerlichen Formen,* Wünschen und Motiven, sondern aus der »inneren Gottverbundenheit«, d.h. aus der *Liebe zu Jesus.*

2. Im Umgang mit den eigenen Fehlern und beim Fassen von Vorsätzen gilt zu Beginn: *Fange an, wo du willst.* Entscheidend ist nicht, wo du ansetzt, sondern der ehrliche und entschlossene Wille, hier oder dort Ordnung zu schaffen. Wer das tut, dem wird sich das ganze Leben von diesem Punkt her ändern.

3. *Fasse in aller Stille vor Gott einen bestimmten Fehler genau und ohne jede Beschönigung ins Auge:* »Ein klar erkanntes Problem ist immer schon ein halb gelöstes Problem!«

4. *Die Axt an die Wurzel des Übels legen, nicht an die Symptome!* Es geht darum, bis auf den Wurzelgrund der eigenen Fehler und Sünden vorzustoßen und ihn aufzudecken. Wir Menschen handeln ja immer »aus« etwas: wir haben ein Motiv.

5. *Beim Fassen der Vorsätze nie zu hoch ansetzen, sondern eher zu niedrig: keine »großen« Vorsätze.* Wer zu hoch ansetzt und »mehr« tun will, tut meist weniger und erreicht

vielleicht überhaupt nichts. Ist der Vorsatz einmal gefaßt, dann soll er ohne Abstriche schnell und entschlossen ausgeführt werden: »Wer die Hand an den Pflug legt und zurückschaut...«

6. *Nicht morgen, sondern heute anfangen* - ohne Zögern und Aufschieben!

7. *Auf den Verlauf der Handlungen achten, »damit sie dich nicht etwa unvermerkt einem größeren Übel zutreiben«* - indem man nämlich zu sehr auf die eigenen Kräfte vertraut statt auf Gottes Gnadenhilfe. Nicht vorzeitig resignieren, sondern »jeden Tag einen Fehler bekämpfen« - mit Geduld und Güte auch sich selbst gegenüber. Die Fehler von Anfang an bekämpfen, nicht erst, wenn sie schon zur Gewohnheit geworden sind.

8. *Den Vorsatz positiv formulieren: im Blick auf die Freude und den Frieden und im Blick auf die Mitmenschen.* Beim Fassen des Vorsatzes sich fragen: Will ich das Vorgenommene wirklich? Sonst eher noch abwarten und sich die Sache nicht vornehmen.

LITERATUR:

Grün, A., Lebensmitte als geistliche Aufgabe; *Lambert, W.,* Zeichen von Umkehr und Lob, in: Korrespondenz zur Spiritualität der Exerzitien 28 (1978) 46-54; *ders.,* Zur geistlichen Atmosphäre der Krisenphase, in: Korrespondenz zur Spiritualität der Exerzitien 29 (1979) 98-106; *Louf, A.,* Demut und Gehorsam (Münsterschwarzach 1979).

IV. Geistlicher Fortschritt

Im Leben gibt es nicht nur Zeiten der Hochstimmung, sondern auch die Erfahrungen der Traurigkeit, Niedergeschlagenheit und Lustlosigkeit. Wie sie im geistlichen Leben zum Ausdruck kommen, hat *Walter Trobisch* dargelegt; sein Versuch sei im Folgenden aufgegriffen und weitergeführt:

a) *Ursachen geistlicher Durststrecken:*

1. *Sünde:* Traurigkeit, Leere und Lustlosigkeit sind zuweilen darauf zurückzuführen, daß das eigene Leben nicht in Übereinstimmung mit Gottes Willen geführt wird und die Beziehung zu Gott nicht von Aufrichtigkeit und Transparenz bestimmt ist. Vielleicht ist einer auch »auf der Flucht« vor Gott und seinem Anspruch.

2. *Unterernährung und Untätigkeit:* »Wer viel ausgibt, muß zugleich viel einnehmen. Wer viel einnimmt, muß aber auch viel ausgeben.« Denn »es gibt Reichtümer, an denen geht man zugrunde, wenn man sie nicht austeilt« (M. Ende, »Momo«). Mangelnde Selbstannahme und das Verharren in Minderwertigkeitsgefühlen können gleichfalls verarmen lassen. Unterernährung ist dann nicht Folge der eigenen Leere, sondern deren Ursache.

3. *Überfütterung und Überanstrengung:* Oft schließen sich geistliche Durststrecken unmittelbar gerade an Zeiten reicher Glaubenserfahrung an. Ferner kann geistliche Überfütterung ein geistliches Tief verursachen, wenn man sich zu viel zugemutet und sich überfordert hat.

4. *Mißachtung des Körpers:* Wer mit seinen Kräften Raubbau treibt, muß damit rechnen, auch auf geistlichem Gebiet einen Preis dafür zahlen zu müssen. »Gehen Sie spazieren: Die Zeit, die Sie dafür aufwenden, geht dem Gebet nicht verloren!«, schreibt Teresa von Avila an Erzbischof Don Teutonio de Braganza, der während einer langen Reisezeit seine innere Lauheit beklagt.

b) *Hilfen in geistlichen Durststrecken:*
1. *Vergebung:* Wenn eine begangene Sünde die Ursache für die Erfahrung von Niedergeschlagenheit und Traurigkeit ist, bleiben als Heilmittel das Bekenntnis und der erneute Zuspruch der Vergebung. Offenheit und Sich-Anvertrauen geben neue Gemeinschaft und Hoffnung.
2. *Disziplin und Verantwortung:* Ist »Unterernährung« die Ursache, kann eine Neuordnung des geistlichen Lebens weiterhelfen: Je praktischer und konkreter diese ist, umso hilfreicher! Planung und Strukturierung des Tages und einzelner Zeiten können von Untätigkeit und Lustlosigkeit befreien und neue Initiativen wachrufen. - Oft wird Unterernährung dadurch verursacht, daß zu sehr »aus zweiter Hand« gelebt wird: vorgekaute Nahrung ist aber ohne Würze, sie ist höchstens Schonkost. Erst ein Leben aus dem eigenen Erfahrungsschatz und mit selbständiger Entschiedenheit belebt und führt zu den Primärquellen des eigenen Lebens; deshalb sollte sich hier keiner an fälligen Entscheidungen vorbeidrücken.
3. *Ausgewogenheit:* Bei Überfütterung und Überanstrengung hilft nur das Sich-Bescheiden auf das rechte Maß. Arbeit und Gebet, Alltag und Fest, Einsamkeit und Gemeinschaft müssen in einem ausgewogenen Verhältnis zueinanderstehen. Meist hilft schon das Ernstnehmen biologischer Tatbestände (ausreichend Schlaf, Sport, keine einseitige Ernährung...).
c) *Hoffnung in geistlichen Durststrecken:* Der Weg in das »Gelobte Land« kennt auch die Zeit der »Wüste«, in die Gott führt, um »dir zu Herzen reden« zu können (Hos *2, 16).*

LITERATUR:
Nouwen, H. J., Der dreifache Weg (Freiburg i.Br. [2]1985); *Trobisch,* W., Kleine Therapie für geistliche Durststrecken (Linienbuch 18) (Wuppertal 1975).

V. Unterscheidung der Geister

Folgende Unterscheidungsregeln lassen sich kurz zusammenfassen:
1. *Nur die Stimme, die sich auf ein Schriftwort, auf ein Verhalten Jesu zurückführen läßt, ist unter den vielen Stimmen die Stimme Gottes.* Denn: »Nur die Stimme also, die ein bestimmtes Verhalten oder Wort Jesu auf das eigene Leben hin übersetzt und konkretisiert, kommt von Gott« (G. Greshake).

2. *Gott ruft immer dahin, wo der Mensch letztlich Trost, Freude, Zuversicht und Hoffnung findet.* »Gottes Stimme ist immer so, daß der Mensch im letzten und tiefsten weiß: so ist es gut, so ist es recht, so soll es sein. Dabei kann es durchaus dazu kommen, daß ein Anruf den Menschen zunächst beunruhigt, in Angst und Schrecken versetzt. Aber über längere Zeit müssen sich Trost und Zuversicht einstellen, ansonsten ist der Ruf Gottes nicht recht verstanden« (G. Greshake).

3. *Jeder Ruf Gottes bringt einen Zuwachs an Leben in Fülle.* Gott ist nicht der *Rivale* des Menschen, sondern sein Vater, d.h. der, dem alles daran gelegen ist, daß das Leben sich entfaltet und zu voller Blüte gelangt. Daher bewirkt jeder Ruf Gottes, daß der Mensch mehr er selbst wird und zu Identität und Authentizität findet.

4. *Jeder Ruf Gottes bringt einen Zuwachs an Liebe.* Der falsche Eifer ist gepaart mit Ungeduld, Stolz, Unwillen und Übermut. Der gute Geist und Eifer für Gottes Weg ist voll Demut, Sanftmut und Frieden: »Eure Liebe möge mehr und mehr wachsen an Einsicht und jeglichem Feingefühl, daß ihr unterscheiden könnt, was das jeweils Bessere ist« (Phil 1,9f.). Der göttliche Ruf führt den Menschen zu mehr Liebe, denn »wer Sein Wort bewahrt, in dem ist die Liebe vollkommen« (1 Joh 5,3). Die Liebe weist sich aus im Handeln und Wirken für Gott und den Nächsten: »Erweis der Liebe ist das Tun« (Augustinus).

5. Wo der Mensch angesichts der Forderung des Herrn und seiner Nachfolge beunruhigt ist und den Eindruck hat: »Eigentlich müßte ich, aber ich kann nicht«, dann gilt die Regel: *Tu nicht gleich das Ganze, was du zu hören glaubst, sondern tu einen Schritt in diese Richtung.* »Verwirkliche das vom Evangelium, was du von ihm begriffen hast, und sei es auch noch so wenig« (R. Schutz).

6. *Die Stimme Gottes ist immer konkret.* Gott sagt nie etwas für eine irreale Situation und eine ferne Zukunft. Gottes Ruf fordert immer dazu auf, sogleich, ganz und freudig etwas zu tun.

7. *Jeder Ruf Gottes zeigt sich in der Treue zum »Kleinen«.* Wer nicht im Kleinen getreu ist, ist es auch nicht im Großen. Die Achtsamkeit und Aufmerksamkeit für Gott beginnt im Kleinen, z.B. in den Gedanken. - Keiner weiß, was schließlich aus einem schlechten Gedanken alles erwachsen kann.

8. *Ist die Sehnsucht nach Gott echt, so wächst sie durch den Aufschub.* Nimmt sie durch den Aufschub ab, so war es keine Sehnsucht. Wenn sich ein bestimmter Wunsch nur kurze Zeit durchhält und dann bei Nichterfüllung verfliegt, war es vermutlich kein von Gott eingegebenes Vorhaben.

9. *Jeder Ruf Gottes ist »radikal«.* Die Radikalität zeigt sich darin, daß der Mensch von der »Wurzel« her leben möchte und Gott über alles lieben will. Sagt Jesus doch: »Wer die Hand an den Pflug legt und zurückschaut, der ist Meiner nicht wert«. Die Radikalität göttlicher Berufung beendet alles innere Debattieren und Abwägen des Menschen.

10. *Die Stimme Gottes, die der Mensch zu hören glaubt unter den vielen Stimmen seines Lebens, muß sich wenigstens in wichtigen Fällen dem Urteil anderer aussetzen:* »Christus im Bruder erkennt oft mehr als Christus im eigenen Herzen« (D. Bonhoeffer).

LITERATUR:

Greshake, G., Gottes Willen tun. Gehorsam und geistliche Unterscheidung (Freiburg i.Br. 1984); *Schneider, M.,* »Unterscheidung der Geister«. Die ignatianischen Exerzitien in der Deutung von E. Przywara, K. Rahner und G. Fessard (Innsbruck – Wien ²1987); *Switek, G.,* Kirchlichkeit oder Berufung auf den Geist?, in: Geist und Leben 49 (1976) 92-105.

VI. Die Tat aller Taten

1. *Die Liebe zum Herrn will wachsen!* Der Christ wird auf dem Weg des Glaubens frei »von den Göttern, die in Wirklichkeit keine sind« (Gal 4,8), von den »Elementarmächten dieser Welt« (Gal 4,3). Diese Freiheit findet, wer alle Fesseln ablegt, die versklaven. Dazu bedarf es der geistlichen Unterscheidung, die aus der Lebensgemeinschaft mit Christus gewonnen wird. In ihr lernt der einzelne, zu prüfen und zu erkennen, »was der Wille Gottes ist« (Röm 12,2). Die Erkenntnis des Willens Gottes ist kein Zustand, in dem der einzelne zeit seines Lebens beharren kann, sondern sie führt in eine immer größere Liebe, Offenheit und Verfügbarkeit für Gott.

2. *In der Liebe zum Herrn wächst nur, wer die Reste der Eigenliebe ablegt.* Ignatius von Loyola schreibt in seinem Exerzitienbüchlein: »Denn das soll jeder bedenken, daß er in allen geistlichen Dingen nur insoweit Fortschritte machen wird, als er sich von seiner Eigenliebe, seinem Eigenwillen und seinem Eigennutz freimacht.« Die Verliebtheit in das eigene Ich tritt selten in aller Deutlichkeit auf, eher in Verkleidung, eingehüllt in (z.B. apostolische) Bemäntelungen, Begründungen und Entschuldigungen, die alles als »halb so schlimm« ausgeben und die in sich sehr feine, subtile Ansprüche verbergen.

3. *In der zweiten Bekehrung geht es um einen radikalen Bruch.* Auch wenn es sich in der zweiten Bekehrung meist nicht um große Taten und Aktionen handelt, sondern eher um kleine, unscheinbare Dinge, wird sie nicht ohne Entschiedenheit und Klarheit vollzogen. Im geistlichen Wachstum gibt es den Augenblick, bei dem das stete Voranschreiten im geistlichen Leben gebrochen ist, wo es entweder einen gewaltigen Sprung vorwärts tut oder aber hoffnungslos zurücksinkt, wie Lallemant schreibt: »Auf dem Weg zu Gott geht der zurück, der nicht voranschreitet. Wie das Kind, das nicht wächst, kein Kind bleibt, sondern ein Zwerg wird, so bleibt der Anfänger, der nicht rechtzeitig auf den Weg der Fortschreitenden gelangt, kein Anfänger, sondern wird eine zurückgebliebene Seele. Ach, es scheint fast so, daß die große Mehrzahl der Seelen sich [...] in der Gruppe der zurückgebliebenen Seelen befindet.«

4. *Die zweite Bekehrung ist mehr ein Bekehrtwerden als eine aktive Bekehrung,* sie ist ein Geschenk und ein Geschehen von Gott her, der niemandem seine Gnade aufdrängt. Da Gott nicht in Zukunft, sondern hier und jetzt wirkt, ist auch die zweite Bekehrung nicht etwas, das in ferner Zukunft zu leisten ist (»In 10 Jahren werde ich konsequenter in diesem Punkt meines Lebens sein!«), sondern Gott ist heute »zu lieben aus ganzem Herzen und mit aller Kraft«. Neben dem Verzicht auf die selbstgeplante Zukunft kann von Gott auch

der Verzicht auf die festgehaltene Vergangenheit verlangt werden: »Ich vergesse, was hinter mir liegt und strecke mich aus nach dem, was vor mir liegt« (Phil 3,13).

5. *Aktiv gesehen ist die zweite Bekehrung eine Tat des Herzens.* Sie ist nicht ein Verzicht auf dieses oder jenes, sondern der Verzicht auf das eigene Ich und bedeutet die restlose Hingabe. Als Hingabe des Herzens und der Liebe ist der Schritt der zweiten Bekehrung somit das »letzte Opfer«, der letzte Schritt, die »Tat aller Taten« (H. Schürmann).

LITERATUR:

Eckmann, D., Zweite Entscheidung. Das Zurückkommen auf eine Lebensentscheidung im Lebenslauf, Erfurt 2002; *Schürmann*, H., Geistliches Tun (Freiburg i. Br. 1965) 11-28; neu erschienen als: Worte an Mitbrüder. Über geistliches Tun (Einsiedeln [2]1985).

VII. Geistliche Begleitung

Die beiden niederländischen Jesuiten *Jan Bots* und *Ket Penning de Vries* haben folgende Hilfen für den geistlichen Begleiter niedergeschrieben, die zum Gelingen eines geistlichen Gesprächs beitragen können:

Halte das Verhältnis zueinander *dem Verhältnis zu Christus untergeordnet.* Dein Verhalten zum anderen sei so, daß er sich in jeder Hinsicht bei dir *frei* fühlt. Bleibe gleichmütig gegenüber der dir entgegengebrachten Zuneigung. Nicht die Sympathie oder Antipathie, sondern die Ausrichtung des anderen *auf Gott hin* ist ausschlaggebend.

Achte zumindest ebenso auf die Art und Weise, wie der andere seine Problematik vorbringt, wie auf den Inhalt dessen, was er vorbringt, d.h. auf *Trost* und Trostlosigkeit. Achte nicht auf Gefühle und Erfahrungen im Allgemeinen, sondern auf die *Gefühle für Ihn,* den Herrn.

Halte jedes Gespräch so *kurz* wie möglich. Stelle zu Beginn keine »teilnahmsvollen« Fragen, sondern lasse die *Initiative* ganz vom andern ausgehen, daß dieser zeige, woran er dich teilnehmen lassen möchte. Bewahre eine möglichst große *Distanz,* damit der andere so frei wie möglich bleiben kann. Geh nicht schneller voran, als die *Erfahrung des anderen* mitgeht.

Verweise den anderen ständig an das, was dieser selbst in seiner eigenen Erfahrung einmal entdeckt hat. Gib keine Ratschläge aus dem eigenen Erfahrungsschatz für die Lebensfragen, bei denen es um die *freie Entscheidung* des anderen geht. Gib nur Ratschläge über die Art und Weise, wie der andere selbst den *Willen Gottes* finden, nicht aber darüber, was eventuell der Wille Gottes für ihn sein könnte.

Achte darauf, in welche *Rolle* der andere dich - bewußt oder unbewußt - hineinmanövriert; und achte darauf, welche Gesten, Worte oder Haltungen eine schädliche *Gegenübertragung* bedeuten können. Achte auf das, was der andere nicht denken will, was er *verdrängt.*

Schweige gewöhnlich und sprich ausnahmsweise und nach reiflicher Überlegung.

Benutze zur *Wiedergabe* der Erfahrungen und Gefühle des anderen möglichst dessen Worte, mögen sie auch ungelenk sein. *Diskutiere nicht,* aber gehe auf die Gefühle ein, die hinter den geäußerten Gedanken stehen.

LITERATUR:

Bots, J. - Penning de Vries, P., Über die geistliche Führung, in: Geist und Leben 53 (1980) 41-48; *Louf, A. - Dufner, M.,* Geistliche Vaterschaft (Münsterschwarzach 1984); *ders.,* Die Gnade vermag mehr... Geistliche Begleitung. Münsterschwarzach 1995; *Nouwen, H. J.,* Von der geistlichen Kraft der Erinnerung (Freiburg i. Br. [2]1986); *Schneider, M.,* Aus den Quellen der Wüste. Die Bedeutung der frühen Mönchsväter für eine Spiritualität heute (Köln 1987), bes. 22-68; *Steidle, B.,* Abba - Vater, in: Benekt. Monatsschrift 16 (1934) 89-101; *Sudbrack, J.,* Geistliche Führung. Zur Frage nach dem Meister, dem geistlichen Begleiter und Gottes Geist (Freiburg i. Br. 1981).

VIII. Gebet des Lebens

In Form einer »kleinen Gebetsschule« lassen sich die Überlegungen zum Gebet in folgenden Leitsätzen zusammenfassen:

1. *Willst du beten, so ordne dein Leben!* Die alten Ordensregeln sind in ihrem tiefsten Wesen die Gebetsmethoden dieser Gemeinschaften. Sie sind nicht eine Verkehrsregelung des äußeren Lebens einer Gemeinschaft, sondern eine innere Gebetserfahrung. Weil Leben und Gebet eine Einheit bilden, lernt nicht schon jener das Beten, der sich Methoden und fromme Bücher aneignet, sondern wer bereit ist, sein ganzes Leben auf Gott hin umzustellen, »umzukehren«.

2. *Stelle dich im Gebet in die Gegenwart Gottes!* Bevor du betest, betet Christus schon in dir. Ignatius von Loyola schreibt: »Vor dem Eintreten in das Gebet komme der eigene Geist ein wenig zur Ruhe; man setze sich oder gehe umher, wie es jeweils besser erscheint, wobei man erwägt, wohin ich gehe und mit welchem Ziel.«

3. *Sei im Gebet aufrichtig und lebenswahrhaftig!* Es nützt nichts, im Gebet sich und Gott etwas vorzumachen oder gar den Frommen zu spielen. Rabbi Menachem Mendel von Kozk sprach: »Wenn ein Mensch ein Gesicht macht vor einem Gesicht, das kein Gesicht ist, das ist Götzendienst!« Vor Gott gibt es keinen Hochleistungssport, sondern nur das aufrichtige und ehrliche Stehen und Dienen.

4. *Jedes Gebet hat seinen Ort und seine Zeit!* Der *Ort* des Gebetes soll nach Möglichkeit nicht häufig gewechselt werden. Er hat seine Auswirkung auf das Gebet. Es ist etwas anderes, ob ich im Verborgenen des eigenen Zimmers bete oder in der Kirche, und wieder etwas anderes, ob ich in der ersten Bank bete oder in der letzten. Mancher findet in die Regelmäßigkeit des Betens, wenn er den rechten Ort zum Gebet gefunden hat. Für die *Zeit* des Gebetes gibt es drei Kriterien, die hilfreich sein können: suche möglichst eine

feste Zeit (Gewohnheit hilft), eine ruhige Zeit und eine wertvolle Zeit, die du gerne hast, aber die du auch gerne weggeben möchtest (also keine »Abfallzeit«).

5. *Strukturiere dein Gebet,* bereite es gut vor und nach! Es kann eine große Hilfe sein, wenn die Übungen der Beliebigkeit des Übenden entzogen und unabhängig von seiner augenblicklichen Gestimmtheit sind. Vor dem Gebet ist es nützlich, einige Augenblicke zu verweilen und sich bewußt in die Gegenwart Gottes zu stellen; *nach* dem Gebet, so rät Ignatius, ist ein »Zwiegespräch« zu halten mit »den drei göttlichen Personen oder dem menschgewordenen Ewigen Wort oder Unserer Mutter und Herrin [...], dann ein Vaterunser beten«. Schließlich soll der Beter noch überlegen, wie das Gebet gewesen ist, beurteilen, was gut und was schlecht an ihm verlaufen ist.

6. *Laß den ganzen Menschen beten!* Beten setzt den ganzen Menschen in Bewegung, läßt alles sich ergießen: Wahrnehmung, Erinnern, Wollen, Denken, Fühlen, Träumen...

7. *Zerstreuungen müssen nicht zerstreuen!* Wer einen unruhigen und ungeordneten Alltag hat, braucht sich nicht zu wundern, wenn die Unruhe des Tages sich auch im Gebet niederschlägt. Wer im Gebet zerstreut und unkonzentriert ist, dem hilft es meist zu mehr Sammlung, wenn er zunächst in seinem täglichen Tun gesammelter lebt. - Doch geben gerade Zerstreuungen wichtige Auskunft darüber, was uns wirklich beschäftigt und bewegt, so daß wir uns ihnen zuweilen ganz bewußt und ausdrücklich zuwenden sollen.

8. *Kein Gebet ohne Umkehr!* Beten vor dem lebendigen Gott gleicht einer kopernikanischen Wende: »Nicht mehr ich, sondern Christus lebt in mir« (Gal 2,20).

LITERATUR:

Bours, J., Der Mensch wird des Weges geführt, den er wählt. Geistliches Lesebuch (Freiburg i. Br. 1986); *Bunge, G.,* Irdene Gefäße. Die Praxis des persönlichen Gebetes nach der Überlieferung der heiligen Väter (Würzburg 2009); *Buob, H.,* Tür nach Innen. Wege zum Inneren Gebet (Fremdingen 2001); *Caffarel, H.,* Saal der tausend Türen. Briefe über das Gebet (Einsiedeln (1979); *Caffarel, H.,* Weil Du Gott bist. Hinführung zum inneren Gebet (Regensburg 2019); *Caffarel, H.,* Präsent sein für Gott. Hundert Briefe über das Gebet (Freiburg 2022); *Delbrêl, M.,* Gebet in einem weltlichen Leben (Einsiedeln 1974); *Hemmerle, Kl.,* Dein Herz an Gottes Ohr. Einübung ins Gebet (Freiburg i.Br. 1986); *Keating, Th.,* Das kontemplative Gebet (Münsterschwarzach 2012); *de Mello, A.,* Meditieren mit Leib und Seele. Neue Wege der Gotteserfahrung (Kevelaer 1984); *Rahner, K.,* Gebete des Lebens (Freiburg i.Br. [5]1985).

IX. Sakrament des Alltags

Wer täglich die Eucharistie mitfeiert, kann sich für jede Woche einen Leitgedanken wählen, um ihn in jeder Eucharistie als »Motto« zu vertiefen:

1. Eucharistie kann nur feiern, wer sein Leben als »Danksagung« versteht. Wofür habe ich heute in der Eucharistie zu »danken«? Was ist mein eigenes »eucharistisches Hochgebet«?

2. Eucharistie ist »Heilsgeschehen«. Der Christ dankt seinem Gott für die Heilsgeschichte Gottes mit den Menschen. Was ist (war) heute meine »Heilsgeschichte«? Wo haben meine Augen »das Heil geschaut«?

3. Eucharistie vollzieht sich in der Gemeinschaft. Für wen habe ich heute besonders zu beten und zu bitten?

4. Eucharistie dankt für die Stellvertretungstat Christi (»pro nobis«). Für wen habe ich heute stellvertretend zu danken oder zu beten?

5. Eucharistie dankt für die »Hingabe« Jesu an den Vater. Welches Wort oder welche Handlung dieser Feier fordert mich auf, mein Leben mehr für Gott und die Menschen einzusetzen und hinzugeben?

6. Eucharistie dankt Gott für seine bedingungslose und unbedingte Liebe, mit der er uns »zuerst« liebt. Wo darf ich Gottes Liebe heute mehr in mein Leben hineinlassen? Wo zeigt er mir, daß ich mich bejahen darf als (von Gott) bejaht? Wie habe ich dieses Ja Gottes an meine Mitmenschen weiterzugeben?

7. Eucharistie zeigt mir, daß es nicht zuerst darauf ankommt, daß ich Gott liebe, sondern daß ich mich von Gott lieben lasse. Zuerst die Gabe, dann die Auf-Gabe. Wo will mich Gott heute wieder beschenken? »Was hast du, das du nicht empfangen hättest?«

8. In der Eucharistie sucht Christus die Gemeinschaft mit mir. Wo suche ich nur mich selber? Welches Wort der Eucharistie ist heute Sein Wort für mich?

9. Eucharistie hilft mir, in allem »Vergänglichen« das »Unvergängliche« nicht aus den Augen zu verlieren. Wo habe ich mein »Herz zu erheben« und das zu »suchen, was droben ist«?

10. In welcher Handlung und in welchem Wort der Eucharistiefeier kann ich mich heute am besten selber zum Ausdruck bringen?

11. Was würde sich an diesem Tag ändern, wenn ich heute nicht diese Eucharistie gefeiert hätte?

12. Was würde sich in meinem Leben ändern, wenn ich nie an der Feier der Eucharistie teilgenommen hätte?

13. In der Eucharistiefeier will Christus meine Sehnsucht nach ihm und seinem Kommen wachhalten. Sehne ich mich nach ihm?

14. Christus verlangt mit großer Sehnsucht danach, mit mir diese Feier zu begehen (Lk 22, 15). Was bedeutet das für mich heute?

LITERATUR:

Herzig, A., Eucharistische Anbetung. Eine Begegnung, die verwandelt. Innsbruck 2018; *Lohfink, N.,* Wie gehen wir mit unserem Sonntag um? (Vortrag auf dem Provinzsymposion der Norddeutschen Provinz SJ in Frankfurt/M., St. Georgen, am 24.-27. September

1985); *Schneider, Th.,* Wir sind sein Leib. Meditationen zur Eucharistie (Topos-Taschenbuch 65) (Mainz 1977); *Walter, E.,* Eucharistie - aktuell bedacht II: Die Eucharistiefeier als die hohe Schule des Gebets (Meitinger Kleinschriften 35) (Freising 1974).

X. Sakrament des Augenblicks

Gott »in allen Dingen« zu suchen und zu finden, ist Sinn der täglichen Gewissenserforschung (Examen conscientiae). Im Rückblick auf den Tag sucht das »Gebet der liebenden Aufmerksamkeit« nach den Wegen und Spuren Gottes im Alltag. Bei der Tages-Auswertung können folgende Methoden eingeübt werden, mit je verschiedenem Schwerpunkt:

Tages-Examen
- Dank für die Gaben der Schöpfung und Erlösung, für mein Leben.
- Bitte um Sein mildes und klares Licht, damit ich »meine Wahrheit« erkennen und zulassen kann.
- Liebende Aufmerksamkeit auf das, was in mir, um mich und durch mich geschieht: Wie ist es mir heute ergangen - in den einzelnen Stunden des Tages? Was hat sich ereignet? Was habe ich vielleicht übersehen, überhört?
- Dialog der Reue und/oder des Dankes: »Wie ein Freund mit seinem Freund spricht [...], bald um eine Gnade bittend, bald sich wegen eines begangenen Fehlers anklagend, bald seine Anliegen mitteilend und dafür Rat erbittend« (Ignatius von Loyola).
- Bereitschaft zu Hoffnung und Entschlossenheit.

Ereignis-Examen
- Welches Ereignis hebt sich für mich aus dem heutigen Tag besonders heraus und betrifft mich?
- Was kommt darin auf mich zu? Und wie stehe ich dazu?
- Wie beleuchte ich die gemachte Erfahrung im Licht der Offenbarung Jesu und der Heiligen Schrift?

Nachfolge-Examen
- Was hebt sich aus dem heutigen Tag besonders hervor und ist für meine Beziehung zu Jesus von Bedeutung gewesen?
- Welches Wort der Heiligen Schrift beleuchtet die gemachte Erfahrung und kommentiert sie im Licht des Evangeliums?

Hoffnungs-Examen
- Wofür habe ich heute besonders zu danken?
- Was habe ich heute lernen dürfen - in den guten wie auch in den schlechten Erfahrungen dieses Tages?

Partikular-Examen
- Wie ist es mir heute mit meinem Vorsatz ergangen?

- Was hat das Einhalten des Vorsatzes heute erschwert, gefördert?
- Wie will ich morgen meinem Vorsatz treu bleiben?

LITERATUR:

Bruder Lorenz von der Auferstehung, Gesammelte Werke (Wien 2006.

XI. Geistliche Freundschaft

Worte der Freundschaft sind Zeichen am Weg für die persönliche Gestaltung freundschaftlicher Beziehungen und zugleich Hinweis auf Jesus Christus:

1. Und es geschah, als er die Unterredung mit Saul beendet hatte, verband sich die Seele Jonathans innig mit der Seele Davids, und Jonathan gewann ihn *lieb wie sein Leben* (1 Sam 18, 1).

2. Zutreffend hat jemand von seinem Freunde gesagt: die Hälfte meiner Seele [...]. Man liebt wahrhaftig seinen Freund, wenn man Gott in ihm *liebt, entweder* weil Gott schon in ihm ist oder daß Gott schon in ihm sein möge (Augustinus).

3. Wir beide lernten uns, auch im (Heiligen) Geist zu lieben. Stets waren wir uns so innig zugetan, daß unsere gegenseitige Neigung keine andere Steigerung erfahren konnte als in der Liebe Christi [...]. So bist du mir wahrhaft zum Vater, Bruder und Freund geworden. Du verwirklichst *an* mir *den Willen* Gottes und die Fülle des Gesetzes, liebst mich wie dich selbst und bist mein Freund in der Liebe Christi (Paulinus von Nola).

4. Hier sind wir beide, ich und du, und ich hoffe, als *dritter ist* Christus bei uns (Aelred von Rievaulx).

5. Wer für seinen Freund so zu Christus *betet* und nur seines Freundes wegen von Christus erhört werden möchte, wendet sich eigentlich in innigem Verlangen zu Christus selbst [...]. So steigen wir denn von der bereits an und für sich heiligen Liebe, mit der wir einen Freund umarmen, zu der Liebe, mit der wir Christus umarmen (Aelred von Rievaulx).

6. »Allezeit hegt Liebe der Freund.« Wenn ihn der Freund tadelt, kränkt, den Flammen überliefert, ans Kreuz schlägt, »allezeit hegt Liebe der Freund«, und wie Hieronymus hinzufügt: »Freundschaft, die es fertigbringt, aufzuhören, war niemals echt« (Aelred von Rievaulx).

7. Dem du ohne Furcht bekennst, was du gefehlt hast, dem du ohne Erröten *dein Inneres* offenlegst, wenn du meinst, daß dir Fortschritte gelungen seien - dem du alle Herzensgeheimnisse anvertraust, alle Pläne sorglos aufdecken kannst. Was gibt es Herrlicheres als Herz mit Herz zu verbinden (Aelred von Rievaulx).

8. Wer Freundschaft als Ware einschätzt, den werde ich nie bezeichnen als einen, der wirklich *liebt* (Aelred von Rievaulx).

9. Hat der, den du liebst, dich verletzt, liebe ihn dennoch. Mußt du ihm deine Freundschaft entziehen, entziehe ihm niemals deine Liebe! Überlege, wie ihm zu helfen ist. Sei auf

seinen guten Ruf bedacht; nie verrate seine Geheimnisse, selbst wenn er deine preisgegeben hätte (Aelred von Rievaulx).

10. Hier herrsche das Gesetz der wahren Freundschaft: Freunde müssen sich und was sie *besitzen, einander* rückhaltlos zu eigen geben. Wer gibt, gebe freudig, wer nimmt, nehme es wie selbstverständlich hin (Aelred von Rievaulx).

11. Ehrfurcht ist der Schutzengel der Freundschaft; wer ihr die Ehrfurcht nimmt, raubt ihr die Schönheit und Kraft (Aelred von Rievaulx).

12. *Im Himmel* wird die Freundschaft, die wir hier auf Erden nur wenigen schenken können, auf alle übertragen und von allen wiederum Gott zurückgeschenkt, denn Gott ist dann alles in allem (Aelred von Rievaulx).

LITERATUR:

Aelred von Rievaulx, »De spirituali amicitia - Über die geistliche Freundschaft«. Lateinisch-Deutsch. Ins Deutsche übertragen von Rhaban Haacke und eingeleitet von Wilhelm Nyssen (Trier 1978); *Van Broeckhoven,* Ä., Freundschaft in Gott. Ein Tagebuch. Ausgewählt und eingeleitet von Georges Neefs SJ. Aus dem Flämischen übertragen von B. Bultmann und C. Capol (Einsiedeln ²1974); *Geerlings, W.,* Das Freundschaftsideal Augustins, in: Theologische Quartalschrift 161 (1981) 265-274; *Nyssen, W.,* Irdisch hab' ich dich gewollt (Occidens 6) (Trier 1982) 217-233.287-290; *Schmidt,* A., Jesus der Freund. Würzburg 2011.

Zum Schlußkapitel: Was bleibt?

Weil die Heilige Schrift das Grundbuch des christlichen Glaubens ist und nicht nur gelesen, sondern gelebt werden will, gehört das Studium der Bibel zu den Grundvollzügen des Glaubens. Die tägliche Schriftbetrachtung, die zur »inneren Kenntnis« des Herrn führt, läßt sich wie folgt vollziehen:

Vorbereitung:

TEXT: Nach Wahl der Schriftstelle kläre die Verständnisfragen zur Stelle.

ZEIT: Wann und wie lange willst du meditieren? Nimm möglichst eine feste, eine ruhige und eine wertvolle Zeit.

ORT*:* Wo willst du meditieren? Muß der Ort hergerichtet, aufgeräumt werden?

Einstimmung:

Verweilen: Stelle dich in die Gegenwart Gottes und halte so einen Augenblick inne an dem Ort, wo du beten möchtest.

Haltung: Nimm die rechte Körperhaltung ein: Sitzen, Knien, Liegen, Gehen (wähle die Haltung, die hilft, wach und aufmerksam bei Gott zu sein).

Sammlung: In der Geste der Verneigung bitte Gott um die Gaben des Geistes.

Vorbereitungsgebet: Id quod volo: »Ich erbitte von unserem Herrn, was ich begehre und ersehne«: das, was du von ihm in dieser Gebetszeit erhoffst.

Betrachtung:

1) Lies den ganzen Schrifttext laut vor und höre ihm gut zu; danach lege ihn beiseite und laß ihn auf dich »einwirken«.

2) Lies den Text Wort für Wort, versichere dich, daß du ihn ganz verstanden hast, und bemerke deine Fragen, Zustimmungen, Ängste, Zweifel, Wünsche...

3) Einübung der »Seelenkräfte«:

　　a) *Gedächtnis:* »compositio loci«: Stelle dich mit dem, was du betrachtest, in ein und denselben »Raum« (»Tagträumen«) und vergegenwärtige es dir im Glauben (»Einbildung«).

　　b) *Verstand:* »ruminatio« als Erwägen, Durchforschen, Nachdenken (Fragen: Quis, quid, ubi, quibus auxiliis, cur, quomodo, quando).

　　c) *Wille:* Verbindliche Aneignung des Geschauten und Erkannten - in Verantwortung und Liebe (»Anmutung« und »Zumutung« des Textes).

4) Suche den Kernsatz, der dich am meisten bewegt und anspricht. Lerne ihn auswendig und frage dich, was er für dich und dein Leben bedeutet...

5) Präge den Kernsatz in ein inneres Herzenswort und verweile mit ihm beim Herrn, indem du es mit der Sehnsucht und Hingabe deines Herzens immer neu vor Gott wiederholst (nach Art des Jesusgebetes oder Schweigegebetes).

Abschluß:

1) Nimm wieder auf, was du ersehnst und von Gott begehrst.

2) *Kolloquium:* Zwiesprache mit Gott (»oder mit Unserem Herrn oder mit Unserer Lieben Frau«), darin du dir Gnaden erbittest und von deinen Anliegen sprichst. - Dies kann auch während der Betrachtung gehalten werden, soll aber am Schluß der Betrachtung nie fehlen.

3) Kurzes, mündliches Gebet (Vaterunser, Ave Maria, Anima Christi etc.).

4) Geste der Verneigung.

Nachbereitung:

1) Rückblick auf den Verlauf der Schriftbetrachtung.

2) Auswertung (Aufzeichnungen; Handlungsimpulse) und Vorsatz.

LITERATUR:

Grün, A., Der Anspruch des Schweigens (Münsterschwarzach 1980; *Nouwen, H.J.M.,* Ich hörte auf die Stille. Sieben Monate im Trappistenkloster (Freiburg i. Br. 1978); *Schaller, H.,* Wenn ich beten könnte (Mainz 1997); *Kardinal Sarah, R.,* und *Diat, N.,* Kraft der Stille. Gegen eine Dikatatur des Lärms. Mit Vorwort von Papst Benedikt XVI. (Kisslegg 2017); *Berger, K.,* Schweigen. Eine Theologie der Stille (Freiburg 2021).

IN VORBEREITUNG:

Das neue Leben im Glauben

Band I: Einführung in das Geistliche Leben

Band II: Alltägliches im Zeugnis der Heiligen

Band III: Einübung in das Geistliche Leben

Band IV: Theologie der Spiritualität

In einem ersten Band werden die Grundvollzüge eines geistlichen Lebens vorgestellt, wie sie im Alltag des Glaubens zu verorten sind. Daraufhin gilt es, die Heiligen zu befragen, wie sie die alltäglichen Herausforderungen eines Lebens bewältigen und welche Hilfen sie für heute geben. Ein dritter Band stellt jene geistlichen Übungen und Methoden vor, die sich für den Vollzug eines geistlichen Lebens bewährt haben. Die Erfahrungen eines christlichen Glaubenslebens werden in einer weiteren Schrift auch theologisch bedacht und vertieft.

Printed by Books on Demand GmbH, Norderstedt / Germany